QUESTÕES SOCIAIS DESAFIADORAS NA ESCOLA

M111q McLurkin, Denise L.
Questões sociais desafiadoras na escola: guia prático para professores / Denise L. McLurkin ; tradução: Alexandre Salvaterra ; revisão técnica : Celso Avelino Antunes. – Porto Alegre : AMGH, 2015.
200 p. ; 23 cm.

ISBN 978-85-8055-437-3

1. Sociologia - Educação. I. Pratt, Keith. II. Título.

CDU 316:37

Catalogação na publicação: Poliana Sanchez de Araujo – CRB 10/2094

DENISE L. McLURKIN
The City College of New York

QUESTÕES SOCIAIS DESAFIADORAS NA ESCOLA
Guia prático para professores

Tradução
Alexandre Salvaterra

Revisão técnica
Celso Avelino Antunes
Especialista em Técnicas de Ensino e Aprendizagem e Mestre em
Ciências Humanas pela Universidade de São Paulo (USP)
Sócio-fundador do Todos pela Educação
Consultor Educacional da Fundação Roberto Marinho – Canal Futura

AMGH Editora Ltda.

2015

Obra originalmente publicada sob o titulo
Challenging Social Issues for Today's Elementary Teachers, 1st Edition
ISBN 0078097703 / 9780078097706

Original edition copyright © 2011, McGraw-Hill Global Education Holdings, LLC., New York, New York 10121. All rights reserved.

Portuguese language translation copyright © 2015, AMGH Editora Ltda., a Grupo A Educação S.A. company. All rights reserved.

Gerente editorial: *Letícia Bispo de Lima*

Colaboraram nesta edição

Editora: *Priscila Zigunovas*

Capa: *Ângela Fayet | Illuminura Design*

Imagem da capa: *©Michelisola | Dreamstime.com – People seamless pattern*

Preparação de originais: *Cristine Henderson Severo*

Leitura final: *Grasielly Hanke Angeli*

Editoração: *Formato Artes Gráficas*

Reservados todos os direitos de publicação, em língua portuguesa, à AMGH EDITORA LTDA., uma parceria entre GRUPO A EDUCAÇÃO S.A. e McGRAW-HILL EDUCATION
Av. Jerônimo de Ornelas, 670 – Santana
90040-340 Porto Alegre RS
Fone (51) 3027-7000 Fax (51) 3027-7070

É proibida a duplicação ou reprodução deste volume, no todo ou em parte, sob quaisquer formas ou por quaisquer meios (eletrônico, mecânico, gravação, fotocópia, distribuição na Web e outros), sem permissão expressa da Editora.

SÃO PAULO
Av. Embaixador Macedo Soares, 10.735 – Pavilhão 5 – Cond. Espace Center
Vila Anastácio – 05095-035 – São Paulo SP
Fone (11) 3665-1100 Fax (11) 3667-1333

SAC 0800 703-3444 – www.grupoa.com.br
IMPRESSO NO BRASIL
PRINTED IN BRAZIL

Dedico este livro à minha família carinhosa e fiel, que acredita em mim. Obrigada por todo o seu amor, acolhimento, apoio e preces.

Porém, principalmente... à minha primeira "professora",
Sanci J. McLurkin-Patterson
Escola Harrison de Ensino Fundamental
Professora do Ano em 2008
Riverside, Califórnia

Agradecimentos

A Deus e à minha querida família – mãe, pai, Sanci, Julius, Damille, Simone, Elan, Celine, Danielle, Jobe, Shaina, Shamarah, Toastie, Nala e Louis.

A Allison McNamara e Jill Eccher por apoiarem esta publicação e me manterem alerta com *e-mails* frequentes.

Ao Dr. Alfred Posamentier, meu primeiro diretor na City College of New York. Obrigada por suas constantes palavras de apoio e incentivo. Sou grata por você ter me proporcionado esta oportunidade.

Aos incríveis professores Sanci McLurkin-Patterson, Glenn Allen King, Erin Barnett, Holly DiManno, Karen Hawthore (minha professora veterana preferida ☺), Gina Hernandez e Blossom Marshall, que, embora estivessem nas férias de verão, dispuseram-se a dedicar seu tempo a compartilhar conselhos e sugestões maravilhosos com os futuros professores. Eu não conseguiria ter feito este trabalho sem vocês. Por favor, continuem inspirando, cuidando, ensinando e apoiando nossos pequenos alunos – eles são o nosso futuro.

Aos editores da minha equipe de edição: Bill McLurkin, Verina McLurkin, Sanci McLurkin-Patterson, Simone Patterson, Elan Patterson, Autumn Ashley, Jackie Burks, Taryn Burks, Al Frazier, Sade Harris, Rainbo Holland, Pam Holtorf, Janelle Junior e Derek Burks.

Agradeço também à gerente geral de projeto, Michelle Gardner, de Laserwords, Maine, por seu trabalho incrível ao supervisionar a produção deste livro.

Aos meus alunos do ensino fundamental e a suas famílias, que têm dado forma à minha pesquisa e continuam me estimulando a melhorar as práticas de ensino.

Aos professores atuais e futuros com quem tive o prazer de trabalhar na University of Michigan, Ann Arbor, Madonna University e City College of New York (CUNY): nossos pequenos alunos precisam muito de vocês. Por favor, certifiquem-se de que estão proporcionando a eles o ambiente de aprendizado acolhedor, compassivo, positivo e empático que tanto merecem, para que cresçam, sejam solidários e desabrochem.

Agradeço do fundo do meu coração!

Sumário

Prefácio 11

1 Crianças com necessidades especiais 15

2 Multiculturalismo 24

3 Discriminação 32

4 Aprender inglês 40

5 Uso da língua não culta 48

6 Analfabetismo funcional 55

7 Identidade de gênero 63

8 Orientação sexual 70

9 *Bullying* 77

10 Abuso infantil 84

11 Abuso sexual 91

12 Violência 97

13 Religião 106

14 Pobreza 113

15 Gangues 121

16 Uso de drogas 129

17 Alcoolismo 137

18 Divórcio 145

19 Diferentes estruturas familiares 153

20 Automutilação 160

21 Morte.. 166

22 Uso da internet.. 174

23 Prisão.. 181

24 Guerra/terrorismo... 188

Epílogo 195

Índice... 198

Prefácio

Lembro-me do meu primeiro dia como professora como se fosse ontem. Estava tão feliz de ter um emprego que sabia que iria adorar – ensinar crianças pequenas! Tinha uma turma bagunceira de 35 crianças de diferentes origens. Minha sala de aula parecia uma reunião das Nações Unidas. Havia alunos afro-americanos, brancos/euro-americanos, latinos, ásio-americanos, ilhéus do Oceano Pacífico, médio-orientais e persas, entre muitos outros, e diversos alunos classificados como mestiços. Havia crianças cristãs, judias, hindus e muçulmanas praticantes, e crianças que, segundo seus pais, não praticavam qualquer religião. Em termos de língua, a maioria falava inglês, mas algumas tinham espanhol, hmong, punjabi, vietnamita e húngaro como língua materna. Além disso, alguns pais e outros familiares falavam mal ou nem falavam inglês, tornando a conversa extremamente difícil.

No que se refere às famílias, muitas crianças vinham de classes socioeconômicas abastadas, e algumas de classes extremamente pobres. Havia pais que eram professores, médicos, operários, funcionários de mercado e secretárias, e outros que eram desempregados ou subempregados. Alguns dos meus alunos viviam com seus pais biológicos que eram casados, outros com seus pais biológicos que não eram casados ou com sua mãe biológica sem conhecer o pai e vice-versa. Um aluno vivia com seus pais adotivos (um casal de homens homossexuais), muitos viviam com os avós, e outros com pais adotivos ou tias e tios.

Alguns dos meus alunos viviam em bairros extremamente violentos, onde precisavam se manter dentro de casa antes e depois da escola por medo de serem mortos ou atingidos por alguma bala perdida e onde não havia áreas limpas e seguras, como parques, onde pudessem brincar. Muitas dessas crianças nunca saíam de seus bairros porque suas famílias estavam lutando financeiramente todo mês para "não ficar no vermelho". Outros viviam em bairros onde crimes violentos eram raros, e podiam brincar ao ar livre em seus jardins, nos balanços ou no parque do bairro, que era limpo e sem a ameaça das drogas. Muitos desses alunos viajavam nas férias com suas famílias por todo o estado da Califórnia ou até mesmo por todo o país.

Ainda na mesma turma, havia alunos cujas famílias eram abastadas mas que raramente viam seus pais devido aos compromissos de trabalho. Algumas dessas crianças eram trazidas e buscadas por suas babás, não faziam o dever de casa completamente e me contaram que nunca haviam visitado a biblioteca do bairro. Já outras, embora não tivessem muitos recursos financeiros, viam seus pais, tutor ou avós antes, durante e depois da escola, visitavam a biblioteca regularmente, tinham seus materiais escolares e entregavam o dever de casa dentro do prazo. Assim, felizmente, fazer amplas generalizações sobre "pessoas ricas" e "pessoas pobres" era impossível em minha situação.

Quanto à educação escolar prévia, havia alunos que tinham frequentado a creche e outros que nunca haviam estado em uma sala de aula. Alguns sabiam escrever seus nomes, sabiam seus telefones, os nomes e os sobrenomes de seus pais, conseguiam contar de 1 a 20, identificavam todas as letras do alfabeto e os números de 0 a 20 e reconheciam cores e formas segundo nossa avaliação básica informal. Essas crianças também sabiam permanecer em filas, compartilhar, sentar a uma mesa, sentar no chão formando uma roda, sabiam o significado de "manter mãos, pés e objetos no lugar adequado", sabiam usar tesouras com segurança e participar ativamente e de maneira adequada nos momentos interativos de leitura em voz alta. Também havia alunos que sabiam executar não todas, mas a maioria dessas tarefas listadas, alguns que sabiam executar apenas algumas, e outros que não conseguiam executar qualquer uma delas.

O que realmente me assustou foi ter alunos cujos familiares encontravam-se na prisão, faziam parte de gangues, eram viciados em drogas, alcoólatras ou abusavam deles física e sexualmente. Também tive alunos que haviam perdido algum ente querido, que tinham pais se divorciando e que haviam recentemente se mudado da casa dos pais para um lar adotivo. Havia crianças acima do peso, abaixo do peso, com asma, e aquelas que simplesmente não conseguiam aprender. Na verdade, foi essa questão central – trabalhar com as crianças e as experiências trazidas para a sala de aula e, ao mesmo tempo, assegurar seu aprendizado – a parte mais intimidante de todas.

Evidentemente, ensinar é um trabalho muito difícil. Essa profissão perde cerca de 40 a 50% dos professores a cada cinco anos de serviço (INGERSOLL; SMITH, 2003). Embora muitos motivos sejam atribuídos a esses números impressionantes, a dolorosa verdade é que muitos professores iniciantes abandonam a profissão porque se sentem sobrecarregados e insatisfeitos com tudo o que o ensino envolve; acham que não são compensados financeiramente pelo que fazem, que não recebem o apoio necessário (INGERSOLL, 2001; INGERSOLL; SMITH, 2003; STOCKARD; LEHMAN, 2004). Minha turma era diversa no sentido extremo de diversidade; precisei lidar com pais, colegas, administradores e burocratas, todos com expectativas, opiniões, valores e normas diferentes em relação ao que eu deveria fazer em sala de aula. Tive a sorte de ter um pai e uma irmã que eram professores experientes e uma mãe que havia trabalhado na área da educação por anos, bem como colegas em quem podia confiar. Assim, quando alguma das questões discutidas anteriormente afetava o meu trabalho, havia diversos mentores com quem eu podia contar para buscar apoio e conselhos educacionais sensatos. No entanto, mesmo com todo esse suporte, ainda me sentia sob grande pressão. Foi então que comecei a questionar por que não havia sido preparada adequadamente para lidar com essas e outras questões importantes antes de entrar em sala de aula. Isso parecia injusto comigo e com meus alunos.

O livro *Questões sociais desafiadoras na escola: guia prático para professores* foi escrito a fim de preparar professores novatos e iniciantes para as realidades do ensino de crianças no século XXI. Ao me basear em experiências próprias, assim como nas experiências de professores em treinamento, professores experientes, pais, físicos e administradores de escolas, três relatos complexos são fornecidos para cada uma das 24 questões sociais mais desafiadoras com as quais muitos professores se deparam na educação de nossos jovens. A partir de cada um dos relatos, os leitores entenderão melhor as complexidades de cada questão social, bem como perceberão vários estilos de gestão de sala de aula.

Visto que esses relatos são baseados nas vidas de crianças, suas famílias, escolas e funcionários, atribuí a cada pessoa, em cada relato, um pseudônimo para proteger sua identidade, além de ter tomado a liberdade criativa de adicionar detalhes ficcionais, mas relevantes, para dificultar que essas pessoas se reconheçam ou reconheçam as situações apresentadas. Além disso, tentei propositalmente manter os professores de cada relato os mais neutros possíveis em termos culturais, religiosos, linguísticos, raciais, étnicos, sexuais e socioeconômicos. Assim, os leitores podem se visualizar como esses professores mais facilmente e refletir sobre o que fariam se de fato fossem o professor em cada uma das situações.

No final de cada história, incluí cinco *Questões para discussão*, que foram criadas para estimular os leitores a pensar criticamente sobre as informações lidas. Elas podem ser utilizadas como um trampolim para discutir as visões, as opiniões e os preconceitos do leitor em relação a cada questão, as possíveis responsabilidades legais e éticas, as ramificações com as quais os professores se deparam em cada situação e o quão multifacetado é cada cenário/aluno/família/escola. Além disso, por sermos legalmente obrigados a fazer denúncias, os relatos podem ser usados para iniciar uma exploração de leis, diretrizes, recursos e órgãos municipais, estaduais e federais especificamente relacionados a cada um dos temas, de modo que os professores se atualizem sobre suas responsabilidades legais e éticas como educadores.

Após cada relato e *Questões para discussão*, organizei diversos grupos específicos com professores experientes que ofereceram conselhos e sugestões sólidos para cada tema e situação apresentados neste livro. Essas seções são chamadas *Conselhos de professores experientes sobre...* Esses professores, que juntos têm mais de 100 anos de experiência em ensino fundamental, apresentam sugestões honestas sobre como lidariam com certa situação, contam o que seus colegas fizeram em situações semelhantes e dão ideias educativas e instrutivas. Embora haja conselhos e sugestões, essas listas não esgotam o assunto. Elas são apenas pontos de partida para dar aos professores em treinamento e iniciantes algumas ideias para discussão.

14 Denise L. McLurkin

Reconheço que o que estou pedindo a esses professores pode ser difícil, visto que alguns dos problemas apresentados nos relatos e algumas questões podem deixar os leitores envergonhados, confusos e zangados ou fazê-los questionar suas posições sobre determinado assunto. Porém, devemos sempre lembrar que tudo o que fazemos como educadores se relaciona com nossos alunos. Portanto, enquanto resolvem as questões apresentadas em *Questões sociais desafiadoras na escola: guia prático para professores* por meio de discussões, diários, *role playing* (simulações)* e até mesmo expressões artísticas, os professores podem pensar em quais serão seus próximos passos, quais sistemas de apoio estão disponíveis para eles e seus alunos e, considerando todas essas opções, tomar decisões embasadas não apenas em relação aos alunos, mas às suas famílias, aos seus colegas e a si mesmos antes ou no início de suas carreiras. Se uma criança vem falar com um professor e está machucada, deprimida, ansiosa, com fome ou suja, quero que os novos professores sintam-se motivados, estimulados e apoiados o suficiente para fazer ligações, mandar *e-mails*, tirar dúvidas, escrever cartas, pesquisar na internet e iniciar conversas com a diretoria da escola a fim de ajudar seus alunos adequadamente para que seu ambiente de aprendizado seja o mais seguro e acolhedor possível.

REFERÊNCIAS

INGERSOLL, R. Teacher turnover and teacher shortages: an organizational analysis. *American Educational Research Journal*, v. 38, n. 1, p. 499-534, 2001.
INGERSOLL, R.; SMITH, T. The wrong solution to the teacher shortage. *Educational Leadership*, v. 60, n. 8, p. 30-33, 2003.
STOCKARD, J.; LEHAMN, M. Influences on the satisfaction and retention of lst-year teacher: the importance of effective school management. *Educational Administration Quartely*, v. 40, n. 5, p. 742-771, 2004.

---

* N. de R.T.: O *role playing game* é conhecido popularmente como RPG (em português, "jogo de interpretação de personagens"). Sua estratégia sugere que os participantes assumam papéis de personagens e criem colaborativamente situações e narrativas. Constitui mais uma estratégia de cooperação que de competição.

1

Crianças com necessidades especiais

DE JEITO NENHUM!

Caio no sofá, provo meu chá, fecho os olhos e respiro fundo. Enrolada na colcha que minha mãe fez quando me formei na graduação, estou vestindo meu pijama e meias folgadas e aconchegantes. Sinto-me tão tranquila. Se ao menos o ambiente fosse assim em minha sala de aula. Educar é muito mais difícil do que eu esperava. Não me entenda mal, gosto de dar aula para o 4º ano, mas, com o planejamento de aulas, a correção dos trabalhos e todo o resto, estou exausta. Sei que é o começo do ano letivo, e todos em minha equipe, professores há mais de 10 anos, asseguraram-me que melhora. Mas nesta noite estou cansada, e não é fácil.

Sobre minha mesa estão as pilhas de testes de ortografia e de matemática e seis diários que eu trouxe para casa para corrigir. Tomo outro gole de chá e espero o líquido quente acalmar minha garganta. Então, me inclino e pego os testes de ortografia. Olho para o relógio e ele marca 20h30min. "Droga!", penso. "Provavelmente não vou conseguir me deitar antes das 23h de novo". Respirando fundo, pego minha caneta verde e começo a dar as notas. Quando chego ao teste de Richard, surpreendo-me ao ver que ele errou todas as palavras – e sua caligrafia é ilegível. Toco no verso de sua folha e me pergunto quanto tempo ele levou para retraçar cada palavra. Pensando em voz alta, digo: "Por que ele escreve com tanta força?". Observo algumas de suas letras e elas estão invertidas. Penso novamente em voz alta, "Isso não é normal". Ponho o resto dos testes de ortografia de lado e pego os de matemática. Folheio a pilha em busca do teste de Richard, que está exatamente como o de ortografia.

Agora me levanto e busco meu carrinho de apoio. Acho que o diário de Richard foi um dos que peguei para responder nesta noite. Encontro seu caderno com espiral laranja e retorno ao sofá. Sentada sobre meus pés, abro-o e fico chocada com o que vejo. A maioria de suas anotações são apenas rabiscos, e ele novamente havia reescrito as palavras. Acho que nunca vi uma escrita tão forte em toda a minha vida. Nas partes em que ele realmente escreveu, a maioria das palavras tem erros de ortografia e parece que ele estava desenhando as letras – não escrevendo. Faço, então, uma nota mental para falar com Caroline, a professora de educação especial, amanhã.

No dia seguinte, arrasto-me até a sala dos professores para organizar meus materiais e guardar meu almoço. Vou até a máquina de venda automática escolher a bebida com a maior quantidade de cafeína. Depois de fazer minha escolha, vou até a caixa de correspondência e saio pela porta lateral até a minha sala. Quando estou caminhando no corredor, vejo Caroline vindo em minha direção. "Meu Deus", eu digo, "você é exatamente quem eu queria encontrar". Caroline, que é a pessoa mais feliz na face da terra, sorri e diz: "Nossa, acho que nunca ouvi isso a essa hora da manhã". Dou uma risadinha, "Bem, as pessoas deveriam lhe dizer isso". Nós duas rimos, e então Caroline pergunta: "Como posso lhe ajudar?". Começamos a caminhar para minha sala e digo: "Você tem tempo para conversar comigo sobre um aluno?". Caroline indica que sim com a cabeça e diz: "Você está com sorte. O pai com quem eu teria uma reunião precisou cancelar, então, tenho tempo". Ao chegar à minha sala, destravo a porta e convido Caroline para entrar.

Após nos sentarmos à minha mesa, pego os testes de Richard e seu diário. À medida que Caroline observa o material, ela baixa seu rosto e cobre sua boca com a mão. Permanece quieta por um tempo. Finalmente, ela diz: "É o Richard Brown?". Não escondi minha surpresa. "Como você sabe?", pergunto a Caroline. Balançando sua cabeça, ela diz: "Estamos preocupados com Richard desde a pré-escola. Tentamos de tudo para que ele passasse por uma avaliação psicológica, pois claramente tem tido problemas, mas seus pais não admitem isso". Olho para Caroline e sinto um alívio. Então, confesso: "Fiquei tão surpresa ontem à noite quando comecei a avaliar o trabalho dele. Principalmente o diário". Pegando seu diário, digo: "Não fazia ideia de que ele não estava completando as tarefas e que estava tão atrasado". Pego seu teste de ortografia, "Ele errou todas as palavras".

Caroline concorda com a cabeça, "Eu sei, Rebecca. Às vezes, é tão desanimador". Concordando, digo: "Ele é um dos alunos mais queridos e esforçados da turma". Abaixo a cabeça e continuo: "Simplesmente não sei o que fazer para ajudá-lo". Caroline me olha, "Você já teve a oportunidade de conhecer seus pais e falar com eles sobre sua preocupação com o seu progresso?". Envergonhada, respondo que não. Caroline, então, diz: "OK, quero que marque essa reunião o mais rápido possível. Se você quiser", ela continua, "posso ir a essa reunião com você. Mas, por enquanto, quero que preencha o encaminhamento para avaliação psicológica nesta tarde. Tente coletar o máximo de amostras de trabalhos dele possível". Concordo com a cabeça. Caroline diz: "Muito em breve, teremos um grupo de discussão sobre um aluno, em que nos encontraremos com outros professores que lhe darão sugestões sobre como ajudá-lo. Os pais serão convidados para essa reunião. Depois, faremos outra reunião para ver se as sugestões dadas estão funcionando. Se Richard ainda estiver tendo problemas, começaremos, então, um processo para que ele faça uma avaliação psicológica".

Pergunto: "Mas e se seus pais não permitirem?". Caroline responde: "É aí que está o problema. Como já disse, queremos que ele seja avaliado desde a pré-escola, mas seus pais têm recusado". Ela continua: "Mas precisamos arquivar todo o material e fazer nossa parte para seguir o procedimento". Olho para Caroline e pergunto: "Preciso esperar até lá para me aconselhar sobre como ajudá-lo?". Balançando a cabeça, ela diz: "Ah, não, querida. Quero que vá à minha sala durante o almoço e depois das aulas. Eu lhe darei alguns recursos para ajudá-lo agora". Olho para ela enquanto fala, "Enfim, isso talvez seja tudo o que podemos fazer pelo Richard". Nesse exato momento, a campainha toca, indicando que as aulas irão começar.

Caroline se levanta para ir para sua sala, mas, antes que saia, minha mão toca o teste, e pergunto: "Ah, Caroline, por que ele está retraçando suas letras assim?". Ela olha para mim e depois para o teste de ortografia, "Ele está perseverando". Confusa, fico quieta. Sorrindo, Caroline diz: "Tive vários alunos que fazem isso. Geralmente acontece com alunos que têm tendências obsessivo-compulsivas e estão tentando aliviar alguma ansiedade que sentem". Não devo estar disfarçando a sensação de derrota, pois Caroline diz: "Não se preocupe, Rebecca. Estou aqui para lhe ajudar. Superaremos isso juntas".

Questões para discussão

1. O que você diria aos pais de Richard em sua primeira reunião?
2. O que você imagina que os pais de Richard diriam ou fariam durante essa primeira reunião?
3. Por que você acha que os pais de Richard estão resistindo à avaliação da criança?
4. O que a secretaria de educação à qual sua escola pertence faz se uma criança precisa ser avaliada e seus pais não permitem a avaliação?
5. Além de trabalhar com Caroline, quais são os outros recursos disponíveis em sua cidade e em sua escola para crianças com problemas de desempenho?

EM SEU PRÓPRIO MUNDO

Limpo minha testa com uma toalha de papel úmida. Estou suando como se estivesse mais de 40°C lá fora. Sei que está quente, mas acho que estou nervosa e, ao mesmo tempo, empolgada. Em dois dias, darei minha primeira aula para a educação infantil. Olho para minha sala com orgulho. Madison e eu fizemos um ótimo trabalho em nossas salas de aula. Enquanto admiro nosso trabalho duro, a porta se abre, e Madison entra. "Pronta para almoçar?", ela pergunta. Olho para Madison e sorrio. Cheiro rapidamente minhas axilas e digo: "Talvez devêssemos pedir uma tele-entrega". Sorrindo, ela responde: "Eles vão saber que estamos arrumando a nossa sala. Estamos vestindo camisetas da Escola de Ensino Fundamental Monroe, por favor!". Ela se aproxima de mim e diz: "Além disso, não estou sentindo seu cheiro". Nós sorrimos e começamos a rir. Madison, então, diz: "Vou dar uma corrida até o banheiro e saímos".

Ela é professora das séries iniciais há cinco anos. Muitas das minhas horas de observação foram em suas aulas, e quando esse cargo ficou disponível, cruzei os dedos. Nunca esquecerei a noite em que recebi a ligação informando que tinha conseguido o emprego.

Quando chegamos ao restaurante, peço que sentemos do lado de fora, "caso meu desodorante esteja vencido". Concordando com a cabeça, Madison me acompanha com a recepcionista até o pátio. Depois de fazermos os pedidos, Madison pergunta: "Então, como vai você, Connie? Você está pronta para quinta-feira?". Tomo um gole de água e digo, balançando a cabeça: "É o que eu espero". Incapaz de conter minha empolgação, falo sem pensar: "Só quero fazer um bom trabalho. Estou louca para conhecer meus alunos".

Madison ri, "Lembre-se do que eu disse. Se tiver a oportunidade, ligue para vários alunos todas as noites para se apresentar aos pais deles. Eles gostam muito disso". Concordo e digo: "Já segui o seu conselho. Já estou quase no fim da minha lista".

Madison responde: "Que bom, então". E, após tomar um gole de seu chá gelado, diz: "E não se esqueça: durante o ano, ligue para os pais das crianças que estão fazendo um bom trabalho também". Pensando um pouco, ela continua: "Não devemos ligar apenas para avisá-los de que seus filhos têm tido um comportamento inadequado". Faço uma nota mental dessa sugestão enquanto abro meu assento.

Enquanto apreciamos nossas saladas, Madison continua a conversa. "Acho que a parte mais difícil na educação infantil é que você realmente não faz ideia do que lhe espera até que as aulas comecem e você tenha tempo de realmente conhecer seus alunos e suas famílias". Ela explica: "Quando dei aula no 4º ano, eu tinha as informações dos históricos escolares de todos eles". Pensando um pouco, ela acrescenta: "E eu ainda tinha suas cadernetas escolares, diversos tipos de testes, além de poder falar com professores dos anos anteriores para me informar sobre os alunos e suas famílias". Comendo outra folha da alface, ela diz: "Mas na educação infantil você geralmente não tem informações prévias, a menos que seus alunos tenham irmãos mais velhos ou tenham frequentado a pré-escola Sunshine para receber apoio especializado devido a algum problema já manifestado".

Entendendo melhor o que ela está falando, digo: "Então, você sente saudade de lecionar no 4º ano?". Ela logo responde: "Ah, não. Estou me divertindo muito". Sorrio para Madison; nosso almoço acalmou meu nervosismo.

Ao voltar para a escola, vou até a diretoria. Ao me ver, a diretora Elan Cortez diz: "Então aí está você. Estava lhe procurando". Preocupada, pergunto: "Está tudo bem?". Ela coloca sua mão sobre o meu ombro e diz: "Ah, sim, não se preocupe. Nathan e eu só queríamos falar com você rapidinho sobre um menino que será seu aluno este ano". Nathan é o nosso professor de educação especial do 1º ano. Elan olha para seu relógio e diz: "Se você estiver livre agora, é um bom momento". Ela pede a Nichelle, sua secretária, que ligue para Nathan e avise que o aguardamos no escritório.

Depois de uma breve conversa sobre o meu tão esperado primeiro dia de aula, alguém bate na porta. "Entre, por favor." Nathan entra no escritório, senta ao meu lado e diz "Olá. Como vai?".

Olho para ele e sorrio. "Estou bem. Esperando para começar meu primeiro dia de aula." Nathan se apoia no encosto, "Elan, você se lembra do nosso primeiro dia de aula?". Sorrindo, Elan diz: "Meu Deus". Ela me olha e explica: "Nós começamos a dar aula no mesmo ano". E lhe pergunta: "Já faz 27 anos?". Nathan concorda, descrente. "É verdade. O tempo voa."

Depois de mais um bate-papo, Elan olha para o relógio novamente e diz: "A razão pela qual lhe chamamos é porque queremos falar sobre um aluno que você conhecerá na quinta-feira. Seu nome é Jack McKinley e ele foi diagnosticado com autismo". Olho para Elan surpresa. Lentamente, respondo: "Ah, é? Tudo bem".

Elan confirma e diz: "Jack tem tido sessões de fonoaudiologia desde os 2 anos de idade e tem frequentado a pré-escola Sunshine desde que completou 3". Nathan interrompe, "Ele também fez tratamento para desenvolver suas habilidades sociais".

Balanço a cabeça, nervosa, tentando absorver toda a informação que estão me passando. Nathan continua: "Segundo sua professora, Jean, da Sunshine, suas habilidades orais e sociais têm melhorado muito, embora ele ainda apresente muitos comportamentos repetitivos, tenha menos habilidades verbais do que seus colegas e ainda tenha alguns problemas em manter contato visual". Elan interrompe: "Seus pais dizem que ele ainda se sente frustrado em multidões, quando tem dificuldade para se comunicar ou é contrariado". Colocando o indicador na frente dos lábios, ela diz: "Eles também nos avisaram que, às vezes, ele parece viver em um mundo particular". Nathan logo acrescenta: "Mas também disseram que isso está melhorando". Elan concorda.

Olho para Nathan, depois para Elan e pergunto: "Algum de vocês já o observou?". Ambos respondem que não. Nathan se inclina e diz: "Sei que é difícil, mas ele tem um auxiliar educativo pessoal que estará lá para acompanhá-lo todo o tempo". Ainda tentando compreender tudo, pergunto: "Só estou curiosa, por que Jack não está na turma de Madison? Ela tem de nove anos de experiência". Elan explica: "Jack precisava da aula da tarde porque ele faz sessões de fonoaudiologia e terapia ocupacional durante a manhã". Respondo: "Bom, então, mal posso esperar para conhecer meu pequeno Jack na quinta-feira".

Questões para discussão

1. Como você se prepararia para o primeiro contato com Jack?
2. Quais são as áreas cognitivas e sociais geralmente impactadas pelo autismo?
3. Quais tipos de apoio especializado estão disponíveis em sua cidade para crianças com autismo?
4. Quais serviços de auxílio estão disponíveis em sua comunidade para pais de crianças com autismo?
5. Às vezes, ter outro adulto em sala de aula pode ser complicado. Como você se prepararia para trabalhar em colaboração com o auxiliar educacional pessoal de Jack?

ENTÃO, NÃO PRECISO FAZER O PROJETO, NÉ?

O horário de almoço recém terminou e meus alunos do 5º ano estão terminando um período de leitura em silêncio. Arielle levanta a mão para me chamar. Aceno com a cabeça e ela entende que pode deixar seu livro na mesa e ir para a sala multifuncional para receber instruções de leitura. Arielle frequenta essa sala de segunda a quinta-feira, durante 45 minutos a cada dia. Ela abre um grande sorriso e se despede de mim. Abano para ela e volto a observar minha turma. Tocando suavemente a campainha em minha mesa, digo: "É hora dos estudos sociais. Por favor, se aprontem. Vocês têm...", olho para o relógio, "2 minutos. Podem começar". Assim, meus alunos podem terminar de ler o parágrafo, colocar os marcadores de página, pegar o livro de estudos sociais, a pasta, um lápis e papel e esperar pacientemente que eu comece a lição sobre as Missões da Califórnia. Olho para o relógio e anuncio: "Vocês têm 30 segundos". Vejo muitas crianças, obviamente lendo uma parte interessante do livro, quase pularem em suas cadeiras porque sabem que precisam estar prontas a tempo. "15 segundos", digo, correndo o olhar pela sala. Quando estava prestes a anunciar 5 segundos, vejo que todos estão prontos para a lição de estudos sociais.

"Ótimo trabalho, pessoal".

Pergunto: "Quantos de vocês estavam em uma parte muito boa do livro ou revista?". Quase metade da turma levanta a mão. Germaine diz: "Ah, Sra. Simien, eu não queria parar". Ele finalmente encontrou livros de que gosta. Vá entender – ele adora faroeste. "Bom", continuo, "Estou muito feliz de ver que tantos estão gostando de seus livros. Agora vamos nos preparar para os estudos sociais".

Depois de uns 35 minutos, começo a recapitular a lição sobre as Missões da Califórnia. Antes de iniciar a revisão, olho para o quadro interativo onde estava fazendo anotações e digo: "É responsabilidade de vocês conferir se têm tudo anotado em seus cadernos. Então, confiram se anotaram tudo".

Olhando novamente para o quadro interativo, acrescento: "Vocês precisarão lembrar que as 21 missões são litorâneas. O que isso significa – que elas são *litorâneas*?". Chamo Sammy.

"Significa que foram construídas perto do litoral. Ou da praia."

Concordo com a cabeça, "Exatamente". Observando mais uma vez o quadro interativo, digo: "Vocês também precisarão lembrar que as missões foram fundadas pela Igreja Católica da Espanha com o objetivo de... levar o cristianismo aos nativos". Olho para a turma e pergunto: "E o que isso significa, 'levar o cristianismo aos nativos'?".

Melissa levanta a mão. "Significa que eles pensavam que os índios, quer dizer, os ameríndios, eram diferentes deles. Eles usavam roupas diferentes, tinham cabelo comprido e não eram civilizados como eles."

Não escondo minha surpresa com a resposta. "Nossa, Melissa. Isso mesmo", digo, "Eles achavam que os nativos não eram tão civilizados quanto eles".

Jason acena freneticamente e acrescenta: "Eles também pensavam que os nativos eram inferiores porque não eram cristãos e cultuavam coisas como o tempo e os animais".

"Vocês todos aprenderam tanto." Olhando novamente para o quadro interativo, continuo: "Agora, continuando, os ameríndios inicialmente se voluntariaram para participar das missões. Porém, logo descobriram que seriam eles que as construiriam, o que era um trabalho muito duro. Também logo descobriram que suas vidas mudariam completamente. Na verdade, a maioria dos relatos menciona ameríndios precisando aprender uma nova língua e mudar sua sociedade de caçadores e coletores para fazendeiros e carpinteiros. Pergunto: "O que isso lembra para vocês?".

Javonte, um jovenzinho muito questionador, logo levanta a mão, e eu o chamo. "Como essa situação seria diferente da escravidão?", ele pergunta. "Os senhores dos escravos os obrigavam a trabalhar contra a vontade, sem pagamento, proibiram suas línguas maternas e os exploravam em trabalhos que eles não faziam na África." Concordando, digo: "Boa observação e boa relação".

Melissa, também muito questionadora, pergunta: "Os caçadores e senhores queriam que os escravos se tornassem cristãos?". Arregalo os olhos, dizendo: "Boa pergunta, e a resposta é não". Pensando um pouco mais sobre isso, acrescento: "Assim que os escravos chegaram à América, tentaram torná-los cristãos para que fossem mais submissos e obedientes. Porém, a razão principal de trazer escravos para a América era a mão de obra gratuita".

Nesse momento, a porta da sala se abre, e Arielle entra. Com seu sorriso de sempre, ela vai até seu assento. Olha em volta e pega, em sua mesa, o mesmo material que seus colegas estão usando. Volto a olhar para o quadro interativo e digo: "Antes de arrumar a sala, quem foi o padre mais famoso das missões?". Em coro, meus alunos respondem: "O padre Serra Junipero". Arielle move seus lábios, mas fica claro que ela não sabe o que está acontecendo.

Olhando para o relógio, anuncio: "Tivemos uma ótima aula de estudos sociais sobre as Missões da Califórnia, sobre os nativos que as construíram e que trabalharam lá, como sua situação era semelhante à dos escravos e sobre seu padre mais famoso, Serra Junipero. Agora, devemos selecionar as missões para o projeto principal, então, limpem e organizem a sala, por favor. Vocês têm 45 segundos".

As crianças estão guardando suas coisas e falando baixinho entre si. Coloco sobre a mesa um vaso transparente onde estão as fichas de arquivo dobradas com o nome de cada missão. Nesse momento, Célia, sentada na fila da frente, acena, apontando para seu relógio, para me avisar que o tempo acabou. Sorrio e digo: "Obrigada, Célia, por me manter atenta". Começo a explicar como os projetos serão escolhidos. "Neste vaso, tenho os nomes de cada uma das 21 missões em uma ficha. Já que temos 28 alunos, alguns irão trabalhar com missões repetidas." Levanto o vaso sobre a cabeça e o sacudo. Caminho até a primeira fila e coloco o vaso na frente de Billy. "Selecione uma ficha... o nome que estiver nela será o tema do seu projeto." Rapidamente pego minha prancheta para anotar os nomes das missões ao lado dos nomes das crianças.

À medida que passo pela turma, é claro que escuto alguns "ebas" e alguns "ahhs". Quando chego em Arielle, ela pega uma ficha, empolgada, abre e diz: "Peguei San Diego". Javonte olha para mim, depois para Arielle e pergunta: "Sra. Simien, não quero ser mal-educado, mas como a Arielle poderá fazer o projeto se ela está sempre fora da sala durante a aula de estudos sociais?". Arielle, um pouco confusa também, responde: "Ah, você está certo. Eu não preciso fazer o projeto, né?".

Questões para discussão

1. Qual seria sua resposta imediata para Arielle?
2. O que você pode fazer durante o horário letivo para que Arielle adquira as informações da aula que está perdendo quando sai da sala para suas aulas de apoio?
3. O que você pode fazer junto com o pessoal de apoio para melhorar essa situação para todos?
4. Quais são os aspectos positivos e negativos de Arielle realizar esse projeto se ele tiver de ser feito na escola?
5. Quais são os aspectos positivos e negativos de Arielle realizar esse projeto se ele tiver de ser feito em casa?

Conselhos de professores experientes sobre...
Crianças com necessidades especiais

- A maioria dos pais tem sonhos, esperanças e aspirações em relação aos seus filhos. Considerando isso, sabemos que é extremamente difícil para os pais reconhecer e aceitar que seus filhos têm necessidades escolares, sociais e comportamentais especiais. A negação é uma realidade e uma maneira de muitas pessoas lidarem com situações desconfortáveis. Além disso, não podemos presumir que um pai sabe como é um comportamento "normal" ou qual é a proficiência escolar atual.
- Sugerimos que você desenvolva uma relação amigável com os pais de seus alunos, de modo que eles confiem em você, saibam que está realmente preocupado com aquilo que é melhor para seus filhos e, então, esperamos, eles seguirão as recomendações provenientes da escola.
- Independentemente da necessidade, você deve descobrir se sua escola tem um grupo de discussão sobre um aluno. Nessa equipe, um grupo de professores sugere intervenções e, se elas não funcionarem, então, recomendará uma avaliação completa. Em algumas escolas, o psicólogo e o fonoaudiólogo também fazem parte dessa equipe. É muito importante que você trabalhe com o grupo ou uma equipe semelhante para poder seguir com as atividades o quanto antes. Quanto mais cedo oferecermos à criança serviços adicionais de apoio, melhor será o resultado.
- Para se preparar para a reunião, certifique-se de que possui amostras de trabalho, registros (p. ex., ligações para a casa do aluno, avaliações de progresso, cartas e *e-mails* enviados para os pais e recebidos deles, etc.) e observações do dia a dia sobre comportamentos específicos da criança e sua interação com os colegas e com os adultos. Se necessário, faça anotações sobre o comportamento da criança a cada minuto.
- Além disso, para a discussão ou mesmo uma reunião de pais e professores, você deve ter amostras de trabalho de alunos proficientes (confira se removeu o nome). Isso oferecerá aos pais a oportunidade de verem qual é o nível de proficiência esperado.

Questões sociais desafiadoras na escola **23**

- Se achar que os pais/tutores estão resistindo até mesmo à simples discussão dos problemas da criança observados em sala de aula, inclua a diretoria da escola na conversa assim que possível. Esperamos que a escola tenha uma diretoria forte, que será capaz de ter uma conversa honesta com os pais. Não continue lidando com essa situação sozinho.
- Em alguns casos, particularmente nos anos mais avançados do ensino fundamental, a criança, em geral, já foi avaliada e está recebendo tratamento. No entanto, há casos diferentes (a criança se mudou ou não tem ido à escola). Assim, continue atento às questões escolares, sociais e comportamentais em sua sala de aula; essas crianças podem precisar de serviços auxiliares também.
- Às vezes, o programa de apoio para crianças com necessidades especiais é muito complicado e frustrante. É quando um aluno tem aulas especiais em um dos turnos com um professor especializado. Isso pode acontecer de maneira extensiva ou intensiva. Concordamos que discussões frequentes e honestas com o professor de apoio são muito importantes para assegurar a melhor situação possível para todos. E o que é mais importante: conversar francamente sobre os horários. O professor de apoio tem uma agenda cheia, e você também. Entrar em acordo é fundamental. Aqui estão algumas sugestões que devem ajudar bastante: (1) programas de apoio especial intensivo nos quais o professor de apoio fica na sala para auxiliar a criança durante e depois da aula; (2) o professor de apoio leva a lição e a tarefa dadas em sua aula para outra sala e trabalha com a criança em um ritmo mais calmo; e (3) o professor de apoio busca a criança depois que o professor regular já passou a lição inteira e, então, auxilia a criança a completar a tarefa.

2

Multiculturalismo

ÍNDIO OU INDIANO?

"Espera aí", Ryland diz quando eu o chamo. "Não vai ter peru recheado na festa?" Ele franze o nariz e faz beiço. Tentar explicar para uma sala cheia de crianças pequenas que teremos um jantar tradicional de Ação de Graças* igual ao dos peregrinos e ameríndios é bem complicado. "Acredito que iremos nos divertir." Digo para a turma: "Lembrem-se, a ideia não é comer bastante, mas aprender mais sobre as culturas representadas e sobre como foi o primeiro dia de Ação de Graças". Ryland, ainda de braços cruzados e sem parecer convencido, murmura: "Mesmo assim quero peru recheado".

Chelsea, a professora que trabalha comigo, interrompe e diz: "A maioria de vocês terá peru recheado no dia de Ação de Graças comemorado com suas famílias. Mas, na nossa família escolar, apreciaremos as comidas do primeiro jantar de Ação de Graças". Ela olha para o tapete onde as duas turmas estão sentadas e diz: "Alguém mais quer fazer perguntas?". Noelle levanta sua mão e diz: "Nós seremos os peregrinos ou os índios?". Chelsea diz: "Minha turma será os peregrinos, e a da Sra. Lowell será os nativos". Noelle levanta sua mão novamente e diz: "Sra. Lowell, a gente pode usar penas no cabelo e maquiagem?". Respondo: "Podem, não vejo problema algum".

Chelsea mostra duas fantasias feitas com sacolas de papel pelas turmas do ano anterior. "Precisaremos da ajuda de muitos pais para criar as fantasias e ajudar

---

* N. de R.T.: O dia de Ação de Graças (do inglês *Thanksgiving Day*) é um feriado nacional nos Estados Unidos, celebrado na quarta quinta-feira do mês de novembro. A data relembra o primeiro dia de Ação de Graças, em 1621, quando peregrinos americanos e ameríndios reuniram-se após a primeira colheita bem-sucedida no novo mundo e celebraram durante três dias, com uma refeição na qual, acredita-se, foram preparados alimentos originários da América do Norte, como peru, pato, veado, lagosta, frutos silvestres e abóbora. Embora hoje o menu do dia de Ação de Graças americano seja diferente do original, a essência do feriado permanece a mesma: dar graças ao que se tem e compartilhar com os outros.

na comemoração", digo ao levantar uma pilha de cartas, "Então, confiram se estão levando para casa a carta aos seus pais e se eles as leram e nos avisem se eles poderão ajudar e quando poderão". Depois disso, respondemos a muitas outras perguntas até a hora de voltarem para casa.

Chelsea se levanta e diz em tom firme: "OK, queridos, primeiro passo". Assim, seus alunos se levantam – até Ryland. Quando estão todos quietos, de pé, olhando para Chelsea, ela diz: "Agora, segundo passo". Seus alunos conferem se não deixaram algum material no tapete. "Muito bem, queridos. Agora, terceiro passo." Eles caminham na ponta dos pés até a porta e formam uma fila em silêncio. Chelsea espera pacientemente a fila se organizar e, então, diz: "Agora, queridos, por favor, agradeçam à Sra. Lowell e à sua turma pela hospitalidade". Enquanto meus alunos voltam para seus lugares no tapete, ouço a turma de Chelsea falar, "Obrigado, Turma Quatro". Ela passa apertada entre seus alunos, abre a porta e abana para nós.

Quando falo para meus alunos pegarem seus pertences em seus escaninhos, entrego a carta para cada um e lembro que devem entregá-la aos seus pais para que leiam e, se puderem, respondam. Quando terminam de formar a fila e estão em silêncio, digo: "Muito obrigada por um dia tão bom". Nesse exato momento, a campainha toca, indicando o fim das aulas.

Após buscarem o último dos meus alunos, vou para a sala dos professores. Vejo o Sr. Birdsong e percebo que está furioso. Ao seu lado está seu filho, Hunter, que parece ter chorado. Olhando para Hunter, pergunto: "Você está bem?". O Sr. Birdsong logo interrompe e diz: "Na verdade, sou eu quem quer falar com você". Ele respira fundo e continua: "Hunter me falou dos seus planos de comemoração de Ação de Graças, e devo confessar que estou um pouco chocado".

Tenho dificuldade para disfarçar a surpresa. "Ah, hmm, Sr. Birdsong, o que exatamente o chocou?"

Novamente, ele respira fundo e diz: "Na verdade, não estou tão chocado, mas decepcionado e bravo". Respondo: "Ainda não entendo o que lhe incomoda, Sr. Birdsong". Ele me olha fixamente nos olhos e diz: "Não posso acreditar que você deixa sua turma se referir aos ameríndios como índios e permite que representem nosso povo de maneira tão estereotipada". E acrescenta: "Quer dizer, penas e maquiagem? Está de brincadeira?". Seus olhos estão arregalados enquanto fala comigo.

Agora entendo do que ele fala. "Ah, Sr. Birdsong, desculpe. Não queria ofender seu povo. Respeito muito os ameríndios." Ainda furioso, ele continua: "Nós somos membros orgulhosos da Nação Creek de Muskogee, Oklahoma, e somos muito mais do que os selvagens que seus alunos provavelmente representarão durante a sua 'festa'".

Rapidamente, respondo: "Sr. Birdsong, mais uma vez, desculpe. Gostaria muito que o senhor viesse à nossa sala de aula e falasse sobre a sua tribo para os nossos alunos e também ajudasse na nossa primeira celebração de Ação de Graças". Com um olhar de súplica, pergunto: "O senhor gostaria de nos ajudar?". O Sr. Birdsong agora me olha atentamente. Após um longo tempo, ele diz: "Que dia você gostaria que eu viesse falar com sua turma?". De novo, respondo rapidamente: "Que tal terça-feira? Nesse dia, as duas turmas da pré-escola estarão juntas para nossa aula de estudos sociais".

Concordando com a cabeça, ele diz: "OK". E, respirando com mais calma, acrescenta: "E peço desculpa por falar com você tão furioso, mas eu estava em choque". Respondo: "Por favor, não se desculpe, e muito obrigada por se dispor a vir falar com nossas turmas". Assim, ele e Hunter viram-se e deixam a escola.

Ao entrar na sala dos professores, Chelsea está falando com Yvonne, uma professora do 2º ano. Ambas me olham, e Chelsea pergunta: "O que aconteceu?". Após terminar de contar meu encontro com o pai de Hunter, Yvonne nos olha e diz: "Sério, por que ele estava tão bravo por ser chamado de índio?". E acrescenta, "Ah, acho que depende se ele é um índio ou indiano, né?".* Então, bate nas pernas e ri de sua "piada".

Questões para discussão

1. Como você faria uma comemoração de Ação de Graças, Natal ou Páscoa, com seus alunos?
2. Se você ouve uma criança utilizar termos politicamente incorretos, como "índios" para se referir aos ameríndios, no caso norte-americano, o que pode dizer para corrigir a situação?
3. Você acha que a Sra. Lowell lidou bem com a situação com o Sr. Birdsong?
4. Quais são os aspectos positivos e negativos de dizer algo a Yvonne sobre seu comentário?
5. Se você não se sente confortável para conversar com Yvonne ou outros membros da escola quando fazem comentários ofensivos, de que outras maneiras você pode comunicar seu incômodo?

AQUELA CRIANÇA SÓ PRECISAVA DE DEUS

Ao entrar na sala dos professores para buscar minha pasta com a lista de chamada, deixar meu almoço e conferir minhas correspondências, ouço uma voz familiar atrás de mim. "Olá, Sra. Crenshaw. Como vai você nesta manhã?", a Sra. Wilson pergunta, em seu tom sempre alegre. Sorrio para ela e respondo: "Estou bem, Sra. Wilson. E você?". Ela olha para o teto e diz: "Bom, minha artrite está incomodando, eu esqueci meu almoço e preciso abastecer minha caminhonete". Então, ela dá de ombros, "Mas sei que o bom Deus resolverá tudo isso, então, estou muito bem, e nada me estressa".

Ainda segurando a porta e dando espaço para que ela entre, digo: "Adoro o seu ânimo, Sra. Wilson". Nós duas rimos. "Tenha um ótimo dia, querida", ela diz antes de voltar para o fundo da sala. "Você também, Sra. Wilson", respondo. Todo mundo, dos funcionários da cafeteria ao nosso diretor, Sr. Fairbanks, fala que a Sra. Wilson, zeladora da escola há mais de 35 anos, sempre foi alegre assim.

---

* N. de R.T.: Nos Estados Unidos, há controvérsias sobre a forma correta como devem ser chamados os nativos americanos. Ao chegar pela primeira vez à América, os europeus erroneamente acreditavam ter chegado à Índia, e por isso chamaram os nativos de *indians*, palavra que hoje pode ser considerada pejorativa.

Achando que estávamos sós, escuto, à minha esquerda, "Adoro o ânimo dela também". É Rebecca Gonzalez, nossa assistente. Concordo com a cabeça. "Gostaria de ter essa visão positiva da vida. Principalmente quando as coisas vão mal. Ela sempre parece estar sorrindo e ter algo bom para dizer a todo mundo". Concordando, Rebecca continua: "Nunca esquecerei quando, há uns dois anos, ela trabalhou com o Jimmy. Ele era um aluno do 6º ano e tinha muitos problemas em casa. Sua mãe estava sempre entrando ou saindo da cadeia. Seu pai era viciado em drogas, e seus bisavós, já velhos, tentavam criar ele e seus dois irmãos. Foi uma época difícil". Com os olhos embaçados, Rebecca diz: "Ele era o jovenzinho mais bravo que já conheci. Brigava o tempo todo". E continua: "Lembrando melhor, ele sempre estava aqui durante as férias por ter brigado ou implicado com outros alunos".

Eu me pergunto como essa história está relacionada à nossa conversa sobre a Sra. Wilson, mas logo Rebecca explica: "A Sra. Wilson nos disse que queria conversar com o Jimmy para que ele fosse seu aprendiz. Primeiramente, não tínhamos certeza do resultado que isso teria. Não sabíamos se ela iria falar com ele ou lhe dar umas palmadas". Rindo, Rebecca continua: "Foi incrível. Não sabemos bem o que ela disse para ele, mas ele começou a pensar antes de agir e parou de brigar tanto. Ele inclusive começou a sorrir e tudo mais". Apoiando-se no balcão, Rebecca prossegue: "Ele trabalhava com ela antes da aula, durante o almoço e depois da aula. Ficou tão orgulhoso de si e tão próximo dela!".

Balançando a cabeça, lembro-me de uma aluna, Giselle, com quem ando tendo dificuldades desde o início do ano letivo. Pergunto, empolgada: "Como posso marcar algo assim com a Sra. Wilson?" Deixando minhas coisas sobre o balcão, busco uma caneta em minha bolsa para anotar. Rebecca pega minha mão e diz: "É só pedir para ela. A Sra. Wilson adora trabalhar com crianças". Aproximando-se mais, ela continua: "Com quem você está querendo que ela trabalhe? Giselle?". Fico surpresa que Rebecca saiba exatamente em quem eu estava pensando. Ela diz: "Todos sabemos o que está acontecendo em sua turma". E vai embora rindo.

Rapidamente coloco meu almoço na geladeira, pego minha pasta com a chamada e minhas correspondências e saio da sala dos professores em busca da Sra. Wilson. Logo a encontro do lado de fora da biblioteca, conversando com alguns alunos. Deve ter sentido minha presença atrás dela, pois estende a mão e pega a minha. Olha para as crianças e diz: "Agora, meus queridos, preciso ir. Voltem lá para o pátio e se preparem para aprender". Ela me olha e diz: "Sra. Crenshaw, como posso ajudá-la?".

Começo a falar sobre os problemas que venho tendo com Giselle. "Sra. Wilson", começo, "ela parece tão brava, e não consigo saber de onde vem essa braveza porque ela não se abre comigo". Volto o olhar para a sala dos professores e digo: "A Rebecca acaba de me dizer que você fez maravilhas com um menino chamado Jimmy, e eu estava pensando se você não se importaria de fazer o mesmo com Giselle". A Sra. Wilson aperta minha mão e diz: "Minha querida, eu adoraria trabalhar com ela. O que acha de eu passar em sua sala no final da aula para começarmos?". Fico muito feliz, não consigo conter a empolgação. "Ah, Sra. Wilson, muito obrigada! Tenho certeza de que é de você que ela precisa". A Sra. Wilson fecha seus olhos, balança a cabeça e diz: "Ah não, querida. Não é de mim que ela precisa. Ela precisa é de Deus. É isso que fiz com o Jimmy. Aproximei-o de Deus".

Será que entendi bem? "Sra. Wilson, o que você quer dizer?", pergunto inocentemente. Com os olhos novamente abertos, ela continua balançando cabeça, "Conheço os bisavós do Jimmy. Eles vão à igreja comigo, mas aquele menino estava tão bravo com o mundo. Por sinal, seus avós juravam que ele tinha o diabo no corpo". Soltando minha mão, ela continua: "Então, decidi aproximá-lo de Deus. Rezamos, lemos as escrituras e falamos sobre o que acontecia na vida dele". Com orgulho, ela continua: "E, então, aquele menino começou a mudar. Ele começou a acreditar que as coisas poderiam melhorar". Radiante, a Sra. Wilson olha para o céu, levanta as mãos e diz: "Então, querida, não posso levar crédito por isso. Foi Deus".

Nesse momento, a campainha toca, indicando o início das aulas. A Sra. Wilson interrompe meus pensamentos e diz: "Então, passo lá depois da aula e a gente fala mais sobre essa sua menina".

Questões para discussão

1. Qual seria a sua reação imediata ao que a Sra. Wilson falou?
2. O que você diria à Sra. Wilson durante o encontro depois da aula?
3. Em que circunstâncias você deixaria a Sra. Wilson trabalhar com Giselle?
4. Você acharia necessário relatar essa conversa à diretoria? Explique sua resposta.
5. Qual a sua opinião pessoal em relação à prática e à discussão religiosas em escolas públicas?

CADÊ O MÊS DA CONSCIÊNCIA BRANCA?

Nesse ano, no mês da cultura hispânica, decidi que não pedirei aos meus alunos do 6º ano para escreverem relatos sobre personagens famosos ou históricos como sempre fazem. Dessa vez, eles virão fantasiados e farão um resumo "autobiográfico" de suas vidas. Para que isso ocorra de maneira justa, coloco os nomes de 28 latinos famosos em um vaso e retiro os papeizinhos. Seja qual for o nome que o aluno pegar, terá de fazer o trabalho sobre essa pessoa. Então, durante os meses de agosto e setembro, tivemos datas fixas na biblioteca toda quarta-feira e na maioria das sextas-feiras para utilizar os computadores, as enciclopédias e os livros, de modo que os alunos pudessem pesquisar adequadamente sobre a vida de seu personagem. Também fico contente de que muitos pais, incluindo a Sra. Talbot, uma costureira, dispuseram-se a nos ajudar durante o horário na biblioteca.

"Turma... turma", digo. Espero pacientemente que respondam enquanto colocam suas mãos sobre os ombros, "Sim... sim". Sorrindo, observo a turma para conferir se todos prestam atenção. "Ótimo trabalho. Fico muito contente com a maneira como logo pararam o que faziam para prestar atenção." Olho para a turma novamente e digo: "Podem baixar seus braços". Todos tiram as mãos dos ombros e continuam prestando atenção.

"Alguns de vocês estão tendo dificuldade para encontrar informações sobre os trajes ou as roupas que os latinos usavam na época do seu personagem." Olho para o Sr. Jacobs, nosso bibliotecário, e aponto: "O Sr. Jacobs está disposto a ajudá-los antes e depois da aula". Muitos parecem aliviados. Então, pergunto: "Quantos de vocês precisarão da ajuda do Sr. Jacobs?". Seis alunos levantam a mão. Antes mesmo de eu pegar um lápis, o Sr. Jacobs já está anotando seus nomes. Sorrio com a sua eficiência e me surpreendo que ele saiba os nomes de todos os meus alunos.

Olho para o relógio e percebo que é hora de voltar para a sala e começar a aula de matemática. Em um tom firme, digo: "Darei 5 minutos para que terminem o que estão escrevendo e limpem a biblioteca". Rapidamente, digo: "Aqueles que pediram tempo extra com o Sr. Jacobs, por favor, vão até sua mesa e combinem um horário". Assim, os alunos começam a se mover e se aprontar para sair da bi-blioteca. Vou até a mesa do Sr. Jacobs e digo: "Por favor, todos vocês anotem as datas e os horários. Também devem se informar se podem chegar em casa mais tarde depois da aula ou se podem chegar na escola mais cedo". Todos concordam com a cabeça enquanto o Sr. Jacobs entrega a cada aluno um pedaço de papel para que anotem seus horários.

Quando meus alunos começam a formar a fila junto à porta, digo: "Por favor, agradeçam a todos os pais que dedicaram seu tempo a nos ajudar em nossos projetos". Em coro, com as vozes em volume baixo – sua voz de biblioteca – todos disseram: "Obrigado, pais". Alguns alunos riem sempre que dizem isso. Então, acrescentei: "E, por favor, agradeçam ao Sr. Jacobs por ajudar tanto e dedicar seu tempo aos nossos projetos também". Mais uma vez, em tom suave, meus alunos dizem, "Obrigado, Sr. Jacobs". O Sr. Jacobs, que considero quase como um professor, acrescenta: "E agradeçam à Sra. Huff, por ter pensado em um projeto tão divertido". Meus alunos se viram para mim e dizem: "Obrigado, Sra. Huff". Rindo, digo: "Obrigada, turma. Agora vamos voltar para a sala".

De volta à sala de aula, fico muito feliz de que a turma está animada e contente. Geralmente dou a eles 1 ou 2 minutos para se aprontarem antes da próxima lição. Posso ouvir muitos alunos orgulhosos das informações que encontraram hoje. Francine está sentada em sua cadeira com os braços cruzados. Perguntando-me se ela está bem, ajoelho-me ao lado de sua mesa para conversar. "Francine, você está bem?" Leigh, a melhor amiga de Francine, que geralmente interrompe para falar por ela, diz: "Ela não está conseguindo achar muitas informações sobre seu personagem, por isso está chateada". Confusa, olho para Francine novamente e pergunto: "Me diga, Francine, quem mesmo você tirou?". Com um olhar triste, Francine responde, "Carmen Miranda". Fico bastante surpresa. "Francine, a Carmen Miranda era uma dançarina e cantora famosa. Tenho certeza de que encontrará informações sobre ela". Balançando a cabeça, Francine a apoia na mesa e não responde.

Leigh, então, diz: "Não, Sra. Huff. Ela encontrou informações sobre a Carmen Miranda, mas não sabe o que vestir". Leigh se senta ao lado de Francine e a observa, preocupada. Sem querer mimar Francine, digo: "Você marcou um horário com o Sr. Jacobs?". Leigh começa a falar por ela, mas levanto a mão para que pare. Depois de alguns segundos, Francine levanta o rosto como se estivesse surpresa por não ouvir

Leigh responder. "Hmm, não". Inclino minha cabeça para o lado e pergunto, "E por que não?". Ainda com sua cara de sofrimento, Francine diz: "Não sei". Sem querer livrá-la da situação facilmente, pergunto: "E você falou com a Sra. Talbot?" Novamente, com olhar triste, ela sussurra: "Não". Olho para Francine, que agora olha diretamente para sua mesa. "Francine", digo para que olhe para mim. "Havia várias pessoas que poderiam ter lhe ajudado. Aliás, é a primeira vez que eu fico sabendo que você está tendo problema com seu projeto sobre a Carmen Miranda". As duas arregalam seus olhos. "Agora, o que você pode fazer para melhorar seu projeto?"

Francine desvia o olhar de mim e olha para Leigh. Então, ela olha para mim novamente, endireita seus ombros e diz com uma confiança que nunca havia expressado antes: "Nem sei por que tenho de fazer esse projeto ridículo. Sempre fazemos trabalhos sobre hispânicos. Fazemos até sobre negros e chineses. Sério, isso não é justo. Nunca fazemos trabalho sobre brancos. Quer dizer, por que a gente não tem um Mês da Consciência Branca como todos os outros?".

Questões para discussão

1. O que você responderia a Francine?
2. O que você diria a sua turma, que provavelmente escutou boa parte dessa conversa?
3. O que você diria aos pais de Francine se tivesse a oportunidade de falar com eles?
4. Se os pais de Francine concordassem com ela e não exigissem que ela fizesse esse trabalho, como lidaria com a situação?
5. Como você lidaria com a situação de um aluno que sempre fala no lugar de outro?

Conselhos de professores experientes sobre... Multiculturalismo

- Sugerimos que você converse francamente com seus alunos sobre como costumavam ser as aulas de história e por que certos indivíduos e eventos eram propositalmente excluídos dos livros didáticos, das aulas e das tarefas relacionadas à história. Se possível, seria ótimo se você conseguisse um livro de história ou estudos sociais que evidenciasse isso. Também explicaríamos que o Mês da Consciência Negra, o Mês da Mulher e datas semelhantes surgiram por causa dessas omissões e que não estamos, assim, excluindo propositalmente homens brancos, mas incluindo propositalmente outras pessoas que tiveram contribuições importantes para nossa história.
- Também esclareceríamos que ainda estamos estudando e aprendendo sobre as contribuições dos homens brancos para os Estados Unidos. Por exemplo, ainda ensinamos sobre os 43 antigos presidentes e os pais fundadores do país, que eram, todos, homens brancos.
- No caso apresentado, há pais ameríndios que serviriam como ótimas fontes de informação para a professora. Ela agiu corretamente ao perguntar ao pai do aluno como representar sua tribo com respeito. Além disso, ela poderia pedir que ele trouxesse quaisquer artefatos ameríndios que tivesse, contasse histórias e/ou ajudasse a turma a fazer comidas típicas.

- Todos já tivemos de lidar com colegas insensíveis, grosseiros e possivelmente racistas. Reconhecemos que essa situação é bastante delicada e incômoda. Alguns de nós já optaram, no passado, por ter uma conversa privada com esses colegas. Outros não o fizeram. É uma decisão pessoal. Sugerimos que pense bem como é sua relação com esse colega antes de agir. Ela pode melhorar ou piorar com essa conversa.
- Se você se sentir desconfortável ou se o comentário for excessivamente ofensivo, sugerimos que converse com a direção da escola sobre isso. Esperamos que a diretoria seja respeitosa e mantenha seu anonimato. Se não, novamente, é uma questão pessoal. Você pode também falar com outros colegas nos quais confie sobre a situação.
- Ao pensar sobre multiculturalismo e diversidade, não há um assunto mais complicado do que religião. A maioria de nossos alunos admite que reconhece e pratica algumas crenças religiosas com suas famílias. Assim, não temos problemas que nossos alunos sejam religiosos. Se uma criança precisa ou quer rezar, jejuar, ler seu livro sagrado ou participar ou não de uma celebração de feriado por causa de suas crenças religiosas, não vemos problemas nisso.
- No caso apresentado, parece que a Sra. Wilson já tinha uma relação com os bisavós de Jimmy e sabia que eles eram cristãos. Também parece que sua família não se opôs ao seu trabalho com a Sra. Wilson e suas discussões sobre cristianismo. No caso de Giselle, não temos certeza se ela tem qualquer conhecimento sobre as crenças religiosas da família. Então, a menos que ela saiba mais sobre eles, pediríamos à Sra. Wilson que trabalhasse com Giselle sem falar em cristianismo. Porém, se por meio das conversas ela descobrisse que Giselle é cristã e que seus pais não se opõem a isso, não nos oporíamos também às conversas sobre a religião.

3

Discriminação

QUALQUER PESSOA, MENOS ELA

"Margô, Margô", digo, "Pare de brincar com o aquário, por favor". Margô está sentada na fila da frente perto da minha mesa, onde se encontra o aquário, e batendo nele com o dedo. Acho que está tentando chamar a atenção de algum peixe porque não para de dizer "Aqui, peixinho, aqui, peixinho". "Sr. Pardue", ela diz, "o peixe não vai vir até mim se eu não bater no aquário". "Margô", digo pela enésima vez hoje, "Você não precisa se preocupar com o peixe porque deveria estar lendo seu livro agora. Então, por favor, sente, pegue seu livro e comece a ler". Olho para o cronômetro e me pergunto quantas vezes terei de chamar sua atenção novamente. Temos apenas 10 minutos para o tempo de leitura individual. Margô pega seu livro, zangada. Porém, ela ainda observa o peixe e se inclina sobre o aquário. "Margô", digo antes que ela comece a bater novamente. "Eu sei, Sr. Pardue", ela diz, "Comece a ler!".

No começo do ano letivo, soube por meio de Maxine Holloway, a professora de Margô no 5º ano, que ela me daria trabalho. Segundo Maxine, "Nunca tive, em todos os meus 27 anos de trabalho, um aluno que simplesmente não conseguisse prestar atenção. Sério, é incrível a dificuldade dela em se concentrar". Depois dessa conversa, conferi o histórico escolar de Margô, e todos os seus professores anteriores relataram características semelhantes – "boa menina, mas com dificuldade para se concentrar", "ótima presença em sala de aula, mas precisa que lhe chamem a atenção todo o dia", "Margô é uma menina inteligente. Gostaria que ela conseguisse se concentrar mais nas tarefas de aula em vez de em todo o resto que acontece a sua volta". Muitas e muitas vezes, professores, funcionários da secretaria, a enfermeira, os atendentes da cafeteria e os supervisores do pátio relataram que Margô era uma boa menina que frequentemente tinha problemas por não conseguir se concentrar.

O que pensei quando conheci Margô, e depois de um tempo como minha aluna, é que ela era uma menina muito querida. Também era uma das melhores escritoras e artistas da turma. Seus poemas e pinturas são incríveis. Também descobri que Margô adora ciência, principalmente os experimentos em sala de aula. Ela tem um pouco de dificuldade com matemática, mas realmente acredito que sua dificuldade em prestar atenção é parte do problema.

No início do ano letivo, a mãe de Margô me contou que sua filha estava tomando medicamento para transtorno de déficit de atenção (TDA) desde o 3º ano. No entanto, devido à puberdade, ela acha que Margô não está respondendo bem ao tratamento. "Estou tentando fazê-la ir a um médico assim que possível, Sr. Pardue", ela me assegura. "Mas trabalho durante a tarde e a noite, então está sendo muito difícil conseguir levá-la." Desde o início do ano, também percebi que Margô piora a cada dia. Porém, até que sua mãe a leve a um médico, não sei bem como lidar com a situação.

O alarme do cronômetro toca para lembrar meus alunos, e eu também, de que nosso tempo de leitura individual acabou. "Por favor, limpem suas áreas e peguem seus diários". Espero pacientemente enquanto meus alunos cumprem minhas instruções. "TAP, TAP", escuto do aquário novamente. "Aqui, peixinho, aqui, peixinho", ouço Margô dizendo de novo. Respiro fundo antes de começar. "Margô, já pegou seu caderno?", pergunto. Ela me olha surpresa. "Ah, não, Sr. Pardue." Ela abre sua carteira escolar, que parece ter passado por um ciclone, e procura seu caderno. Não sei como ela encontra qualquer coisa naquela carteira escolar. Começa a mexer em papéis soltos, livros, fantoches, jornais, revistas e cadernos por todos os lados. "Margô", eu a interrompo, "qual é a cor do seu diário?". Margô pensa um pouco e diz: "Ah, é azul". Ela encontra sua pasta azul e então fecha a carteira escolar. "Margô, você se lembrou de trazer um lápis?" Ela ri e abre sua mesa, tirando um lápis minúsculo com várias marcas de mordida; não sei como ela escreverá com ele. "Aqui está meu lápis, Sr. Pardue." Ela levanta seu pequeno lápis para que eu o veja.

"OK, meninos e meninas", digo para os alunos, "Antes de sairmos, em 25 minutos, quero que usem 15 minutos para escrever em seus diários sobre o que leram. Lembrem-se de incluir a data, o título do livro, o capítulo e o número da página. Alguma pergunta?". "Tap, tap", escuto do aquário novamente. "Aqui, peixinho, aqui, peixinho", ouço Margô dizer. Respiro fundo mais uma vez antes de agir. "Margô, você sabe o que deve fazer?", pergunto. Percebo que ela está envergonhada ao olhar para seus colegas na sala. "Hmm", ela começa. Tentando ajudá-la, digo: "Deixe-me ver se alguém pode lhe lembrar. Samantha, o que vocês todos devem fazer?". Samantha repete para a turma o que falei. Depois disso, meus alunos começam a trabalhar.

Depois de 25 minutos e de chamar a atenção de Margô mais duas vezes, a aula termina. Levo meus alunos até a frente da escola para que peguem o ônibus, encontrem seus pais ou caminhem para casa. "Ei, Jake", Grace, uma professora do 5º ano diz: "Você parece exausto!". "Está tão óbvio assim?", pergunto. Grace ri. "E seu dia ainda nem acabou. Ainda temos a reunião de funcionários."

Entro na biblioteca, onde está ocorrendo a reunião. Por 45 minutos, meu diretor, o Sr. Gerry Cunningham, fala sobre o envolvimento dos pais, a feira do livro e nossas notas nos testes. "Agora", Gerry continua: "Passo a palavra para a Sra. Holloway, que tem uma ótima notícia". Maxine se levanta e começa: "Nossa escola irmã em Londres mandará dois professores e seis alunos para visitar nossa *ótima* escola. Eles visitarão a maioria das nossas salas de aula e almoçarão com 21 dos nossos melhores e mais inteligentes alunos. Assim, queremos que as equipes dos últimos anos do ensino fundamental pensem bem sobre os alunos que convidarão para o almoço, pois queremos passar uma boa impressão. Já fiz os cálculos e quero que cada professor selecione três alunos".

Isso me chamou a atenção. Grace me pergunta quem estou pensando em convidar para o almoço. "Não sei, é tão difícil", eu digo. "Acho que todos os meus alunos deveriam ser convidados." Enquanto penso mais sobre isso, Maxine me interrompe. "Mas Jake", ela diz, "Por favor, não convide a Margô. Ótima menina, mas eles podem pensar que todos os nossos alunos são ruins, e eu simplesmente não tenho paciência para lidar com ela um dia inteiro".

Questões para discussão

1. De que maneiras os professores podem configurar suas salas de aula de modo que ajudem as crianças com déficit de atenção?
2. Qual a sua opinião sobre medicar crianças com TDA ou transtorno de déficit de atenção/hiperatividade (TDAH)?
3. O que você pode sugerir para pais como a mãe de Margô a fim de ajudá-los a marcar consultas para a criança quando suas agendas estão cheias?
4. O que você diria a Maxine Holloway?
5. O que você diria ao seu diretor sobre essa situação?

NÃO É JUSTO!

"Ding, ding, ding..." o cronômetro da minha mesa de atividades toca, indicando o fim da aula de matemática. "Senhoras e senhores", começo, "Vamos limpar tudo e nos aprontar para a educação física". Imediatamente ouço pernas de mesas arranhando a superfície de vinil do piso da sala de aula à medida que minha turma de 30 alunos do 6º ano começa a se mover e guardar seus livros de matemática e outros materiais nas mochilas, limpar seus espaços e esperar as próximas instruções. Após 2 minutos, olho em volta e começo a elogiar meus alunos. "Ótimo trabalho, senhoras e senhores. Todos ganharam mais seis feijões no nosso pote da Festa da Pizza. Continuem assim." Quando me viro para colocar os seis feijões no pote, já cheio até a metade, escuto meus alunos elogiando a si mesmos e aos outros.

"Agora, antes de sairmos, vamos olhar nossos gráficos de educação física." A Sra. Franklin, nossa diretora, anunciou há um mês que nossa escola faria sua primeira maratona anual para promover estilos de vida saudáveis para nossos alunos. Um dos componentes de seu plano incluía exercícios, e ela decidiu que todos os nossos alunos deveriam conseguir correr 1.600 metros em 10 minutos. Embora eu não saiba de onde ela tirou essa regra, ela a está mantendo. Ela inclusive realizará uma premiação depois da maratona para reconhecer os meninos e as meninas que conseguirem correr 1.600 metros em 10 minutos.

"Sei que alguns de vocês estão correndo em casa", digo, "Então, não deixem de registrar seus tempos". Alguns dos meus alunos balançam a cabeça e começam a anotar seus tempos em seus cadernos de registro. "Ah, antes que eu esqueça", acrescento: "Se estiverem usando sapatos com salto ou sandálias, por favor, troquem pelos seus tênis de corrida rapidamente para que possamos ir para a pista". Enquanto eles escrevem em seus cadernos e colocam seus tênis, permito que conversem entre si. "Puxa!", diz Jeremy, "Eu poderia correr 1.600 metros em 8 minutos se eu me esforçasse bastante". "Eu também", diz Timothy, "Espero que a gente ganhe algo além de um certificado idiota", ele cochicha. Algumas das meninas entram na conversa. "Bom, eu corri 1.600 metros ontem depois da escola e levei 9 minutos e 43 segundos", diz Jéssica. "Meu pai cronometrou." "Isso não é nada", diz Tanya. "Minha tia cronometrou minha corrida há dois dias e corri essa distância em 9 minutos exatos", ela diz, batendo na mesa para enfatizar. "OK", digo aos alunos, "Façam uma fila". Após todas as cadeiras estarem em seus lugares, e os alunos, em fila com suas garrafinhas d'água, vamos para a pista correr os 1.600 metros.

Chegando lá, zero meu cronômetro. Na maioria dos dias, corro com meus alunos. Porém, nas quartas-feiras, eu cronometro seus tempos para que tenham um número certo para registrar em seus cadernos e percebam seu progresso. Quando todos estão em fila, grito: "Preparar, apontar, fogo!". Então, eles disparam, criando uma nuvem de poeira.

Percebi muitas coisas sobre meus alunos durante esses exercícios. Primeiramente, muitos dos meninos e das meninas começam à toda velocidade como se estivessem em uma corrida curta de apenas 50 metros. Depois da primeira volta, começam a reduzir um pouco a velocidade. Também percebi que um grupo bem no meio mantém um ritmo constante durante todo o tempo. Todos terminam em 10 minutos na maioria das vezes. Depois, há outro grupo que mistura corrida e caminhada. Eles se esforçam e continuam progredindo. Ainda não atingiram o mínimo de 10 minutos, mas estão perto, e eu os aviso. Há também alguns alunos que ficam para trás. Vejo que estão tentando, mas precisam parar a cada poucos metros para recuperar o fôlego. A essa altura, pergunto-me se algum dia atingirão os 10 minutos. Na verdade, pergunto-me se atingirão ao menos 15 minutos.

"Vamos lá, senhoras e senhores", eu os estimulo. "Vocês conseguem!", grito, enquanto aplaudo seu esforço. Eles começam a completar a quarta volta, somando 1.600 metros. "Oito minutos, 15 segundos", grito quando Jeremy cruza a linha imaginária. Então, vejo Maria logo depois. "Oito minutos, 22 segundos", grito quando ela termina. Ela levanta os braços, comemorando sua melhor marca até então. "Ótimo trabalho, Maria", grito. Assim, os alunos vão cruzando a linha imaginária, e grito seus tempos. Enquanto a maioria deles está sentada na grama bebendo sua água e conversando, esperamos dois alunos que têm sido sempre os últimos – Cory e Melissa.

Melissa me falou, no primeiro dia em que a Sra. Franklin anunciou a maratona, que ela não iria participar. "Não vou ficar toda suada e sem fôlego por causa disso." Na maioria dos dias, ela me diz que tem câimbras, dor de cabeça, dor nas costas ou apenas não quer participar. Após falar com sua mãe, descobri que a verdadeira razão para Melissa não correr é porque seus seios começaram a crescer no 4º ano e agora ela veste um sutiã tamanho 40. Já que não pode comprar um top de ginástica, ela não quer se machucar nem passar vergonha correndo: "Não quero saber de uma corrida idiota ou de um certificado idiota!". Buscando um meio-termo, decidimos que ela caminharia os 1.600 metros. Na maioria dos dias ela completa, e alguns dias ela se recusa. Este é um daqueles dias em que ela não completa, pois junta-se a nós na grama após a segunda volta. Sua mãe diz que está feliz com qualquer nota que sua filha tirar em educação física porque ela não participa em uma situação de igualdade como os outros alunos.

Já Cory é um caso diferente. Ele está um pouco acima do peso, tem asma e tenta tanto quanto, ou até mais, do que os outros alunos. Em seu diário e registro de exercícios físicos, Cory escreve sobre como está se esforçando para percorrer os 1.600 metros em 10 minutos porque quer muito o certificado. Porém, ele está tendo muita dificuldade nessa tarefa. "Vamos lá, Cory", eu o estimulo. "Você consegue!" Quando ele completa a terceira volta aos 17 minutos, os outros alunos começam a animá-lo também. À medida que se aproxima do final, percebo que há algo estranho. Seu rosto está vermelho e cheio de lágrimas. Está com pouco fôlego e com as mãos no peito. "Sra. Robinson", ele tenta dizer, "Qual... o meu... tempo?" e cai em meus braços. Olho para o cronômetro e digo que foram 17 minutos. Então, ele chora e diz: "Estou tentando correr. Tento até em casa. Nunca vou conseguir um certificado, né?".

Questões para discussão

1. Quais são os aspectos positivos e negativos da prática de exercícios intensos pelos alunos durante o dia letivo?
2. Se os alunos devem correr na educação física, que tipo de habilidades devem ser ensinadas?
3. Quais recursos um professor pode usar na área externa ao fazer educação física com seus alunos?
4. Quais outros problemas físicos podem tornar essa tarefa difícil para alguns alunos?
5. Como você pode lidar com alunos que têm dificuldade de completar essa tarefa?

QUE PENA!

Como sempre, quando fazemos uma reunião na cafeteria, há um burburinho no ar. Permito que meus alunos conversem baixinho com quem estiver ao seu lado, mas percebi que alguns professores não deixam. Para mim, é mais fácil deixá-los falarem baixinho em vez de ficar pedindo silêncio. Afinal, são crianças!

Tenho a sorte de ter um diretor esforçado, inteligente e criativo neste ano. O Sr. Peterson, que foi professor de ensino fundamental por 20 anos, entende as práticas, os recursos e os problemas em sala de aula. Ele entende as necessidades de seus professores e alunos. Alguns dos meus amigos que também são professores não têm essa sorte. Têm diretores que parecem não se importar, que são ditadores ou que interferem muito nas aulas. Sinto-me confortável em consultar o Sr. Peterson sobre qualquer problema que tiver, e, se ele não puder me ajudar, sabe quem pode.

"Sra. Harris", Mônica pergunta, "Para que essa reunião?". "Sabe, querida", digo, "não sei muito bem". Ela me olha como se eu estivesse tentando enganá-la, mas falo sério. Eu realmente não sei sobre o que é esta reunião. Recebo tantas correspondências que saber que teria reunião nesta tarde já é lucro. "Acho que é uma surpresa", Marcia diz a Mônica, brincando. "É", digo, "É como devemos considerá-la. Uma surpresa". Mônica ri, e então toda a nossa atenção volta-se para o Sr. Peterson, que está na frente da cafeteria batendo no microfone com força e gritando: "Testando, testando. Todos podem me ouvir?". Todos os meninos e as meninas gritam: "Sim!". "OK", o Sr. Peterson continua, sem perceber que está literalmente gritando no microfone.

"Estou feliz em anunciar que hoje recebemos uma convidada especial, uma verdadeira professora de dança. Ela é do estúdio de dança Dance America e decidiu, com muita simpatia e generosidade, oferecer aulas de dança gratuitamente para todos os alunos dos últimos anos do ensino fundamental interessados." Todos os alunos começam a falar e comentar sobre a oportunidade. Consigo sentir sua empolgação. "Agora, por favor, recebam comigo LaVonne Greene." Nossos alunos começam a aplaudir para receber a Sra. Greene.

"Olá, meninos e meninas", ela grita ao microfone. "Olá", os alunos gritam de volta. "Ah, adoro isso", ela diz. "Por favor, podem me chamar de LaVonne. Estou aqui para mostrar os tipos de dança que vocês aprenderão se escolherem fazer parte de nossa equipe, além de falar sobre algumas informações específicas como a autorização dos seus pais, onde comprar os sapatos e as roupas, como serão os concursos, etc." LaVonne tosse um pouco e, então, continua: "Agora, antes de continuar, quero que todos saibam que dança é tanto para meninos como para meninas, então quero que todos vocês pensem em participar". Olho para alguns dos meninos. Não sei se eles já estão convencidos. LaVonne prossegue: "Primeiramente, tenho vários dançarinos que irão mostrar-lhes uma coreografia de dança africana, uma de *hip-hop* e uma de balé".

Nos 20 minutos seguintes, os alunos de LaVonne impressionaram nossos alunos. Ver os dançarinos se divertindo tanto e usando seus corpos de maneiras tão criativas é incrível. Meus alunos ficam muito empolgados também. "Eu quero participar", diz Benita. "Eu também", diz Isaac. "Quero entrar no grupo de *hip-hop*." Acredito que LaVonne conseguiu convencer alguns dos meus meninos a participar.

"Bem, meninos e meninas, o que acham?", LaVonne pergunta. Nossos alunos começam a aplaudir alto as danças e dançarinos a que acabaram de assistir. "Sra. Harris", Mônica me olha, "O que a gente tem que fazer para se inscrever?". Ao menos 10 outros meninos e meninas em minha turma me olharam com a mesma pergunta em mente. "Vamos esperar para saber. Ela provavelmente vai responder a sua pergunta."

"OK, meninos e meninas", LaVonne começa enquanto os folhetos de informação são passados em cada fileira. "Todas as aulas serão dadas aqui na cafeteria por mim e pelos dançarinos a que assistiram hoje. E também", ela diz abrindo a segunda página do folheto, "Preciso que seus pais ou tutores lhes autorizem a participar das aulas de dança, pois elas acontecerão depois da aula e, às vezes, vocês podem precisar de uma carona para casa".

"Sra. Harris", diz Michael, "Eu pego o ônibus escolar para ir para casa. Como farei para voltar?". Sem saber o que dizer, peço que deixe suas perguntas para quando voltarmos à sala de aula. "Observem também a lista de materiais." LaVonne instrui os alunos. "Tivemos a sorte de conseguir um desconto, pois imaginamos que vários alunos iriam querer participar". LaVonne olha para o Sr. Peterson, faz um sinal positivo e continua. "Vocês precisarão adquirir sapatos, roupas, colchonetes, etc. com a Sra. Fender, dona da loja que fica ao lado do meu estúdio. O custo total de tudo está no final da quarta página." Eu logo abro essa página e fico chocada com o que vejo. "515 dólares!", murmuro. "Pensei que haveria um desconto para o grupo, certo?" Mônica me olha, triste. "Sra. Harris, acho que meus pais não têm tanto dinheiro. O que podemos fazer?" Mais uma vez, não sei o que dizer, então, peço que ela espere até voltarmos à sala de aula.

Surpreendentemente, LaVonne fala tanto que nem sobrou tempo para perguntas. Quando termina de falar sobre as aulas de dança, o Sr. Peterson libera as turmas para fazerem fila para o almoço. "Meninos e meninas", digo antes que se levantem, "Por favor, me entreguem seus folhetos de informação e eu lhes devolverei depois do almoço". Meus alunos logo me atendem e vão almoçar. Felizmente, trouxemos nossa caixa térmica para que as crianças que trouxeram seus almoços não precisassem voltar até a sala de aula para buscá-los. Os que iriam comprar a comida simplesmente formam uma fila e esperam serem servidos.

Ao entrar na sala dos professores, vejo LaVonne terminando uma ligação. "Ah, ótimo", digo a ela. "Tenho uma pergunta para lhe fazer". Ela sorri e se inclina para ouvir a pergunta. Começo dizendo: "Tenho alguns alunos que estão muito interessados em participar das suas aulas de dança. Porém, 515 dólares é bastante para a maioria das famílias deles. Você tem alguma sugestão?". LaVonne pensa um pouco e responde: "Acho que então não poderão participar".

Questões para discussão

1. Depois dessa conversa com LaVonne, o que você faria?
2. Quais perguntas você prevê que sua turma terá depois da reunião?
3. Quais seriam as suas respostas para os alunos?
4. Dê algumas ideias de como juntar dinheiro para os alunos que não têm condições financeiras de pagar pelas aulas de dança.
5. Justifique por que você estimularia ou não a participação de seus alunos nas aulas de dança de LaVonne.

Conselhos de professores experientes sobre... Discriminação

- Quando uma criança é discriminada e não pode participar, honestamente diríamos ao professor que então nenhum aluno pode participar. Não é justo, e nos ofenderíamos se essa professora considerasse que a menina é "ruim" porque tem TDAH.
- Em casos especiais – como viagens de estudos práticos – se a criança demonstrar comportamentos que podem dificultar que você monitore todos os alunos de perto, solicitamos que um dos pais dessa criança participe, se possível. Caso não possa participar, solicitamos pais voluntários para possibilitar que monitoremos o comportamento desse aluno específico. Os outros pais podem ajudar a cuidar dos outros alunos e garantir sua segurança.
- Em um mundo ideal, estimularíamos a administração de nossas escolas a não ter atividades para as quais os alunos precisem pagar. Já haveria dinheiro o suficiente no orçamento da escola para que todas as crianças pudessem participar gratuitamente.
- Se pequenas taxas são necessárias, escrevemos cartas aos pais de nossos alunos solicitando o pagamento. Além disso, pedimos que doem (se puderem) um valor para alguma criança que não tiver condições de pagar as taxas mínimas.
- Em atividades extracurriculares como bandas, grupos de dança e viagens de estudos práticos, estimularíamos que as escolas considerassem o levantamento de fundos e solicitassem aos pais ou às organizações da comunidade que fizessem doações para as crianças com dificuldades financeiras.
- Também já fizemos campanhas de reciclagem para que os pais e os membros da comunidade trouxessem jornais, garrafas e latas para nossas escolas. A cada duas semanas, levamos os materiais até o centro de reciclagem e recebemos o pagamento.
- Quando uma criança está se esforçando, mas parece incapaz de atingir o objetivo determinado por outra pessoa, criamos nossa própria cerimônia de recompensas e imprimimos nossos próprios certificados. Essas crianças podem ganhar um certificado de "honra ao mérito" ou de "melhor progresso".
- Para crianças que não conseguem uma premiação escolar ou comportamental (por terem algum comportamento problemático ou não demonstrarem esforço para melhorar suas notas, etc.), realizamos, no final do ano, uma cerimônia de premiação nas salas de aula, distribuindo certificados como "mais bem vestido", "mais atlético" ou "melhor senso de humor". Assim, todos os alunos recebem certificados.

4

Aprender inglês

PODEMOS CONVERSAR?

Ao sair da sala dos professores e me dirigir à minha sala para preparar a aula, escuto alguém me chamando. Quando me viro, vejo a Sra. Conrad, secretária da escola, esperando por mim. "Sim", respondo, parando. A Sra. Conrad respira fundo e diz: "Não sei se você percebeu, mas hoje terá um novo aluno". Busco, atrapalhada com as correspondências que carrego, minha pasta com a chamada. Abro-a e vejo um novo nome no final da lista – George Parlan.

"Ah", digo, "O que você pode me dizer sobre George?". A Sra. Conrad me olha e diz: "Bem, sua família é das Filipinas. Não sabemos bem se ele frequentou a educação infantil lá, então você precisará lidar com isso. O que sabemos é que ele fala muito pouco inglês". Ela pausa e, então, continua: "Aliás, a senhora que veio com a mãe dele disse que ele só sabe falar *banheiro, água* e *não*".

Olho para a Sra. Conrad preocupada. "Por favor, desculpe a minha ignorância, mas você sabe que língua se fala nas Filipinas?". Ela responde: "tagalo". Fico surpresa que saiba essa informação. Então, ela se aproxima mais e diz: "Eu procurei na internet". Nós duas sorrimos, e a campainha toca.

Quando chego à porta da minha sala, vejo o diretor, o Sr. Ishman, esperando com um menino e duas mulheres. Todos os meus alunos do 2º ano estão em fila do lado de fora. "Sra. Fernandez", diz Camila, uma de minhas alunas, "Temos um novo aluno". Ao me aproximar do início da fila onde o Sr. Ishman está, olho para o menininho, ajoelho-me e digo: "Você é o George?". George olha para o Sr. Ishman e depois para mim. Ele sorri envergonhado e responde com a cabeça.

"Sra. Fernandez", o Sr. Ishman diz, "Esta é a mãe de George, Margarita Parlan, e sua amiga, Isabella". Levanto-me e cumprimento as duas senhoras. Margarita balança a cabeça e sorri envergonhada, como George. Sorrio também. Então, o Sr. Ishman diz: "Isabella fala tagalo e inglês. Ela se dispôs a nos ajudar o máximo possível, embora trabalhe bastante também". Assim, Isabella interfere: "Pois é, Margarita e seu marido não falam inglês muito bem, então é comigo que você poderá conversar sobre o que acontece na escola". Ela me entrega uma ficha de arquivo com um número de telefone. Coloco-o em meu bolso e agradeço. "Vocês duas participarão da aula nesta manhã?" Isabella balança a cabeça e diz: "Não, precisamos trabalhar. Nosso chefe permitiu que trouxéssemos George, mas realmente precisamos ir". Olho para George, Margarita e Isabella e digo: "Você pode dizer à Sra. Parlan que cuidaremos muito bem de George, por favor?". Isabella olha para Margarita e diz algo em tagalo e depois se volta para mim. Então, Margarita fala, em inglês, "Obrigada", e acena com a cabeça. Isabella se abaixa e fala com George, que balança a cabeça e depois se vira para sua mãe e lhe dá um abraço forte.

Olho para meus alunos e escolho dois meninos. "Michael e Roger, vocês podem ser amigos de George e ajudá-lo na escola hoje?" Michael e Roger concordam e, então, caminham para o início da fila. Michael pega a mão de George, e Roger põe a mão em suas costas. Abro a porta da sala e entramos. George olha para sua mãe, Isabella e o Sr. Ishman e acena, despedindo-se.

A manhã passa tranquilamente. Vejo Michael e Roger passeando com George pela sala de aula. "Peixe", diz Michael apontando para o aquário. "Aquilo ali é um peixe." George balança a cabeça e repete a palavra, "Peixe". Ele aponta para o fundo do aquário e olha para Michael e Roger. Dessa vez, Roger diz: "São rochas. Rochas". George olha novamente para o aquário e repete, "Rochas". Os três meninos sorriem e continuam seu passeio pela sala. Permito que eles façam um passeio com George e ensinem palavras em inglês por cerca de 15 minutos. George parece estar se divertindo e aprendendo novas palavras. Quando a campainha toca anunciando o intervalo, dispenso as crianças e vou à secretaria.

Depois de uns 5 minutos de intervalo, ouço uma agitação na secretaria. Vejo o monitor, Michael, Roger e George, que está gritando "Mamãe!". Quando me aproximo, pergunto: "O que houve?". Michael, sem fôlego, diz: "O George foi picado por uma abelha e está ficando inchado". Ofegante, George estica seu braço e, realmente, há um inchaço vermelho nele. A secretária, Jackie McDonald, entra na sala e pergunta o que está acontecendo. Antes que eu responda, Roger grita: "Ele foi picado por uma abelha!". A Sra. Conrad, que sempre tem boas ideias, abre uma pasta. "Não há indicações, em seu histórico escolar, de que ele seja alérgico a abelhas. Talvez devêssemos ligar para sua mãe."

Todos nos entreolhamos. "Alguém aqui fala tagalo?" Pergunto. A Sra. McDonald, a Sra. Conrad e os dois meninos me olham, negando com a cabeça. Lembro-me da ficha de arquivo que está em meu bolso e logo pego meu celular. No segundo toque, escuto: "Este telefone está desligado ou fora da área de cobertura...".

Questões para discussão

1. Qual a sua reação imediata a essa situação?
2. Quais são as outras informações no histórico escolar de George que poderiam lhe ajudar a entrar em contato com seus pais ou com Isabella?
3. Quais línguas possuem tradutores na sua região?
4. Para línguas sem tradutores na sua região, a quais outros recursos você pode recorrer?
5. Quais são os possíveis problemas de dar aula para crianças cuja língua materna é afonética, como árabe, hebraico, chinês ou japonês?

OI, EU SOU O JONATHAN, DA HUNGRIA

Quando entro na sala dos professores na manhã de quarta-feira, vejo o que parece ser uma mãe, um pai, um filho e uma filha sentados nas quatro cadeiras mais próximas à diretoria. Esboço um sorriso, ao qual os pais respondem com um sorriso e um aceno com a cabeça. Vou até a cesta onde ficam nossas pastas amarelas com as listas de chamada e busco meu nome. Não encontro minha pasta, e sigo procurando. Dessa vez, deixo meu almoço, minha mochila e minha bolsa sobre o balcão. Devo estar transparecendo o pânico, pois Rasha, nossa assistente, arregala seus olhos e se aproxima. Ela pega, em sua mesa, uma pasta amarela com meu nome escrito e diz: "Precisei da sua pasta porque você receberá um novo aluno hoje. Seu nome é Jonathan, e ele vem da Hungria".

Atrás de mim, ouço a porta de Lilian se abrir e me viro para cumprimentar a diretora. "Ah, ótimo!", ela diz, animada, apontando para mim, "Esta é a professora de Jonathan, a Sra. Williams". A mãe, o pai e quem imagino ser Jonathan se levantam e acenam. A menininha se agarra na saia de sua mãe apavorada. Sorrio para Jonathan e me aproximo para cumprimentá-lo. "Olá, Jonathan. Como vai você?" Jonathan sorri, nervoso, e me cumprimenta. Então, olha para seu pai, preocupado. Rapidamente, Lilian interrompe: "Por que não entramos todos em minha sala para falarmos mais sobre Jonathan?". Assim, todos nós seguimos Lilian até sua sala.

Quando sentamos, ela começa. "Gina, estes são o Dr. e a Sra. Szervanszky, e você já conheceu Jonathan, que está no 6º ano." Ela sorri e olha para a menininha que está sentada no colo da mãe. "E esta gracinha é a Martina, ela está na pré-escola. Percebendo que falam dela, Martina deita a cabeça no peito de sua mãe, envergonhada, e esconde seu rosto.

O Dr. Szervanszky começa, então, a falar. "Sou professor convidado no Departamento de Geologia da universidade durante o semestre de inverno, para conduzir pesquisas e dar várias aulas." Ele faz uma pausa para engolir e continua: "Viemos da Hungria e retornaremos no final do verão". Então, olha para sua família e diz: "Como pode ver, falo inglês razoavelmente bem, mas minha esposa e meus filhos, não". Olha para sua mulher e continua: "Minha esposa, Graciella, fala mais inglês do que as crianças, mas é tímida".

Balanço a cabeça tentando processar todas essas informações. Olhando para Lillian, pergunto: "Em que turma está a Martina?". Lillian termina de engolir sua água e diz: "Margaret Dunlap". Balanço a cabeça. "Temos alguém que possa nos ajudar com húngaro?" Sacudindo meus ombros inocentemente, digo: "Peço desculpas, mas não sei nada sobre a cultura ou a língua da Hungria". Sorrindo, continuo: "Quer dizer, imagino que a língua seja húngaro, certo?". Rindo, o Dr. Szervanszky responde que sim.

Depois de mais um gole de água, Lillian diz: "Eu conferi, e não temos tradutores de húngaro trabalhando na região". Olhando para o Dr. Szervanszky, ela continua: "Mas conversamos sobre a melhor maneira de Jonathan frequentar a escola". Então, ela começa a me contar que Jonathan fará um exame nacional quando voltar para a Hungria no outono, de modo que, segundo Lillian, "Seus pais solicitaram que ele tenha como foco aprender inglês e, durante as outras aulas, estude com os livros didáticos que trouxe da Hungria".

Confesso que ainda estou tentando processar todas as informações. Pergunto-me, mentalmente, "Isso é legal?". Percebendo minha expressão perturbada, Lillian diz: "Não se preocupe. Conferimos as matérias do 6º ano, e Jonathan está mais do que preparado para passar em nosso teste de final do ano. Ele inclusive já sabe a matéria de matemática que nossos alunos aprendem no 8º ano". Mexendo em uma pilha de papéis e livros didáticos em sua mesa, Lillian continua: "Pude analisar seus livros didáticos e falar com seus pais, então, estou tranquila quanto a isso". Pensando um pouco mais no assunto, digo: "Bom, se você está tranquila, também fico".

Olho para o relógio e percebo que temos 7 minutos antes que a campainha da manhã toque. O Dr. Szervanszky diz: "Ensinamos ao Jonathan várias palavras importantes para ajudá-lo a, pelo menos, passar o dia bem". Ele se vira para Jonathan e fala com ele em húngaro. Jonathan fala, então, lentamente: "Olá, eu sou o Jonathan, da Hungria, banheiro, Sra. Williams, água, secretaria, polícia...". Sorrindo, ele olha para seu pai, que está radiante de orgulho. Olho para Lillian e digo: "Bom, acho que estou pronta para mostrar ao Jonathan sua nova turma". Então, me volto para o Dr. e a Sra. Szervanszky e digo: "Gostariam de nos acompanhar até a sala de aula?". O Dr. Szervanszky fala com Jonathan em húngaro novamente e sua esposa ri. Ele diz: "O Jonathan disse que ele não precisa de uma babá, então não quer que o acompanhemos até sua sala". Balanço a cabeça e digo para Jonathan: "OK, vamos para nossa sala". Ao levantarmos, ele pega uma mochila vermelha que parece estar cheia de livros, abraça seus pais e, então, me acompanha até a sala.

Quando chego à porta, meus alunos do 6º ano estão todos em fila conversando. "Ei", ouço Javier dizer, "Temos um colega novo". Abrindo a porta, digo: "Temos mesmo". Viro-me para a turma e anuncio: "Por favor, entrem e larguem seus pertences. Tenho uma apresentação para fazer". Depois de uns 2 minutos, a turma está pronta. Jonathan está bem ao meu lado, na frente de todos. "Bem", começo, olhando para Jonathan, "Este é o nosso novo aluno, Jonathan". Muitos dizem: "Olá, Jonathan". Ele sorri, acena e responde: "Oi". Olho para a turma e digo: "O Jonathan não fala muito inglês. Ele é da Hungria, e lá se fala húngaro". "Nossa", escuto meus alunos falando.

Nahla levanta a mão e pergunta: "Onde fica a Hungria?". Olho para ela e digo: "Boa pergunta". Viro de costas e abro o mapa que fica enrolado em cima do quadro. Jonathan se aproxima do mapa e aponta para a Hungria. Depois se volta para a turma e diz: "Hungria". Nahla e muitos outros alunos dizem, animados, "Uau". Marcelle conclui: "Fica bem longe". Então, observo a turma e digo para o menino na mesa número 6: "OK, deixarei o Jonathan com você hoje". Levo Jonathan até a mesa 6 e coloco uma cadeira ao lado de Travis. "Quero que todos sejam amigos de Jonathan e façam companhia a ele hoje no intervalo". Todos balançam as cabeças e concordam em trabalhar com Jonathan e serem seus amigos.

A manhã passa tranquilamente. Jonathan estuda matemática enquanto fazemos nossos Círculos Literários. Porém, depois do intervalo, muitos alunos correm até mim agitados. "Sra. Williams, Sra. Williams", Kayla grita, "Eles estão ensinando palavrões para o Jonathan". Quando todos os meus alunos estão na fila para voltar para a aula, olho para Travis, que sacode os ombros e arregala os olhos. Então, olho para Jonathan, que diz, lentamente: "Olá, vadia. Sou o Jonathan, da Hungria".

Questões para discussão

1. Quais são as consequências das más ações de Travis e seus amigos?
2. Quais são os outros problemas que você pode prever quando há um aluno que fala pouco a língua?
3. Quais atividades você poderia realizar para que Jonathan aprenda a língua mais rápido?
4. Quais atividades você poderia realizar para que seus alunos aprendam mais sobre a Hungria e sua cultura?
5. Como você faria para se comunicar regularmente com a família Szervanszky?

ELA NÃO PARA DE CHORAR!

A porta da minha sala se abre, e escuto, "Olá, Sra. Dunbar". Viro-me e vejo a diretora, Lillian, e um homem, uma mulher e uma menininha, que parece assustada. Inclino minha cabeça para o lado e digo: "Olá para você também". Então, estendo a mão e cumprimento o homem. Ele logo diz: "Oi, sou o Dr. Szervanszky, e esta é minha esposa, Graciella". Olho para Graciella e digo: "Fico feliz em conhecê-la". Ela sorri e olha para seu marido. O Dr. Szervanszky sorri e diz: "Minha esposa não fala inglês muito bem e é tímida". Ele a olha com uma expressão amável. Sorrio e volto minha atenção para a menininha. Ajoelho-me e digo: "E qual é o seu nome, querida?". Ela arregala os olhos e olha para sua mãe. Então, Lillian logo interrompe e diz: "Esta é a Martina. Seu irmão, Jonathan, está no 6º ano, na turma de Cheryl". Balançando a cabeça, faço uma nota mental de onde está seu irmão, pois parece que ela realmente precisará dele.

Lillian olha bem para mim e diz: "O Dr. Szervanszky é professor convidado no Departamento de Geologia da universidade. Então, a família só ficará aqui por um semestre". Concordando, ele acrescenta: "Voltaremos à Hungria em agosto". Sorrio para todos, enquanto Lillian continua: "A Martina fala muito pouco inglês, não é, Dr. Szervanszky?". Ele concorda e, então, olha para Martina e diz algo em húngaro. Ela arregala os olhos novamente e logo enterra seu rosto na saia de sua mãe, que, percebendo o desconforto da filha, diz: "Você pode dizer banheiro, diretoria, ajuda...", a Sra. Szervanszky olha para sua filha com expectativa. Infelizmente, se Martina sabe todas essas palavras, ela não está querendo compartilhá-las comigo e com Lillian nesta manhã.

Ainda ajoelhada, digo: "Está tudo bem, querida". Então, me levanto e pergunto: "Temos alguém na região...", mas Lillian logo interrompe: "Não. Não temos tradutores de húngaro trabalhando para a Secretaria da Educação". Então, ela olha para o Dr. Szervanszky e diz: "Mas o Dr. Szervanszky foi gentil e se dispôs a nos ajudar o máximo possível". Ele concorda com a cabeça e diz: "Mas estarei bastante ocupado, então, minha esposa é que ficará aqui até que a Martina se sinta confortável na escola".

Pergunto-me quão bem a Sra. Szervanszky fala inglês. Depois de um tempo, ela diz: "A Martina frequentou a creche, então ela sabe letras, números, formatos e cores. Mas gostaríamos que ela realmente se dedicasse a aprender inglês". Exclamo, internamente, "Ufa! Graças a Deus". A Sra. Szervanszky continua: "Não estou trabalhando no momento, então virei sempre que precisar". Olho para Martina, que está cravando suas unhas nas coxas da mãe e pergunto, em tom esperançoso: "Você pretende ficar aqui hoje?". A Sra. Szervanszky ri e diz: "Certamente". E, depois de um tempo, acrescenta: "Mas não poderei vir amanhã porque tenho uma consulta médica". Então, acaricia sua barriga e sorri. Sentindo que meu nível de ansiedade aumenta, digo baixinho: "OK".

Lillian diz: "Mas esta é a melhor situação, porque ela está na educação infantil e isso realmente lhe dará a oportunidade de aprender inglês". Ela olha para mim, compreendo, e diz: "Ela poderá cantar músicas, ouvir ótimas histórias, escrever, brincar com os amigos e realizar projetos de arte". O Dr. e a Sra. Szervanszky balançam suas cabeças. A Sra. Szervanszky fala, então, com sua filha mais uma vez. Dessa vez, Martina sorri, mas ainda não responde. A Sra. Szervanszky me diz: "Ela adora música". Lillian olha para o relógio, "Daremos um tempo para que se prepare para a aula". Ela cumprimenta a Sra. Szervanszky e leva o Dr. Szervanszky para fora da sala. Então, digo: "Sra. Szervanszky, se você quiser, pode passear com a Martina pela sala para que ela se acostume com o ambiente". Concordando, a Sra. Szervanszky passeia com Martina.

Quando todos os meus alunos estão na sala de aula sentados em seus lugares no tapete, faço sinal para que a Sra. Szervanszky e Martina fiquem ao meu lado. "Olá, queridos". Todos respondem, "Olá, Sra. Dunbar". Continuo: "Hoje, temos uma nova aluna. Seu nome é Martina Szervanszky e ela veio da Hungria". Todos dizem "Oi, Martina". Muitos acenam para ela. Martina arregala os olhos, olha para sua mãe e sorri. Celine, que é muito extrovertida, levanta sua mão e diz: "Sra. Dunbar, ela pode ser minha amiga como a Chelsea era quando se mudou para cá?". Olho para Celine e digo: "Parece uma boa ideia. Talvez você, Chelsea e Maria possam ser suas amigas". Então, Celine se levanta e pega a mão de Martina. Sem saber o que fazer, Martina sequer olha para sua mãe. Ela apenas segue Chelsea até seu assento. Sua mãe e eu nos olhamos e sorrimos. Ela se inclina e diz: "Foi melhor do que eu esperava". Concordo com a cabeça. "Ufa!", exclamo mentalmente. "Por favor, que essa sorte continue".

O resto do dia foi ótimo. Martina, tendo sua mãe por perto, brincou com suas amigas, tentou cantar todas as músicas, sorriu e até deu risada. No final do dia, a Sra. Szervanszky me lembrou: "Amanhã tenho uma consulta médica, então não poderei vir". Ela olha para Martina e diz: "Mas depois de um dia tão bom como hoje, acho que não teremos problemas".

No dia seguinte, Martina e Jonathan chegaram juntos à minha sala. "Você deve ser o Jonathan", digo. "Sim, senhora", ele responde. Martina olha para seu irmão e começa a falar em húngaro, com olhos suplicantes. Felizmente, chega o ônibus escolar e Chelsea aparece. "Oi, Martina", ela diz ao chegar na porta. Martina olha para Chelsea e para seu irmão. Jonathan, percebendo seu desconforto, acompanha as meninas até o pátio.

Infelizmente, Martina volta para a sala chorando sem parar. Durante os grupos de alfabetização, Chelsea vem até mim e diz: "Sra. Dunbar, não consigo fazer ela parar de chorar". Tento acalmar Martina, mas ela está inconsolável. Todas as crianças pararam o que estavam fazendo e olham para Martina. Chelsea me olha: "O que podemos fazer, Sra. Dunbar?". E, olhando para Martina, ela suplica, "O que devemos fazer?".

Questões para discussão

1. O que você faria para ajudar a consolar Martina?
2. Quais os recursos disponíveis para lidar com uma situação como essa?
3. Visto que a Sra. Dunbar sabia que a Sra. Szervanszky não poderia vir no dia seguinte, o que ela poderia ter feito para se preparar melhor para essa situação?
4. Sabendo que Martina adora música, o que você poderia fazer, usando música, para acalmá-la?
5. Quais são os aspectos positivos e negativos de Jonathan, seu irmão, vir até a sala de aula e permanecer durante todo o dia?

Conselhos de professores experientes sobre... Aprender inglês

- Informe-se o máximo possível sobre a língua materna da criança. Dependendo de qual for, o alfabeto pode ser diferente ou inexistente, a língua pode ser fonética ou não (como o coreano e o chinês) e a grafia pode ser diferente (como o árabe e o hebraico).
- Você pode etiquetar sua sala de aula em todas as línguas representadas em sua turma. Por exemplo, inglês pode ficar em azul, espanhol em vermelho, árabe em preto, etc. Assim, mesmo as crianças que falam inglês podem aprender novas palavras em outras línguas.

- Confira, na secretaria de educação à qual sua escola está vinculada, que tipos de serviços estão disponíveis. Você talvez precise de apoio nas aulas de leitura e escrita, ao escrever cartas para os pais, solicitar a assinatura em notas de autorização, ao se comunicar com os pais durante as reuniões de pais e professores, etc. Todos nós tivemos casos em que a criança é o principal tradutor na família. Também houve casos em que essas crianças nos contaram que não eram totalmente sinceras com seus pais, particularmente em relação a chamadas à secretaria ou diretoria. Conseguir um bom tradutor pode tornar essa situação menos complicada para todos os envolvidos.
- Se não há um tradutor de determinada língua em sua escola, você pode procurar em restaurantes, faculdades e universidades locais ou em uma comunidade étnica como Little Italy ou Chinatown,[*] ou mesmo em igrejas. Talvez encontre alguém que se disponha a dedicar algum tempo para ajudar seu aluno.
- Se você tem um aluno que chora muito, pode solicitar que um dos pais ou tutores permaneça na sala de aula até que a criança esteja pronta para se separar deles. De acordo com nossas experiências, isso geralmente ocorre depois que conseguem perguntar onde é o banheiro e onde podem beber água e quando compreendem a rotina da aula.
- Você também pode pedir a vários alunos que sejam amigos dessa criança. Esses amigos serão responsáveis por levá-la até o banheiro, comer com ela no almoço e levá-la ao pátio para brincar. Tenha cuidado ao selecionar esses amigos. Você não quer que a criança seja acompanhada por alguém que irá lhe ensinar os palavrões da moda.
- Você pode permitir que as crianças se envolvam em uma resposta física total. Pode sugerir que as crianças sigam direções simples ou mesmo façam um passeio na natureza, onde dirão à criança as palavras referentes ao que ela vê.
- Em uma situação ideal, haveria aulas de inglês como segunda língua para os pais. Nessas sessões, serviços de assistência às crianças são oferecidos enquanto os pais aprendem inglês para conversação. Se não há essa opção, você pode sugerir que os pais procurem centros comunitários locais ou organizações como bibliotecas e faculdades locais que talvez ofereçam aulas de inglês para adultos.
- Se o conselho anterior não for viável (isto é, se os pais trabalham, se sua comunidade não oferece tais serviços, etc.), então comece em sua escola. Talvez haja nela um tradutor que possa lhe ajudar com essa família. Além disso, pode haver também um irmão mais velho que possa auxiliar; porém, lembre-se de que esse jovem também pode estar ocupado com tarefas escolares ou algum trabalho após a escola. Então, procurar em sua região é a melhor opção.

---

[*] N. de R.T.: Little Italy e Chinatown são bairros nova-iorquinos com alta concentração de imigrantes italianos e chineses e seus descendentes.

5

Uso da língua não culta

APENAS INGLÊS

Admiro como minha sala de aula está bonita. Os retratos das crianças estão pendurados em um dos quadros de aviso. O Sr. Manchego, pai de um dos meus alunos do 2º ano, é artista e se dispôs a ajudar as crianças com seus retratos. Embaixo de cada um, as crianças escreveram várias informações interessantes sobre elas mesmas. Descobri o que gostam de comer, o que fazem fora da escola e o que gostam de ler. Observo o resto da sala. O aquário está limpo e, finalmente, conseguimos tirar todas as manchas de tinta das mesas. Também observo a biblioteca da sala com orgulho. Neste ano, dediquei-me a diversificar os livros e as revistas. Há livros escritos em diferentes línguas, sobre diferentes culturas e com diferentes estruturas familiares. Enquanto continuo observando o resto da sala, ainda vejo biscoitos laranjas no tapete perto dos escaninhos, mas Johnny, o zelador, garantiu-me que resolverá isso.

Quando sento para arrumar minha mesa, ele entra na sala com um aspirador. Sorrio para ele. "Muito obrigada, Johnny. Fico muito agradecida." Johnny observa rapidamente a sala e, apontando para os escaninhos, pergunta: "O que aconteceu ali?". Balanço a cabeça e explico: "Mohammed tentou abrir um pacote daqueles biscoitos em forma de peixe. Ele ficou mexendo e puxando até que finalmente conseguiu abrir, mas o pacote saltou e todos aqueles peixinhos caíram no chão". Vou até os escaninhos e continuo: "Achei que tínhamos juntado a maioria deles. Você acha que o aspirador limpa o resto?". Johnny balança a cabeça e sorri: "Certamente. Este não é um aspirador comum, é um Rug Devil. O melhor que existe". Sorrio para ele. "Bom, não vou interromper você ou seu Rug Devil." Assim, volto para minha mesa e continuo meu trabalho.

Após Johnny terminar a limpeza da sala, ele vem até minha mesa e diz: "Por que a sua sala é marcada com todos esses cartões diferentes?" Inicialmente, sem saber a quais cartões ele se refere, olho para a sala e respondo: "Ah, decidi etiquetar a sala com todas as línguas que as crianças da turma falam". Caminho até o grupo sobre o lar, onde há várias etiquetas. Aponto para o cartão na geladeira e digo: "Inglês está em vermelho, espanhol está em azul, árabe está em marrom, e francês está em verde". Johnny aperta os lábios e observa a sala. "Que legal. Então, as crianças sabem que sempre que veem uma palavra marrom, está escrita em árabe?" Balanço a cabeça. "Exatamente. Tenho tantos alunos e familiares de alunos que falam línguas diferentes de inglês que decidi etiquetar a sala com todas as línguas representadas pela turma." Johnny, ainda balançando a cabeça, acrescenta: "E os que só falam inglês podem aprender novas palavras em outras línguas". Concordo, "Exatamente". Em seguida, Johnny diz, saindo da sala com seu aspirador: "Tenha uma boa festa de inauguração da casa nova hoje à noite". Voltando para minha mesa, grito, "Obrigada novamente".

São 6 horas da tarde e muitos dos meus alunos e seus pais já estão na sala. Preparei um pequeno discurso no qual expresso minhas expectativas em relação às crianças, minha política de gestão da sala de aula e como funcionam os deveres de casa. Depois, estimulo os pais a serem voluntários na sala de aula, a doar lenços e papel higiênico e, então, passo as informações sobre nossas próximas viagens. Reconheço os pais de Morgan e os cumprimento: "Olá, Dr. Speck e Dra. Speck--Martin. Como estão nesta tarde?". Valerie Speck-Martin me olha e diz: "Temos algumas preocupações sobre a maneira como sua sala está organizada". Confesso que fico um pouco surpresa. "Preocupações. Que tipo de preocupações?", pergunto. Dr. Winston Speck limpa a garganta e diz: "Por que você tem todos esses cartões em línguas diferentes por toda a sala?". Ele olha em volta e aumenta o tom de voz. "E os livros que você tem na biblioteca." E com um tom de nojo, continua: "Isso só vai confundir as crianças. Queremos que tire isso da sala imediatamente!".

Questões para discussão

1. O que você responderia aos Drs. Speck e Speck-Martin?
2. Quais os benefícios de expor as crianças a línguas diferentes nos anos iniciais?
3. Quais atividades/lições você poderia fazer com os alunos a fim de ensiná-los novas línguas?
4. Se a família Speck decidisse levar essa questão adiante e ter uma conversa com seu diretor, o que você responderia a ele?
5. Você manteria a sala da maneira como está ou a modificaria? Explique-se.

"ADOREI AS CALÇA..."

Olho para a turma e observo o progresso dos meus alunos do 3º ano. A sala está quase limpa. Acabamos de finalizar a aula de ciências, então, precisamos nos preparar para a aula de educação artística. Faremos presentes de dia de São

Valentim,* então as mesas precisam ficar limpas. Além disso, durante o almoço, a Sra. Eleanor Fancois, nossa diretora, informou-me que irá visitar as salas de aula nesta tarde com vários membros do conselho escolar, incluindo o superintendente. Segundo ela, "Eles estão fazendo suas visitas regulares a cada escola, então se esforce para causar uma boa impressão". Ela abriu um sorriso astuto para mim, deu um tapinha no meu ombro e foi embora. "Nossa", foi tudo o que consegui dizer depois dessa conversa. Nesse momento, Matilda, que já é professora há 23 anos, diz: "Você entende o que ela realmente quer dizer, né?". Confesso que achava que sim, mas agora questiono se entendi. Matilda deve ter percebido minha confusão, pois logo explicou baixinho, "Eleanor se preocupa com as aparências. Aliás, nós a chamamos secretamente de 'diretora de circo'." Aproximando-se, Matilda continua, "Então, infelizmente, não importa se as crianças não estão aprendendo, tudo só tem de estar bonito". Então, me olha zombando e pergunta: "Você entende?". Balanço a cabeça e fico feliz que ela verá as crianças fazendo os cartões de dia de São Valentim.

Voltando à realidade, ouço a porta da sala de aula abrir e vejo vários pais de alunos entrarem. Eles têm grandes etiquetas amarelas coladas no peito, indicando que são visitantes na escola e que passaram pela secretaria. Nesse momento, as crianças levantam a cabeça e veem seus pais na sala. Vivienne, Makayla, Shameka e Benjamin correm para seus pais, abraçando-lhes com força. A Sra. Sweeney olha para Vivienne e diz, com seu tom animado de sempre: "Oi, querida!". Ela abraça forte sua filha e continua: "Já guardou seus material?". Vivienne olha para sua mãe e confirma com a cabeça. "Então, mocinha, vai ajudar os colega." Os outros pais gentilmente fazem seus filhos voltarem para ajudar seus colegas a limpar a sala.

Enquanto as crianças continuam a limpeza, digo: "Olá, Sra. Sweeney, Sra. Mendes, Sra. Smith e Sra. Marshall. É tão bom que todos vocês puderam vir para nos ajudar hoje". A Sra. Mendes diz: "Você sabe que adoro educação artística". A Sra. Marshall me olha e diz: "Bom, embora eu vá saber o que vou ganhar de dia de São Valentim, não me importo em ajudar". A Sra. Sweeney sorri e concorda com a cabeça. Eu rio também. A Sra. Marshall tem outros cinco filhos mais velhos que frequentaram esta escola. "Sra. Marshall", digo sorrindo, "Sei que já ganhou todos os cartões de dia de São Valentim que os professores podem inventar já que tem outros cinco filhos". Ela sorri e diz: "É, e está ficando cada vez mais difícil fingir que é a primeira vez que recebo um cartão em forma de coração com papel recortado". Ela pensa mais um pouco e continua: "E meu marido tem tido ainda mais dificuldade em fingir surpresa quando recebe os de Dia dos Pais em forma de gravata". Todas rimos. "Pois então", digo, "É por isso que estou fazendo algo um pouco diferente este ano". Os quatro se entreolham e, então, olham para mim. Começo a explicar o projeto. "Neste ano, decidi fazer molduras de fotos com as crianças. Passei todo o final de semana colando palitos de picolé para fazer as molduras. As crianças irão pintá-

---

* N. de R.T.: Nos Estados Unidos e em muitos outros países, o Saint Valentine's Day é comemorado em 14 de fevereiro como um dia de celebração do amor e da afeição. É tradição a troca de cartões e presentes não somente entre namorados, mas também entre amigos e familiares.

Questões sociais desafiadoras na escola **51**

-las, aplicar uma flor e colar imãs atrás delas para que possam colocá-las na porta da geladeira em casa". Virando-me para minha mesa, digo: "Trouxe minha câmera digital e tirarei uma foto de cada criança enquanto cada uma de vocês ajuda um grupo a pintar as molduras. Então, depois de revelar as fotos e quando as molduras estiverem secas, iremos reunir as fotos e empacotá-las em papel de embrulho de dia de São Valentim". Todos os pais parecem impressionados e empolgados.

Quando o alarme do cronômetro toca, olho em volta e vejo que meus alunos estão no tapete e que a sala está limpa. Olho para eles e digo: "Excelente trabalho! Cumprimentem-se pelo ótimo trabalho que fizeram com cuidado e diligência". Escuto uma das mães atrás de mim repetir para as outras, "diligência". Viro-me e digo, orgulhosa: "Gosto de incluir essas palavras em nosso vocabulário porque são os tipos de palavra que estão no nosso Teste de Avaliação Escolar e no Teste das Faculdades Norte-Americanas (SAT/ACT)". Então, aponto para o nosso Mural de Palavras SAT/ACT, que já tem diversas palavras grandes ou difíceis. Comecei após o feriado de Natal. "Falamos, utilizamos, escrevemos e lemos as palavras para aprendê-las." Todos os pais se entreolham e balançam suas cabeças. Depois de explicar aos meus alunos o que farão com as molduras vazias, separo-os em pequenos grupos. Quando já estão todos em seus grupos, coloco-me em frente ao mural onde pintei um arco-íris e chamo Lamar para tirar sua foto.

Há um burburinho na sala. Percebo que as crianças estão se divertindo e tudo está indo bem. Nesse momento, a Sra. Francois entra na sala com vários membros do conselho escolar. Levanto-me da cadeira e os cumprimento. "Olá", digo. "Bem--vindos à sala 24." Muitos dos membros do conselho começam a caminhar pela sala sem me dizer nada. O superintendente está ao lado da Sra. Francois. Ela, então, pergunta: "Então, o que seus alunos estão fazendo hoje?". Olho para ela, faço sinal para que me siga e digo: "Estamos fazendo presentes de dia de São Valentim. As crianças adoram a aula de educação artística, então gosto de lhes dar um tempo para fazerem presentes para quem gostam". Ela balança a cabeça e continua observando cada mesa enquanto toma notas em um grande bloco de papel amarelo.

Enquanto caminhamos pela sala, chegamos à mesa da Sra. Sweeney. Nesse momento, todos a escutamos dizer: "Adorei as calça que você *tá* hoje", conversando com uma das meninas na mesa. "Vi essas calça na loja e queria comprar pra minha filha". Olho para os membros do conselho, e seus olhos estão arregalados. Um deles se vira para outro e diz baixinho, "Minha nossa. Você está acreditando nisso?". A Sra. Francois me leva para um canto da sala e pergunta, "Por que você deixou essa mãe participar? Olha o jeito que ela fala. Não acha que é um problema para as crianças?".

Questões para discussão

1. Você acha que é um problema para seus alunos conversar com pessoas que falam em dialeto? Explique.
2. O que você responderia à Sra. Francois?
3. Como você reagiria à reação dos membros do conselho em relação à Sra. Sweeney?

52 Denise L. McLurkin

4. Você tem algum problema com a maneira como a Sra. Sweeney fala? Explique sua resposta.
5. Que tipo de lições/atividades você pode realizar para ajudar seus alunos a entender e respeitar os diferentes modos de falar e, ao mesmo tempo, ensiná-los a língua culta?

"AI... MEU... DEUS"

"Olá, Sra. Fernandez", escuto alguém atrás de mim. Viro-me e vejo uma das minhas alunas do 5º ano, Denise, vindo da cafeteria em minha direção. "Olá, Denise. Como estava seu café da manhã?" Ela me olha, coloca a mão na barriga e diz: "Horrível, nojento, inacreditável...". Olho para Denise e pergunto: "Nossa. O que eles serviram de tão ruim na cafeteria?". Ela enruga o nariz e diz: "Eu não gosto de sanduíche de ovo. Os ovos não estavam nem bem cozidos – quase crus". Já ouvi histórias terríveis sobre esses sanduíches de ovo. "Por que você não pediu cereal?", pergunto. "Cereal não tem como vir mal feito." Denise me olha e diz: "Eu queria uma comida quente, e eles só tinham esse sanduíche nojento". Então, ela pensa um pouco mais e continua: "Bom, pelo menos as batatinhas estavam boas". Sorrio para ela. "Quem não gosta de uma boa batatinha?" Denise concorda e ri.

Ela é aquele tipo de aluna que tem um vocabulário incrível e extenso. Sua mãe acredita que é porque Denise é uma ávida leitora. Seu pai acredita que é porque ela é filha única e está sempre cercada de adultos. De qualquer maneira, os dois estavam tão preocupados no início do ano que se reuniram comigo para conversar. Eles achavam que Denise não estava fazendo amizades e provavelmente afastava possíveis amigos porque, nas palavras da menina, "Eles são muito ignorantes". Seu pai sorria para mim quando sua mãe disse: "Não sei de onde vem essa arrogância. Mesmo no clube, Denise ainda não fez amizades como achamos que deveria". Seu pai rapidamente interrompeu: "Bom, talvez seja esse o problema. Ela está sempre entre adultos ou com aquelas crianças metidas do clube". Então, olhou para mim e disse: "Talvez você possa ajudá-la a ser mais sociável este ano". Quando perguntei aos alunos sobre Denise, eles disseram: "Ela está sempre com a cabeça enfiada num livro e sempre corrige o jeito que a gente fala". Então, infelizmente, ainda não consegui torná-la mais sociável.

Como ainda tenho coisas para fazer na sala antes de a aula começar, digo para Denise: "Por que você não deixa sua mochila aqui e vai brincar no pátio antes do fim do recreio?". Denise me olha: "Você precisa de ajuda?". Balançando a cabeça, respondo: "Obrigada, mas posso fazer sozinha". Ela sorri e inclina a cabeça: "Tem certeza?". Balanço a cabeça novamente. Então, ela pensa um pouco, olha para o relógio em seu pulso e diz: "OK. Vejo você em alguns minutos". E assim, sai em direção ao pátio.

Quando já estão todos os alunos na sala novamente, começo a escrever a lição que provavelmente durará por várias semanas. Trabalharemos com biografias, e cada aluno fará uma entrevista com um colega e escreverá sua biografia com base nessas informações. Colocaremos as biografias digitadas no quadro de avisos no fundo da sala antes da celebração de Volta às Aulas. É uma sorte que o projeto coincida com uma celebração.

Questões sociais desafiadoras na escola **53**

"OK", anuncio aos alunos, "Quando eu anunciar quem é o colega que vocês irão entrevistar, quero que dediquem vários minutos para conhecer melhor essa pessoa". Então, escrevo no quadro "Entrevista Informal". Viro-me para eles e continuo: "Iremos entrevistar informalmente nossos colegas". Largo o marcador do quadro branco, "Isso significa que iremos dedicar algum tempo a conhecer melhor essa pessoa. Mas", acrescento, "nenhuma das questões será escrita porque é para ser informal. Vamos conversar como faríamos com familiares ou amigos". Olho em volta e pergunto: "Alguma dúvida?". Mercedes levanta a mão: "Tá, então, a gente pode perguntar coisas tipo o que gostam de fazer e coisas assim?". Balanço a cabeça. "É exatamente isso que podem perguntar. Podem perguntar o que farão no fim de semana, quem são seus amigos, qualquer coisa." Olho em volta novamente e digo: "É o que vocês querem saber sobre eles nesse momento que ajudará a conhecê-los melhor como pessoas". A maioria dos meus alunos balança a cabeça e cochicha entre si. Levanto minha mão e toco gentilmente minha campainha. Quando todos estão prestando atenção, digo: "Vocês terão cerca de 5 minutos para essa parte da tarefa. Agora direi quem cada um irá entrevistar". E, assim, digo rapidamente os nomes dos pares e eles começam a entrevistar informalmente seus colegas.

Quando já estão todos em pares, caminho pela sala para conferir se todos cumprem a tarefa. Eles parecem estar fazendo um bom trabalho. Quando chego à mesa de Denise, escuto-a perguntar a sua colega, Suzette: "E o que você vai fazer nesse fim de semana?". Suzette olha para o teto e responde: "Ah, eu *vô* na casa da vó. Ela vai fazer uns bolo". Olho para Denise, que parece apavorada. "Vô na casa da vó, que vai fazer uns bolo", ela diz, em tom jocoso. Então, suspira alto e diz: "Ai... Meu... Deus". Olho para Suzette e ela dá de ombros, confusa.

Questões para discussão

1. Como você lidaria com essa situação?
2. Quais são os aspectos positivos e negativos de deixar que Denise continue trabalhando com Suzette no projeto?
3. Que tipo de texto você pode mostrar para Denise para ajudá-la a entender e, talvez, apreciar diferenças de linguagem?
4. Quais são os aspectos positivos e negativos de compartilhar com Denise o que seus colegas pensam sobre ela?
5. O que você diria aos pais de Denise sobre o que aconteceu?

Conselhos de professores experientes sobre... Uso da língua não culta

- Todos nós gostaríamos de que tanto nossos alunos como nós mesmos tivéssemos aula de língua estrangeira no ensino fundamental. Pesquisas mostram claramente que esse é o melhor momento para que as crianças aprendam outras línguas. Para a maioria das crianças, aprender uma língua estrangeira não terá um impacto negativo sobre seu desempenho com a língua materna. De acordo com nossas experiências, as crianças que sofrem dificuldades têm também outros problemas de aprendizado. Se esse for o caso, você deve começar um processo de avaliação o quanto antes.

- Diríamos aos pais preocupados que mantemos a sala com etiquetas com base nas informações citações anteriormente. As crianças aprenderão novas palavras em outras línguas, o que torna o ambiente escolar mais confortável e demonstra respeito pelos alunos estrangeiros.
- O uso de dialetos e o conhecimento de uma língua estrangeira não são déficits – são vantagens. A maioria de nós descobriu que crianças que falam em dialeto ou são estrangeiras expressam melhor seus sentimentos, comunicam-se melhor com seus familiares e relacionam-se melhor com sua comunidade quando falam em seu dialeto ou sua língua materna. Não queremos que você impeça a criança de falar em dialeto ou na sua língua materna. Porém, assim como os falantes nativos, eles precisarão aprender a língua culta.
- As crianças precisam aprender a mudar seu modo de falar e seu comportamento conforme a pessoa com quem falam e a situação. Você pode falar da língua em termos de conversação formal e informal. Já usamos exemplos como "Como você escreveria uma carta ao presidente?" e "Como você falaria com um amigo?". Essas situações exigem que quem fala ou escreve reconheça as diferentes maneiras com que podemos nos expressar.
- Concordamos que todos nossos alunos precisam aprender a língua culta, e não apenas os que falam em dialeto ou os estrangeiros. Temos alunos brancos de classe média que falam em dialeto. Não sugerimos que você isole um aluno, pois isso poderá envergonhá-lo. Sugerimos que faça minilições e dê aulas sobre o uso da língua culta. Seja sincero e dê exemplos. Alguns talvez digam *andemo*, *fizemo*, etc. Então, explique a eles como falar a língua culta.
- Para valorizar o uso de dialetos, você pode deixá-los escrever coisas como poesia em dialeto e permitir que falem assim em casa ou no pátio da escola. Também pode ler livros que envolvam o uso de dialetos.
- Quanto à Sra. Sweeney, asseguraríamos à diretora e aos membros do conselho escolar de que os pais não estão na sala de aula para ensinar os alunos, mas para auxiliar o professor. Essa mãe, em particular, está ajudando em um projeto de arte. Assim, se as crianças criarem um problema com isso, teríamos uma conversa com toda a turma sobre não provocar e como respeitar os outros. Porém, se os alunos não criarem problema, seguiríamos adiante. Ainda teríamos aulas de língua culta, mas não por causa dessa mãe ou da situação.
- Algumas crianças não percebem que estão subestimando as outras. Teríamos uma conversa franca com essas crianças sobre os comportamentos e os comentários que você observou e ouviu. Já aquelas que percebem que estão subestimando as outras e aquelas com quem você já conversou, consideraríamos sua atitude uma violação de nossas regras de sala de aula. Então, dependendo de como você administra sua sala de aula, haverá consequências.

6

Analfabetismo funcional

O DIRETOR EXECUTIVO

"Que horas é a oficina amanhã?", pergunto a Alexander, outro professor do 2º ano. Ele responde: "Sei lá!". Virando-se, ele se dirige a Maria, a outra professora do 2º ano, "Maria, que horas é a oficina amanhã?". Pensando, Maria diz: "Começa às 9h". Alexander se vira, olha para mim e pergunta: "Que horas você acha que devemos sair daqui?". Levanto os ombros, "Realmente não sei". Maria faz o mesmo gesto e diz: "Também não sei". Eu recém me mudei, então não conheço muito bem esta área. Nesse momento, lembro que o folheto da oficina de desenvolvimento profissional sobre ensino de vocabulário está em minha caixa de correio. Olho para Alexander e Maria e digo: "Ah, não se preocupem. Tenho o folheto na minha caixa de correio com o endereço e posso olhar um mapa na internet para saber que horas devemos nos encontrar aqui". Pensando um pouco mais, digo: "Mas, por enquanto, vamos deixar marcado às 8h". Maria e Alexander concordam. "Nos mande uma mensagem com a hora." Enquanto saem da sala dos professores, gritam "Obrigado".

Vou até minha caixa de correio e pego o folheto. Temos a sorte de que nosso diretor, Roger King, conseguiu recursos para pagar essa oficina. Teremos um professor substituto, ganharemos almoço e receberemos um arquivo cheio de sugestões sobre como desenvolver o vocabulário de nossos alunos. Estou bastante empolgada, mas agora preciso planejar a aula da professora substituta. Pego algumas folhas na estante, sento em uma das longas mesas e começo a escrever.

Quando estou totalmente absorvida por essa tarefa, Roger entra na sala, abre a geladeira e então diz: "Está pronta para amanhã?". Olho para ele e sorrio. Ele sabe que esta é a primeira vez que fico longe de meus alunos. "Sim", eu digo. "Só espero que meus alunos se comportem bem. Ficarei muito decepcionada se eles incomodaram a professora substituta." Roger solta sua risada sonora enquanto abre seu refrigerante. "Você sabe que eles irão, ao menos, tentar se aproveitar. Lembre-se de quando era criança." Concordando, acrescento: "Ah, e também me lembro de quando fui substituta no final da faculdade". E relembrando, continuo: "Nossa, aquela época me fez quase desistir de ser professora". Rindo novamente, Roger diz: "Mas substituir é muito diferente de ser professor". Concordo, "Eu sei. Os alunos sabem que você estará com eles durante todo o ano, então não perturbam tanto quanto fazem quando sabem que você só estará com eles por, no máximo, alguns dias". Tomando um grande gole, ele diz: "Tudo vai dar certo. Prestarei atenção e passarei pela sua sala de aula várias vezes amanhã". Sentindo-me um pouco aliviada, agradeço. Então, ele deixa a sala, e eu volto ao meu planejamento de aula.

Depois, lembro que prometi a Maria e Alexander que procuraria o caminho para a oficina na internet. Volto para minha sala de aula e ligo o computador. Descubro que, da escola, levaremos cerca de 35 minutos para chegar à oficina. Pego meu telefone celular e mando uma mensagem para os dois. Ainda acho que devemos nos encontrar às 8h na escola para ter tempo suficiente de chegar lá com calma. Ambos imediatamente respondem que irão me encontrar na frente da escola às 8h. Enquanto analiso o caminho, percebo que não conheço bem a maioria das ruas. Penso: "Espero que Alexander ou Maria saibam como chegar lá, para que não me perca".

Ao finalizar o planejamento da aula e imprimir o mapa, começo a arrumar a sala para a chegada da professora substituta amanhã. Nesse momento, minha porta abre, e o pai de Shamarah, o Sr. Patterson, entra na sala. Estendo a mão para cumprimentá-lo. "Espero não estar interrompendo nada importante", ele diz. Balanço a cabeça, negando, "Ah, não, Sr. Patterson. Só estou me preparando para amanhã". Sorrindo, ele diz: "Ah, sim, Shamarah me falou que você vai a uma conferência e que haverá uma professora substituta". Confirmo, "Pois é. Por favor, peça a Shamarah que se comporte bem". O Sr. Patterson ri, pois sabe que Shamarah pode às vezes se comportar mal. Concordando com a cabeça, ele diz: "Pode deixar".

Pego uma cadeira ao lado da mesa de atividades e ofereço a ele. Ao sentarmos, ele diz: "Eu queria falar com você hoje sobre uma questão privada". Ele coloca sua mão sobre o peito e diz: "Shamarah me disse que você está convidando pais para virem à aula ler para os alunos". Respondo: "Sim, acho que as crianças estão cansando da minha voz, então achei que seria uma boa maneira de deixar os pais participarem". Ele balança a cabeça e diz: "Concordo, mas...". Sem pensar, interrompo e digo: "Shamarah me disse que o senhor lê muito bem. Ela também me disse que você faz a voz de todos os personagens quando lê para ela". Olho para ele e percebo que está quieto e que seus olhos se encheram de lágrimas. Não consigo disfarçar a surpresa. Ele diz: "Sra. Spencer, vou ser honesto com você". Ele olha para baixo e continua: "Não tenho lido nenhum livro para a Shamarah. Apenas conto histórias sobre as imagens que vejo nos livros".

Fico bastante surpresa. O Sr. Patterson, que é pai solteiro, é o diretor executivo de uma empresa de sucesso. Então, ele me olha e diz: "Eu sei o que deve estar pensando. Como é que eu posso dirigir uma empresa e não saber ler ou escrever bem?". Sem esconder minha confusão, concordo. "Bem", ele começa, "Eu herdei a empresa do meu pai. Fui treinado por ele e aprendi todos os macetes com meus tios". E continua: "Meus sobrinhos, que estudaram, todos, em universidades da *Ivy League*,* lidam com todos os contratos". Balançando a cabeça, ele diz: "Não sou bobo. Tenho pessoas em quem posso confiar e que podem ler e escrever por mim". Ele pensa um pouco e, então, diz com orgulho: "Mas não se engane. Ninguém pode me superar quando se trata do meu negócio. Consegui fazer essa empresa crescer muito mais do que meu pai poderia sonhar". Após uma longa pausa, ele se aproxima e diz: "Então, você entende meu problema". Concordo em silêncio, pois agora vejo bem o problema que nós dois temos.

Questões para discussão

1. Quais são os serviços disponíveis, em sua comunidade, para adultos semianalfabetos?
2. Como você lidaria com essa situação de modo que o Sr. Patterson possa manter sua dignidade?
3. Para você, qual o impacto do semianalfabetismo de um pai sobre a alfabetização de uma criança?
4. O que você poderia sugerir a pais como o Sr. Patterson para que seus filhos possam ter o auxílio necessário quando precisarem de ajuda para ler, escrever, fazer os deveres ou outras tarefas escolares?
5. O que sua escola oferece para auxiliar a alfabetização das famílias?

EU SOU BURRO!

"Então", digo aos meus alunos do 6º ano, "Toastie, o cão, vestia galochas amarelas. Vestia não só galochas, mas também uma grande coleira azul com uma etiqueta de identificação escrito 'Toastie'". Falo ainda sobre como Toastie gostava de passear, cheirar as flores, latir para os passarinhos ou qualquer coisa que caminhasse ou voasse perto dele. "Toastie não se importava se os outros animais riam dele por usar galochas. Ele adorava senti-las e adorava como elas o protegiam durante o mau tempo." Inclino-me e continuo, falando baixinho: "Toastie olhou para o céu e começou a correr sem parar. Ele sabia o que iria acontecer. Podia ouvir os barulhos horríveis nas árvores. E então escutou um estrondo". Meus alunos arregalam os olhos ansiosos. "Assim que Toastie e seu dono chegaram à garagem, podiam ouvir o barulhinho das gotas que caíam sobre o carro na entrada." Então, faço uma reverência e digo: "Fim". Meus alunos começam a aplaudir enquanto continuo fazendo reverências.

---

* N. de R. T.: A *Ivy League* é um grupo de oito universidades privadas do nordeste dos Estados Unidos, reconhecidas por sua excelência acadêmica: Harvard, Princeton, Yale, Brown, Columbia, Cornell, Dartmouth e Universidade da Pensilvânia. A denominação originalmente designava uma liga desportiva formada por essas instituições. Acredita-se que o nome seja devido à hera (*Ivy*, em inglês), planta que recobre muitos dos prédios históricos dessas universidades, indicando sua antiguidade.

Olho para o relógio e percebo que temos apenas 4 minutos antes do recreio. Então, digo: "Vamos trabalhar rapidinho com inferências". Penso sobre a história que contei e pergunto: "Por que vocês acham que Toastie está vestindo galochas?". Muitos alunos parecem perplexos. Finalmente, John levanta a mão e eu o chamo. "Ele não queria molhar suas patas." Balanço a cabeça: "Muito bem, John. Você poderia explicar aos outros o que são galochas?". John olha para seus colegas e diz: "São sapatos que você usa quando chove ou quando a rua está molhada. Acho que também são chamadas de botas de chuva". Alguns alunos parecem surpresos ao ouvir que são botas de chuva. Lisa olha para John e diz: "Como você sabe isso?". John responde: "Uma vez eu estava com o meu avô em Louisiana, e a gente ia pegar caranguejos. Aí ele me disse para trazer minhas galochas para proteger meus pés". Então, Lisa pergunta: "E por que ele não disse botas de chuva?". John dá de ombros e responde: "Não sei. Ele sempre chamou de galochas". Depois de pensar um pouco, John continua: "Também me lembro de ver vários exploradores no canal National Geographic. Eles estavam na floresta tropical e vestiam galochas. O apresentador falou que é preciso botas como galochas porque o chão geralmente é molhado e o tempo é úmido nessas partes do mundo, e sem elas você não pode caminhar na floresta".

Olho para os meus alunos e eles estão completamente fascinados com John. Novamente, sua experiência e vocabulário me impressionam. "Brrriiiinnng!" toca a campainha para o recreio. Nossa, nem posso acreditar como aqueles minutos passaram rápido. "OK, pessoal. Ótimo trabalho! Podem sair para o pátio". Assim, meus 28 alunos do 6º ano saem para o pátio para o intervalo de 15 minutos.

John é um aluno novo na escola. Em seu primeiro dia, ele me contou que já havia visitado a Europa, o Japão, a Austrália e boa parte dos Estados Unidos com seus pais. Também me contou que adora assistir aos canais History Channel, A&E, Biography Channel, National Geographic, todos os Discovery Channels e PBS. Ele adora um bom documentário e se considera um aficionado por biografias. Para mim, seu vocabulário é mais extenso do que o da maioria de seus colegas.

A campainha do recreio interrompe meus pensamentos. "Meu Deus", penso, "o tempo voa mesmo". Quando meus alunos voltam para a sala e já estão sentados, digo: "Preciso realizar vários testes de leitura em voz alta para esse trimestre escolar. Então, darei um tempo para que trabalhem em seus projetos sobre os estados". Olho para minha prancheta e digo: "Peggy, Sylvester, Autumn e Michael, vocês podem usar os computadores". Olho para os outros alunos e continuo: "Os outros podem usar os livros que peguei na biblioteca". À medida que começam a se preparar para trabalhar, pergunto: "Alguma dúvida?". Todos se olham e balançam as cabeças, indicando que não. "OK", digo: "Podem começar". Quando volto para minha mesa no fundo da sala, dou um tapinha no ombro de John e digo: "John, por favor, venha até minha mesa e vamos fazer o seu teste de leitura em voz alta".

Enquanto pego o material, pergunto: "Então, o que você tem achado das aulas até agora?". Ele sorri e diz: "Tenho gostado. Acho que vou gostar bastante de fazer o trabalho sobre Vermont. Achei muito bonito quando visitei. Era outono e todas as folhas das árvores estavam lindas". Então, ele balança a cabeça e diz: "Tenho até fotos e tudo mais". Olho para John e digo: "Ótimo. Elas contribuirão muito para o seu trabalho".

Visto que a secretaria de educação solicita todas essas notas, nosso diretor quer que toda a equipe do 6º ano comece a avaliar cada aluno a partir do 3º ano. Eu, particularmente, penso que é uma perda de tempo. Especialmente com alunos como John, que têm um vocabulário extenso. Coloco o trecho em sua frente e pego minha prancheta para fazer o teste de leitura em voz alta. John olha para o trecho como se esperasse que eu lhe desse permissão para ler. "Ah", digo: "Pode começar". John ainda olha para a passagem como se não soubesse o que fazer. Ele coloca seu dedo sobre o título e começa a ler. "O.../r/-/r/-/r/... não conheço essa palavra". Ele aperta os olhos, como se tivesse dificuldade de enxergar as palavras, e continua, "Hmm, /t/-/t/-/t/... não conheço essa palavra também". Ele desvia o olhar, extremamente frustrado, e diz "Me sinto tão burro". Então, abaixa a cabeça e começa a chorar.

Questões para discussão

1. Quais são os aspectos positivos e negativos de continuar o teste de leitura em voz alta nesse momento?
2. O que você diria a John?
3. Quais tipos de material de leitura você pode usar para melhorar a capacidade de John?
4. O que você perguntaria a John antes de avaliá-lo para ter uma noção melhor de sua capacidade de leitura?
5. Quais profissionais da escola você contataria em uma situação como essa?

A HISTÓRIA DO VOVÔ

"Deixe-me entender", nossa diretora, Karen Simpson, diz, rindo. "Você pediu para seus alunos da pré-escola fazerem fichas de leitura de livros?" Eu rio. Algumas pessoas acharam que eu era louca quando anunciei que pediria aos alunos da educação infantil para fazerem fichas de leitura. Não é que eles estejam fazendo o mesmo tipo de análise que eu fiz quando estava crescendo. Na verdade, é a pessoa que ler para a criança quem irá perguntar as questões da ficha de leitura e, então, escrever as respostas dadas por essa criança. Olho para Karen e vários outros professores na sala e digo: "Aprendi sobre esses formulários em uma das minhas aulas sobre métodos de alfabetização. Tínhamos de pensar sobre maneiras de tornar as leituras em voz alta feitas em casa mais interativas, então criamos esse formulário de análise de livros". Tiro três formulários da minha pilha de papéis. Entrego para cada um deles e continuo: "Vejam, a criança precisará descrever a história, dizer quem eram os personagens principais, onde ela se passava, qual a sequência de fatos, o que gostaram ou não sobre o livro, e assim por diante". Olho para as professoras e as três balançam a cabeça, parecendo compreender. "Alguns pais gostaram bastante desse formulário."

Kylie, uma professora do 3º ano, interrompe: "Posso ver como irão aprender o vocabulário que nos esforçamos tanto para fazê-los entender quando chegam ao 3º ano". Christie, outra professora do 3º ano, concorda: "Gostei bastante dessa ideia". Ela me olha e diz: "Achei que você pediria que fizessem fichas de leitura completas dos livros. Pensei que você estava louca". Karen e Kylie começam a rir. "Sim", Karen continua: "Quando perguntei a um dos seus alunos, na cafeteria, sobre o qual era o dever de casa de ontem, ele me disse que tinha de fazer sua ficha de leitura do livro. Confesso que não consegui esconder meu choque". E então diz: dando um tapinha em minhas costas: "Mas ele estava bem orgulhoso quando falou disso". Quando a campainha toca indicando o final do primeiro recreio e o início da aula da pré-escola da tarde, Karen diz, acenando com a cabeça enquanto volta para sua sala, "Continue com esse bom trabalho, Josephine".

Quando chego à fila dos meus 24 alunos, vejo que formam uma fila extremamente reta. "Olá, meninos e meninas", digo enquanto caminho até a frente da fila. "Vamos caminhar com cuidado até nossa sala e começar nosso dia de aula". Posiciono-me bem ao lado da porta e cumprimento cada um pelo seu primeiro nome à medida que passam por mim. Embora ainda estejamos no começo do ano letivo, eles se acostumaram com a rotina rapidamente. Sabem que devem colocar suas pastas com o dever de casa no cesto, pendurar seus casacos e mochilas e deixar suas lancheiras e outros pertences em seus escaninhos. Depois, devem ir até o tapete e escolher um bom lugar para sentar concentrados e bem comportados. Confesso que a última parte sobre escolher um lugar no tapete onde fiquem "concentrados e bem comportados" é, provavelmente, a única parte que ainda preciso reforçar diariamente, mas, considerando que as aulas recém começaram há algumas semanas, estou orgulhosa do que eles conseguiram até agora.

Faço a chamada, a contagem de alunos, a oração e as atividades previstas no calendário. Então, a Sra. Ramirez, uma de nossas mães voluntárias, entra na sala e eu anuncio: "Enquanto dou uma olhada em seus deveres de casa, vocês irão para os núcleos de alfabetização". Ouço vários alunos dizerem, "Eba!" ao ouvirem isso. "Hoje", digo, "em nossos núcleos de alfabetização, temos nosso canto do livro, onde podem ler qualquer livro que quiserem nos nossos pufes". Viro-me e aponto para o local mais próximo da porta e anuncio: "Também temos o grupo da escrita, no qual vocês podem praticar a escrita de seus nomes e das letras". Então, aponto para os computadores e digo: "Três de vocês podem usar os computadores para aprender suas letras". Olho para a Sra. Ramirez e digo: "A Sra. Ramirez ficará aqui hoje e se dispôs a jogar o Bingo do Alfabeto com seis meninos e meninas". Percebo que agora os alunos estão ficando impacientes. Levanto minha mão e digo: "Quando eu terminar de olhar seus deveres, irei me sentar ali", apontando para a mesa retangular no canto da sala, "Pegarei a massinha de modelar e as fôrmas de alfabeto".

Antes de dispensá-los para o grupo de alfabetização, pergunto: "Então, podemos ir todos para o Bingo de uma vez só?". "Nããão", eles respondem em coro. Concordo com a cabeça e digo: "Exatamente". E continuo: "Então, mesmo que você não seja o primeiro, terá a chance de participar. Vou marcar 15 minutos no cronômetro, e quando ele zerar, vocês terão de se mudar para outro grupo". Olho em volta e pergunto: "Alguma dúvida?". Quando vejo que não, começo a dispensar os alunos que estão quietos sentados no tapete.

Enquanto eles se movem pela sala e chegam aos núcleos de alfabetização, pego as pastas e encontro a de Rashida no topo da pilha. Para o dever de ontem, tudo o que precisavam fazer era completar o formulário de análise do livro e trazer o livro hoje. Estou com minha tabela sobre as análises e meus adesivos, os quais colo na data de hoje para os alunos que completaram a tarefa. Quando olho a pasta de Rashida, percebo que ela completou o formulário, mas não trouxe o livro. Ao olhar para seu formulário, vejo que o título do livro é *A história do vovô sobre o Quênia*. Levanto o olhar e vejo Rashida no computador. "Rashida", eu a chamo, "Pode vir aqui, por favor?". Ela caminha até onde estou sentada e diz: "Sim, Sra. Smith". Então, pergunto: "Querida, onde está o seu livro?". Rashida olha para sua folha e, então, para mim. "Ah, meu avô não leu um livro. Ele me contou uma história sobre quando ele era pequeno no Quênia." Volto a olhar o formulário e vejo que todas as outras questões foram respondidas. "Rashida", pergunto, "Quem escreveu as respostas?". Rashida olha para seu formulário e diz: "Ah, minha irmã. Meu avô fez ela escrever".

Questões para discussão

1. Quais são os aspectos positivos e negativos de Rashida ganhar um adesivo pela tarefa?
2. Por que é importante que tenhamos uma noção sobre o nível de alfabetização dos familiares dos alunos?
3. Quais são os programas comunitários disponíveis para os familiares cujo nível de alfabetização é limitado?
4. Qual é a sua opinião em relação a contar uma história como uma forma de alfabetização?
5. Quais são as outras atividades que podemos fazer como professores para garantir que livros estejam sendo lidos para as crianças em casa?

Conselhos de professores experientes sobre...
Analfabetismo funcional

- Infelizmente, todos nós já tivemos algum aluno com linguagem oral incrível e dificuldades de leitura. Você pode se chocar bastante ao avaliar esse aluno, mas não deve se sentir culpado. Essa situação não é rara para professores.
- Não se deixe enganar. Todos conhecemos o aluno falante e querido que tem dificuldade com alguma matéria. Às vezes, essas crianças usam seu charme para evitar fazer o que é difícil para elas. Você precisa ter uma conversa muito franca com essa criança sobre por que é importante que estude essa matéria.
- Uma vez que o aluno é avaliado, você pode levar seu caso a um grupo de discussão para obter dicas de como ajudar esse aluno da melhor maneira e para seguir com o processo de avaliação, se necessário.
- Uma vez que souber o nível de leitura desse aluno, deve falar com um colega que dê aula para o ano correspondente para obter recursos, como livros adequados.

Assim, pode realizar leituras orientadas/oficinas de leitura e oferecer livros para que a criança leve para ler em casa.

- Não se esqueça de manter os pais do aluno a par dessa situação. São eles que irão monitorar as leituras da criança em casa. Também estimularíamos os pais a deixar John assistir aos canais de televisão que adora sobre história e biografias. Assim, ele pode continuar desenvolvendo seu vocabulário.
- Para proteger a autoconfiança e a autoestima de uma criança, você pode colocar os livros dela em uma sacola ou tapar suas capas, assim as outras crianças não veem qual livro ela está lendo. Durante o momento de leitura em silêncio, pode deixar esse aluno ler revistas ou o que interessá-lo mais.
- Permitiríamos que um pai ou avô contasse uma história para a criança em vez de ler um livro, pois ainda assim há uma estrutura de história com sequência de fatos, personagens, cenário, etc. Também buscaríamos saber quem mais convive com essa criança, pois outra pessoa pode ser capaz de ler livros para ela e com ela. Poderia ser um irmão mais velho, uma tia, um tio, um primo, etc.
- Nunca constrangiríamos um pai, avô ou tutor. Se descobrimos que algum familiar de um aluno não sabe ler ou escrever, e se nos relacionamos com esse familiar, podemos sugerir um programa de alfabetização para adultos. A maioria dos pais ficou agradecida quando apresentamos essa sugestão, visto que eles também queriam melhorar seus níveis de alfabetização.

7

Identidade de gênero

QUANDO EU ERA MENINA

"1, 2, 3..." Canto para os meus alunos do 2º ano levantando três dedos. Embora ainda estejamos no início do ano letivo, eles já sabem que esse sinal significa que quero total atenção. Quando param o que estavam fazendo e me olham com suas mãos sobre os ombros, reconheço seu bom comportamento com um aceno de cabeça e um leve sorriso. Ao sentir que todos estão prestando atenção, anuncio: "É hora de limpar nossos núcleos de alfabetização. Então, é isso que quero que façam", digo, caminhando até a tabela com a lista de nomes de quais crianças estavam em qual grupo e quando. "Quero que coloquem em ordem os núcleos de alfabetização onde estavam." Então, o grupo de Marcus limpará a Cafeteria, o de Wilhem limpará o Correio, o de Maria limpará o grupo de leitura Chicka Chicka Boom Boom, o de Pamela limpará a Escola de Arquitetura Frank Lloyd Wright e o de Celine limpará o Museu Metropolitano de Arte. Quando me viro, coloco na terceira música do CD e anuncio: "Vocês têm cerca de 4 minutos e meio para limpar seu grupo. Quando terminarem, encontrem-me no tapete. Podem começar". Meus alunos do 2º ano começam a limpar ouvindo sua música favorita. Eles sabem que, quando a música acabar, precisam ter terminado qualquer tarefa que estiverem fazendo e devem sentar em seus lugares no tapete. Enquanto caminho pela sala, vejo que eles conversam, mas continuam arrumando seus núcleos.

Estou adorando os núcleos de alfabetização deste mês. Na cafeteria, eles leem cardápios, anotam pedidos, leem livros, conversam e fingem que cozinham. No Correio, eles escrevem cartas, contas, cartões e o que mais quiserem e, então, podem enviar o que escreveram, pois já sabem endereçar envelopes. O grupo de leitura é apenas um lugar legal para ler, especialmente com os grandes pufes que parecem rochas cobertas de musgo, os guarda-chuvas, os cocos de brinquedo, nossa grande palmeira e as três estantes cheias de livros, revistas, histórias em quadrinhos e até jornais. Na Escola de Arquitetura, os alunos podem trabalhar com suas habilidades motoras finas utilizando réguas, transferidores e lápis para criar plantas de prédios que gostariam de construir um dia. No centro de arte, as paredes estão cobertas com pinturas de O'Keefe, Van Gogh, Romare Bearden e Picasso, entre outros artistas. As crianças podem trabalhar com aquarelas, tinta acrílica e revistas para fazer colagens. Enquanto me sento, irradio orgulho.

"Sr. Chang", escuto um de nossos pais voluntários dizer. Olho em volta e vejo Margeaux Hendricks vindo em minha direção. Olho para ela e pergunto: "Sim, em que posso ajudá-la?". Ela se vira para os outros pais, Al Frank, Jennifer Perkins e Myra Winslow, e diz: "Queremos saber se precisará de nós amanhã durante o momento dos núcleos de alfabetização". Meus olhos devem ter se arregalado, pois ela logo diz, "Ah, viremos se precisar. Mas achamos que você usaria esse tempo para a apresentação das autobiografias". E então pergunta: "Mudaram os planos?". Solto um suspiro de alívio e, finalmente, digo: "Você está certa. Amanhã teremos as apresentações orais. Porém, Kat fará a sua apresentação hoje. Aliás, seus pais virão filmá-la". Margeaux sorri e diz: "Conheço a mãe e o pai de Kat, é claro que eles irão filmá-la". E logo acrescento: "Vocês todos podem ficar para a apresentação". Todos os pais balançam suas cabeças indicando que ficarão.

Começo a andar pela sala para monitorar os alunos quando a porta da sala se abre e entram os pais de Kat, Emily e Jason Wilson, com um cartaz da feira de ciências. Kat sai de seu centro e corre rapidamente para seu pai, que a pega no colo e lhe dá um beijo. "Kat", diz sua mãe, "Você sabe que não pode sair correndo dentro da sala de aula". Kat a olha e concorda com a cabeça, e sua mãe lhe dá um beijo na testa. Dirijo-me aos Wilsons e digo: "Bem-vindos. Começaremos logo". Nesse momento, a música acaba e meus alunos começam a se mover pelo tapete.

Quando estão todos em seus lugares, sento-me na frente e chamo Kat. Seu pai abre o painel dobrável onde há uma linha do tempo traçada no meio e muitas fotos em volta. "Nossa!" escuto meus alunos dizerem. Kat limpa a garganta e olha para seus colegas: "Eu nasci em 16 de maio de 2002. Sou o primeiro bebê dos meus pais. Eu adoro espaguete, picolé e brincar com meu cachorro, Rocco. Eu quero um irmão e uma irmã. Também quero andar de esqui, jogar futebol e nadar". Kat se vira para o painel e começa a mostrar as fotos. "Essa aqui foi quando fui à igreja com a minha avó. E essa foi quando fui à Disney com minha tia Bee Bee. Ah, e essa foi na minha festa de aniversário do ano passado na Peter's Fun Playhouse." Então, ela analisa o cartaz e encontra a última foto da linha do tempo. Ela nos olha e diz com empolgação, "Ah, e essa é a última foto de quando eu ainda era uma menina". Para o meu total choque, muitos pais expressam surpresa.

Questões para discussão

1. O que você faria se essa informação fosse nova para os pais, Emily e Jason Wilson?
2. O que você diria se um dos alunos perguntasse, "o que você quer dizer com 'última foto de quando eu ainda era uma menina'"?
3. Como você lidaria com essa situação no curto e no longo prazo?

Questões sociais desafiadoras na escola **65**

4. Quais sistemas de serviços sociais de apoio estão disponíveis em sua escola e na comunidade para crianças como Kat, que podem estar lidando com questões relacionadas à identidade de gênero?
5. Kat se vestir como um menino não chamaria tanta atenção quanto um menino se vestir como uma menina. Como você lidaria com uma situação assim?

PARE COM ISSO!

Na maioria das sextas-feiras, para deixar que as crianças ampliem seus horizontes, permito que trabalhem com arte. Gostaria que tivéssemos professores de arte para ensiná-los elementos específicos sobre criação e análise de arte e suas diferentes formas. Infelizmente, devido a problemas financeiros, as aulas de arte, educação física e até mesmo o tempo de leitura foram cancelados. É uma pena que matérias que as crianças gostam tanto e que podem se tornar carreiras sejam as primeiras a serem cortadas.

Fico muito feliz que meus pais me ensinaram a ver uma porta fechada como uma porta que sempre pode ser aberta. Assim, fui à faculdade local e conheci alunos da graduação em arte que adoram trabalhar com crianças e se interessaram em ser voluntários na escola. Agora, a cada duas sextas-feiras, eles trabalham com duas turmas do 4º ano por 1 hora na cafeteria.

Nosso professor artista é Donovan. Eu simplesmente adoro o jeito como ele lida com os alunos. Ele é um pouco afeminado, usa chapéus, roupas e lenços coloridos e dança como se fosse Sammy Davis Jr., Michael Jackson e Savion Glover ao mesmo tempo. Também é um pintor incrível. Ele adora usar tinta acrílica e faz belos desenhos daquilo que vê pela cidade e que outros podem considerar lixo de favela. Sua obra dá vida a ambientes em que muitos dos alunos vivem. O que também adoro em Donovan é que ele se sente bem consigo mesmo. Quando o conheci, ele não saiu me dizendo que era *gay*, mas me contou que ele e seu namorado estavam juntos há dois anos. Depois, contou-me que passou anos negando quem era – um homem *gay* – até que um dia decidiu se aceitar e seguir em frente. "Não me entenda mal", Donovan me disse, "Não foi fácil. Perdi muitos familiares, amigos e pessoas que pensei que fossem amigas. Todos pensam que peguei aids ou coisa assim. Mas sou apenas um norte-americano tentando se formar, querendo amar, trabalhando em dois lugares para pagar a faculdade e esperando que, um dia, consiga comprar aquela Range Rover nova". Lembro que ri bastante.

Ao chegarmos à cafeteria, fico feliz de ver que Donovan e os outros professores artistas, Samantha, Felicity e Webster, têm todos os materiais organizados, prontos para começarem o trabalho. Quando todas as crianças já estão em seus lugares, Donovan começa a falar. "OK, pessoal", ele começa, "Vamos trabalhar com pastéis hoje". Alguns dos alunos exclamam, "Ah!" e se levantam para tocar nos materiais que estão sobre as mesas. Embora esteja de costas, Donovan adverte: "E espero que nenhum de vocês esteja tocando nas coisas que estão nas mesas, porque não me lembro de ter dito que já podiam fazer isso". Olho para alguns alunos que estão com o rosto avermelhado. "Então", Donovan diz, posicionando-se ao lado de um cavalete com uma grande folha de papel, "É assim que se usa pastéis". Nos 10 minutos seguintes, ele mistura tintas, usa um palito de papel para misturar as cores e suavizar os contornos e aplica fortes traços para criar um belo oceano. "Nossa!" exclamamos em coro. Os alunos começam a aplaudir. Donovan faz uma reverência e diz: "Vocês encontraram alguns calendários, revistas e folhetos sobre as mesas. Podem usá-los e tentar copiar as imagens em suas folhas de papel. Caminharemos entre vocês para ver se precisam de ajuda. E lembrem-se, não é fácil, mas não desistam. Divirtam-se explorando as cores e as imagens que podem criar. Podem começar".

Melissa e eu caminhamos pela cafeteria para observar os alunos. "Se ao menos eles se esforçassem assim em matemática, ciências, estudos sociais e inglês...", penso. Nesse momento, percebo que Donovan conversa com Sam, um aluno meu. Olhando melhor, tenho a impressão de que Sam está chorando e segurando algo em seu punho cerrado. Donovan acena para mim e faz sinal para que me aproxime. Quando chego onde estão, caminhamos até o corredor. Donovan olha para Sam e diz: "Diga à Sra. Sampson o que você me disse. Vamos lá".

Sam olha para Donovan e para mim enquanto olho para sua mão. É apenas um giz de cera roxo que ele segura. Quando finalmente fala, ele diz: "Eu adoro roxo". Sem saber por que isso é um problema, respondo: "OK, Sam. Eu também adoro". Balançando sua cabeça, Sam continua: "Mas você não entende. Meu pai não gosta que eu goste de roxo. Ele acha que é cor de menina e que é por isso que quero ser menina". Respirando fundo, Sam continua: "Sra. Sampson, acho mesmo que sou menina. Eu sinto aqui dentro. Eu adoro roxo e adoro arrumar meu cabelo e fazer coisas que a maioria das meninas faz". Ele limpa as lágrimas do rosto: "Meu pai me viu rebolando e caminhando pelo quarto uma vez com o vestido roxo da minha irmã e usando maquiagem. Ele me disse para parar porque assim eu vou para o inferno. Agora não posso usar nem mesmo giz de cera roxo em casa". Limpando a garganta, ele diz, "Acho que simplesmente não consigo. Mas tenho muito medo de que meu pai me mate ou que eu vá para o inferno". Donovan me olha com lágrimas nos olhos. Então, se aproxima de Sam e diz: "Eu entendo, Sam. Eu entendo".

Questões para discussão

1. Quem você precisaria trazer para essa conversa com Sam?
2. Quais são os aspectos positivos e negativos de Sam continuar trabalhando com Donovan?
3. O que você diria aos pais de Sam quando tivesse a chance de encontrá-los?
4. Quais são os sistemas de apoio social disponíveis em sua escola e na comunidade para pais como os de Sam, cujos filhos têm dúvidas quanto à identidade de gênero?
5. Você pode lidar com essa situação em aula ou precisaria de ajuda antes?

A TRANSIÇÃO

"Sra. Morton, você não vai acreditar no que J.R. fez durante o almoço." Olho sobre meus óculos enquanto muitos dos meus alunos do 6º ano entram rapidamente na sala depois do almoço. Javier e Ramona são os fofoqueiros da turma; então, se algo acontece no pátio, certamente acabarei sabendo porque eles me contarão. Sinceramente, não sei se quero saber o que J.R. fez, mas prefiro descobrir antes da diretoria. Olho para os dois e pergunto, "O que ele fez?", com a voz mais objetiva que consigo.

"Bom", Ramona começa, "Ele estava se comportando como se estivesse em um concurso de *top models*". Ela começa a andar para lá e para cá no corredor como se estivesse desfilando, balançando o quadril exageradamente, sacudindo o cabelo, tremendo os cílios e mandando beijinhos. "Ah", Justin, que recém entrou na sala, interrompe, "Você está imitando o J.R. no almoço?". Javier responde: "Óbvio". A maioria dos meus alunos na sala está rindo. Para conseguir alguma ordem com essa conversa, faço-os parar. "OK, pessoal. Vou conversar com J.R. Mas não quero ouvir ninguém implicando com ele ou o insultando por causa disso. Somos uma turma que se preocupa com os colegas." Ramona interrompe: "Mas Sra. Morton, o que nos assustou foi que os outros alunos do 6º ano estavam falando que querem dar uma surra nele porque ele é um boiola, um veado, uma bichinha". Muitos alunos ficam chocados com suas palavras, e ela logo explica, "Eu não disse isso, Sra. Morton. Foram aqueles meninos malvados". Penso sobre o que devo fazer a seguir e digo: "Vocês sabem em que turma esses meninos estão?". Ramona balança a cabeça confirmando: "Acho que é a do Sr. Coleman, mas não tenho certeza". Os outros alunos concordam com a cabeça.

Nesse momento, a campainha toca e o resto dos alunos entra na sala. Quando se sentam, tomam um gole de água e começam a ler os livros que cada um escolheu. Fazem isso por 25 minutos todos os dias depois do almoço. Após estarem todos em seus lugares, chamo J.R. na minha mesa. Por saber que muitos alunos tentarão ouvir nossa conversa, digo: "Preciso falar com J.R. em particular. Então, todos devem trabalhar em silêncio. Agradeço desde já pelo bom comportamento".

Olho para J.R., que é um aluno novo, pois entrou este ano. Ele disse que sofria *bullying* em sua antiga escola. Lembro-me de ouvi-lo dizer: "Eles me batiam quase todo dia. Puxavam meu cabelo e tentavam cortá-lo. Rasgavam minhas camisetas e calças e cuspiam em mim". Eu não fazia ideia de que isso poderia acontecer em uma escola dos Estados Unidos. Minha nossa. Olhando para a roupa de J.R., vejo que está usando uma calça *jeans* justa cor-de-rosa, uma camisa branca com a palavra DIVA escrita atrás em *glitter* prateado, um lenço cor-de-rosa no pescoço e tênis prateados. Suas unhas estão pintadas em tons pastéis de azul e rosa, suas sobrancelhas são arqueadas, seus lábios brilham e seu cabelo é longo e está preso em um penteado bonito.

Quando J.R. se senta à mesa na frente da sala, pergunto: "O que aconteceu hoje no almoço? Vários alunos disseram que uns meninos estavam incomodando". J.R. confirma: "É. Aqueles meninos da turma do Sr. Coleman sempre me incomodam. Eles me chamam de nomes horríveis e tudo mais. Eu nunca fiz nada para eles, e eles estão sempre implicando comigo". Olho para J.R. e digo: "Bom, o que você faz quando eles começam a ameaçar?". J.R. diz: "Eu falo com a supervisora do horário de almoço como você mandou, mas ela me disse que só vão parar de implicar se eu parar de me vestir assim". Com essa nova informação, preocupo-me com sua segurança. Finalmente, digo: "J.R., você gostaria de almoçar na sala comigo até que a gente consiga resolver esse problema da melhor maneira? Não quero que algo aconteça com você". J.R. pensa um pouco e diz: "Não sei, Sra. Morton. Aí eles vão me achar um covarde também. Então, não sei". Com uma expressão de derrota, J.R. balança a cabeça e diz: "Não é fácil ser eu". Ele abre um sorriso e se levanta. "Posso voltar para minha mesa, Sra. Morton?" Olho para ele e digo: "Claro que pode". Vou até o fundo da sala e pego meu telefone celular para ligar para a mãe de J.R. Descubro que ela e seu marido estão de folga e poderão vir após a aula para conversar comigo sobre essa situação.

Quando a aula acaba, enquanto penso sobre tudo isso, a porta se abre. "Olá, Sra. Morton", diz a Dra. Millicent St. Clair. Estendo a mão para cumprimentar o casal. Quando nos sentamos, pergunto: "Onde está J.R.?" Millicent responde, "Mandamos ele voltar para casa. Queríamos conversar com você em particular". E continua: "Como já deve saber, sou psicóloga em um consultório e Mike é psiquiatra e trabalha no hospital estadual de saúde mental". Ela olha para seu marido e continua, "Então, sabemos o que está acontecendo com nosso filho. Já sabemos há anos que J.R. é diferente. Ele nunca teve os mesmos interesses que os outros meninos da sua idade". Olhando para mim, ela prossegue: "Ele nos disse que queria ser menina quando tinha 5 anos. É claro que ficamos tristes". Então, olha para seu marido, que concorda com a cabeça. "Porém, nós o amamos e decidimos aceitá-lo como ele é. Um indivíduo transgênero." Assim, ela me olha e diz: "Quando ele chegar na idade, estaremos dispostos a apoiá-lo durante sua transição oficial, com tratamentos hormonais e cirurgias". Michael St. Clair me olha e diz: "Sei que minha mulher está lhe dando uma tarefa árdua, mas acha que pode lidar com essa situação e ainda ensinar nosso filho com amor e sem preconceitos?".

Questões para discussão

1. O que você responderia ao Dr. Michael St. Clair?
2. Quais são seus problemas, suas preocupações e suas dúvidas em relação a ter um aluno transgênero no 6º ano? (Como manter J.R. seguro?)
3. Como você pode preparar seus alunos para serem colegas de um aluno transgênero?
4. Como você lidaria com a situação da supervisora do horário de almoço, que sugeriu que J.R. mudasse o jeito de se vestir?
5. Como você se sente a respeito de pessoas transgênero?

Conselhos de professores experientes sobre... Identidade de gênero

• Quando estávamos na escola, nenhum de nós se lembra de ter crianças questionando sua identidade de gênero. Assim, essa é uma situação nova para todos nós. Porém, diversas vezes tivemos alunos que questionavam sua identidade de gênero.

Percebemos que meninas que se vestem como meninos sofrem menos do que meninos que se vestem como meninas e são afeminados.

- Também percebemos que essa situação é muito complicada para os pais. Dependendo do quão confortável você se sinta em relação aos pais, pode querer lhes perguntar sobre como se sentem com essa situação. Pode sugerir que eles busquem apoio psicológico para lidar com seus próprios sentimentos em relação a isso.
- Lembre-se de que práticas e normas culturais intervêm no gênero, na identidade de gênero e nos papéis dos gêneros. Se os pais solicitam que seu filho não use certa cor de lápis ou certo material como renda ou *glitter* ou então que não escreva sobre certos assuntos, nós os informamos que essa solicitação não pode ser atendida e exigiria que muitos de nós monitorassem a criança de perto. No entanto, se tiveram essa conversa com a criança e ela lembra que seus pais não deixam usar ou fazer certas coisas, então, não iremos intervir.
- Também conversaríamos com nosso diretor para avisá-lo do que pretendemos fazer, pedir-lhe conselhos e perguntar-lhe se gostaria de participar da conversa com os pais.
- Crie serviços de apoio psicológico na sua escola para que haja um profissional que possa ajudar a criança. Essa pessoa tem o treinamento necessário para lidar com questões psicológicas como as apresentadas nos relatos. Confie em sua competência para lhe ajudar a lidar com a criança que estiver questionando sua identidade de gênero, com a turma que, provavelmente, já começou a questionar a situação do colega e com os pais.
- Permita que a criança que estiver questionando sua identidade de gênero mantenha um diário privado no qual somente você pode interagir com ela. O índice de suicídio é alto entre essas crianças, então, precisamos garantir que tenham alguém em quem possam confiar.
- Se colegas estiverem implicando com essa criança, você deve conversar com toda a turma. Sugerimos que mantenha o foco da conversa no ato de implicar, não na criança em questão. (Veja as sugestões sobre *bullying* para outras instruções sobre como conversar ou praticar *role playing*[*] com seus alunos.)

---

[*] N. de R.T.: Ver nota na página 14.

8

Orientação sexual

NÃO É CONTAGIOSO

"Minha festa será na Yoyo's Fantastic Playhouse", diz Miriam empolgada, e meus outros alunos do 3º ano respondem, "Nooossa!". Miriam continua: "Vai ter *pizza*, sorvete, bolo, balões e tudo mais". Olho em volta e vejo rostos sorridentes. Embora eu não conheça a Yoyo's Fantastic Playhouse, ouvi comentários positivos sobre o lugar. Minhas sobrinhas e meus sobrinhos adoram as pequenas montanhas russas, os jogos e a comida. Quando Miriam termina de descrever a festa, pergunto: "Alguma dúvida?". Jose levanta a mão: "Você vai ganhar da sua mãe um monte de fichas para jogar vários jogos e ganhar um monte de tíquetes?". Miriam balança a cabeça: "Sim. Eles me disseram que me darão 50 fichas para eu tentar ganhar o coelhão cor-de-rosa". Novamente, todos dizem em coro, "Nooossa!".

Olho para a turma e pergunto: "Alguma outra dúvida?". Sarah levanta a mão, "Quem você vai convidar?" Miriam olha em volta e diz: "Eu posso convidar toda a turma". Eu lhe alcanço os convites que suas mães me entregaram nesta manhã para distribuir à turma. Quando ela começa a caminhar pela sala e entregar os convites, Jamal diz: "Nossa, Miriam. Isso é caro. Como vocês vão pagar isso?". Os conhecimentos e a curiosidade de Jamal o levarão longe. Miriam solta uma risadinha e diz: "Minhas mamães disseram que posso convidar toda a turma porque minha mamãe Dot trabalha lá". Jamal interrompe: "Ah, bom. Então tá".

Enquanto Miriam continua entregando os convites, pergunto mais uma vez: "Alguma outra dúvida?". Elizabeth levanta a mão: "Você tem duas mães?". Quando olho para Elizabeth, ela parece perplexa, como se estivesse tentando compreender. Miriam, que recém terminou a distribuição, responde: "Sim, tenho duas mães. Uma é a mamãe Dot e a outra é a mamãe Sadie". Quando ela termina de falar, está na frente da sala. Elizabeth, ainda confusa, diz: "Mas eu não entendo como você pode ter duas mães. Não faz sentido". Jamal interrompe: "Por que você não entende, Elizabeth? Ela tem duas mães". Porém, Elizabeth ainda parece não entender. "Mas como ela pode ter duas mães e não uma mãe e um pai?" Jamal balança a cabeça e começa a falar. Mas dessa vez, eu interrompo: "Jamal, deixa que eu respondo".

Olho para Elizabeth e digo: "Algumas famílias têm uma mãe e um pai. Outras têm dois pais e nenhuma mãe. Outras têm duas mães e nenhum pai. Outras têm uma mãe e nenhum pai. Outras têm um pai e nenhuma mãe. Algumas crianças são criadas por seus avós ou tios. E outras vivem em famílias adotivas". Olho para o resto da turma e, então, para Elizabeth. "Você entende, Elizabeth?" Elizabeth me olha e diz: "Acho que sim, Sra. Davis". Volto a olhar o resto da turma e digo: "Alguém mais tem alguma dúvida?". Vejo todos balançarem as cabeças. "OK, alguém tem alguma pergunta para Miriam sobre sua festa?" Novamente, todos balançam as cabeças. Olho para Miriam e digo: "Obrigada, Miriam, por compartilhar isso conosco. E agradeço meu convite". Então, peço que ela volte ao seu assento.

"OK, turma, peguem, por favor, seus livros de matemática e uma folha de papel e abram na página 69. Vamos começar a aula de matemática." Meus alunos do 3º ano resmungam em coro, "Aaaah!".

No final do dia letivo, depois de checar minhas correspondências e falar com alguns amigos, volto para minha sala para me preparar para o passeio de amanhã. Ao me aproximar da sala, vejo Elizabeth e sua mãe, Blanche Davenport, ao lado da porta. "Olá", digo para as duas. Elizabeth corre para me abraçar. "Oi, Sra. Davis." Olho para ela e pergunto: "Você esqueceu algo na sala?". Ela balança a cabeça: "Não. Mamãe quer falar com você". Olho para sua mãe, que pede que Elizabeth vá brincar à mesa para que possa conversar comigo em particular.

"Olá, Sra. Davis", ela diz. "Eu só gostaria de falar rapidinho com você sobre o convite que Elizabeth recebeu hoje." Concordo com a cabeça e digo: "Ah sim, a festa da Miriam". Ela confirma, "Sim. Estou em dúvida se devo deixar Elizabeth ir a essa festa. Quer dizer, sua família não é *gay*?". Olho para ela e respondo: "Sim, é". Ela diz, "Então, você provavelmente entende minha preocupação. Quer dizer, não quero que Elizabeth vire *gay* como a Miriam...".

Questões para discussão

1. O que você diria a Blanche Davenport após esse comentário?
2. Faz parte de suas responsabilidades convencer a mãe de Elizabeth a deixá-la ir à festa? Explique sua resposta.
3. Se um aluno lhe fizesse perguntas como as de Elizabeth, como você responderia?
4. Quais são os aspectos positivos e negativos de você participar das festas de seus alunos?
5. O que você faria se Miriam e sua família não planejassem convidar a turma toda?

JAMES BALDWIN — MEU HERÓI

"OK, turma do 6º ano. Vamos nos acalmar", digo. Levanto minha mão aberta para indicar que eles têm 5 segundos para ficarem quietos. Deixo passar uns 3 segundos antes de baixar o primeiro dedo. Quero garantir que eles terão tempo suficiente para ficarem quietos e arrumarem suas coisas. Quando sobram apenas dois dedos, todos me olham, prontos para começar as apresentações orais sobre as biografias de afro-americanos que realizaram feitos importantes para melhorar a vida de outras pessoas. Olho para a turma, balanço a cabeça e digo: "Bom trabalho! Colocarei mais cinco cubos em nosso pote". Posso ouvi-los se cumprimentando enquanto coloco cinco cubos no nosso pote da Festa da Pipoca.

Depois, folheio os papéis em minha prancheta até encontrar aquele com as datas e os horários das apresentações. Então, anuncio: "OK, hoje ouviremos James, Stephanie e Ryan". Olho para a mesa 5 e James se levanta e pega seu painel dobrável na parede do fundo da sala. "Senhoras e senhores, com vocês, James Hendricks". Os meninos e as meninas começam a aplaudir enquanto James caminha para a frente da sala.

Após pendurar no cavalete seu pôster com o nome James Baldwin escrito no topo, ele endireita seus ombros, olha para cada mesa e limpa sua garganta antes de falar. "Hmm", ele começa. "Ah, desculpa. Eu não posso falar 'hmm'", ele diz, olhando para mim apavorado. Sorrio para James. "Tudo bem, James. Pode continuar." James respira fundo e começa a falar com a turma. "Eu escolhi o James Baldwin por três razões principais. Primeiro, James Baldwin era escritor, e todos vocês sabem que quero ser escritor." James me olha e pisca. Aceno com a cabeça e pisco de volta. "Segundo", ele continua, "seu nome é James. Não tem erro com um nome tão bonito assim". A turma começa a rir, e eu também. E, como se voltasse à realidade, ouço James dizer: "James Baldwin nasceu no Harlem, em 2 de agosto de 1924. Ele tinha nove irmãos e irmãs e, por sinal, era o mais velho, assim como eu". Olhando para suas fichas, ele continua: "Ele cresceu em uma família pobre e, conforme as informações que encontrei, vivia com sua mãe e um pai adotivo rigoroso". Ele olha para a turma e diz: "Ele não conhecia seu pai verdadeiro e era filho de mãe solteira em uma época em que isso não era comum". Concordo com a cabeça. "Mas depois ela casou com um homem que adotou James e lhe deu seu sobrenome, Baldwin". Olhando novamente para suas anotações, ele continua: "Então, ele não se dava bem com o pai adotivo, mas eles tinham algo em comum". Trocando a perna de apoio, James prossegue "Seu pai adotivo era pastor e, por três anos, James Baldwin também foi". Arregalo os olhos e digo: "Nossa, não sabia disso". James balança a cabeça, "Nem eu. Foi uma boa surpresa ver que temos tanto em comum".

Ele olha para os colegas e diz: "Meu pai também é pastor". Observando a turma, continua: "Alguns de vocês frequentam a nossa igreja". Muitos alunos concordam com a cabeça. Laila levanta a mão e pergunta: "Você acha que sua vocação é ser pastor? Minha avó diz que isso está no sangue". James inclina a cabeça para o lado e responde: "Olha, não sei. Não sei o que é uma vocação". Trocando a perna de apoio, continua: "Eu acho que vou sempre evangelizar, mas pregar? Não sei". Muitos outros levantam as mãos, e preciso interromper essa conversa tão interessante. "OK, pessoal. Vamos deixar o James terminar sua apresentação e depois poderemos fazer perguntas a ele". James concorda e continua.

"James Baldwin, inclusive, foi a Greenwich Village, em Nova York. Foi lá que ele conheceu Richard Wright, outro famoso escritor afro-americano." Mais uma vez, fico positivamente surpresa, mas não digo nada. Da outra vez, acabei levando os alunos a falarem também. "Enquanto estava em Nova York, James conseguiu algum dinheiro e, em 1948, foi para Paris." James olha para a turma e diz: "James Baldwin pôde refletir sobre como as coisas iam mal nos Estados Unidos enquanto estava do outro lado do oceano. Racismo, pobreza, coisas assim". Inclinando novamente a cabeça, ele diz, "Acho que, um dia, vou para lá também. Parece um lugar empolgante e para onde todo escritor deve ir alguma vez na vida". Então, nos 7 minutos seguintes, James nos conta sobre a vida, as provações e tribulações de James Baldwin.

Faltando 5 minutos para encerrar a apresentação, James se vira de costas e começa a apontar para seu painel. Nele há uma lista com vários livros escritos por Baldwin. James limpa a garganta e continua: "Ele escreveu *Go tell it on the mountain* em 1953, *Notes of a native son*, em 1955, *Giovanni's room*, em 1956, *The fire next time*, em 1963, *If Beale Street could talk*, em 1974, e *The evidence of things not seen*, em 1985". James abaixa a cabeça e diz: "Infelizmente, não consegui ler nenhum dos livros porque minha mãe ficou em dúvida se seriam apropriados para a minha idade. Mas assim que eu puder, vou ler alguns deles porque parecem muito interessantes". Olhando para suas anotações, James diz, em tom mais sóbrio: "James Baldwin morreu em 30 de novembro de 1987, de câncer no estômago. Ele está enterrado no estado de Nova York". James olha para o relógio e diz: "Concluindo, James Baldwin foi um grande homem. Ele foi ativista dos direitos civis e tinha o nome mais legal da face da terra".

Percebendo que não haveria tempo para perguntas, anuncio, "James, você fez um ótimo trabalho". Meus alunos começam a aplaudir. Quando param, continuo: "Mas não temos muito tempo, então, deixaremos as perguntas para depois do almoço". Yuri, sacudindo sua mão, diz: "Mas o James disse que tinha três razões para ter escolhido James Baldwin e só nos disse duas". Concordo com a cabeça. Já que isso não ocuparia muito tempo, olho para James e pergunto, "E qual é a sua terceira razão?". James se levanta, ajeita os ombros, limpa a garganta e diz: "Porque ele era *gay*, assim como eu".

Questões para discussão

1. O que você diria a James depois dessa revelação?
2. O que você diria aos seus alunos depois da apresentação de James?
3. No futuro, o que você poderia fazer, como professor, para se preparar melhor para surpresas como essa?
4. Quais tipos de serviços de apoio você buscaria para James após sua declaração?
5. Cite outros personagens históricos que sejam *gays*, lésbicas, bissexuais ou transexuais. Em sua opinião, é importante que seus alunos saibam sobre a sexualidade ou identidade de gênero dessas pessoas?

O QUE É UMA SAPATÃO?

"Sra. Jones", escuto vários dos meus alunos do 5º ano gritarem enquanto observo o pátio durante a supervisão do recreio da tarde, "Ganhamos!". Brandon continua gritando enquanto ele, Alex, William, Steven, Brad e Makayla correm em minha direção com uma bola de basquete. "Muito bem", digo para eles. "Ganhamos do 6º ano", Makayla diz radiante de orgulho. Olho para eles surpresa: "Vocês ganharam da turma do Sr. Romano?". Makayla torce a boca e diz, rindo: "Ah, não, ainda não estamos prontos para enfrentar eles. Ganhamos da turma da Sra. Rohn". Steven interrompe: "Mas não se preocupe. Logo estaremos prontos. Estamos melhorando a cada dia". Faço um sinal de aprovação e sorrio para eles. A campainha toca, indicando o fim do recreio, e sigo os seis até nossa fila na porta da sala de aula.

Ao voltar para a aula, eles contam para todos sobre a sua vitória. "Aí eu fui lá e bloqueei a jogada como uma profissional", Makayla diz a Gretchen, mostrando exatamente como fez o bloqueio. Alex interrompe, "Lembra quando você driblou passando a bola entre as suas pernas e arremessou. Eles nem esperavam por isso". Makayla e Alex batem as mãos e vão até outras mesas contar aos colegas sobre sua vitória. Para controlar a situação e permitir que se acalmem, anuncio: "OK, pessoal. É hora de relaxar e se acalmar. Vocês podem beber água e deitar a cabeça na mesa por alguns minutos para relaxar". Alguns bebem água das garrafinhas em suas mesas, outros fazem fila para pegar água no bebedouro da nossa sala. Após 1 minuto, anuncio: "Depois de nos acalmarmos e da leitura em silêncio, faremos o teste de ortografia. Então, vão se preparando".

Enquanto a turma relaxa e lê, corto folhas de papel ao meio. Localizo as palavras para o teste e deixo-as ao lado. Enquanto pego meu próprio livro, ouço vários alunos discutindo o jogo de basquete do recreio. Viro-me e olho para as mesas. É claro que é a de Brandon, William, Steven, Alex, Brad e Makayla. Levo o dedo à boca para sinalizar que devem fazer silêncio. Todos voltam a ler seus livros.

Parando para pensar, lembro que esses seis alunos têm sentado na mesma mesa desde o início do ano. Na verdade, eles são melhores amigos desde a pré-escola. Fiz com meus alunos uma atividade de "Conhecendo melhor" para que se apresentassem para a turma no primeiro dia de aula. Os seis imploraram que eu os deixasse fazer sua apresentação juntos. Durante a apresentação, que fizeram cantando *rap*, descobrimos que queriam sentar juntos porque estavam nos mesmos times esportivos e todos adoravam jogar futebol, beisebol e, é claro, basquete. Devo admitir que fiquei preocupada em deixar apenas uma menina naquela mesa, mas logo vi que Makayla tinha desenvoltura suficiente.

Makayla. Sorrio ao pensar no quão forte e autoconfiante ela é. Em meus três anos como professora, nunca vi uma aluna com a habilidade atlética de Makayla. Ela é a mais rápida, é ágil, tem braços fortes e sabe tanto criar estratégias como se defender. Durante uma reunião de pais e professores, a mãe de Makayla me disse que sua filha sempre gostou de brincar com meninos e que, se eu conseguisse fazê-la usar um vestido para as fotos da turma, ela ficaria muito orgulhosa. Bem, ela se recusou a usar um vestido, mas a foto ficou bonita mesmo assim.

Após a leitura em silêncio, olhei para a tabela de tarefas da turma e vi que a Makayla era a "distribuidora de folhas" da semana. "Makayla", digo, "Por favor, distribua as folhas para o teste de ortografia". Ela começa nas fileiras da frente. "Senhoras e senhores", continuo, "Por favor, peguem um lápis e numerem as folhas de 1 a 20. Não se esqueçam de colocar seus nomes, a data e seus números de matrícula no topo". Ao observar a sala para conferir que estão seguindo as instruções, vejo as meninas da mesa frontal à direita cochichando entre si. Percebo que Sarah e Margie fecham suas narinas como se estivessem sentindo um cheiro ruim. Antes de eu dizer qualquer coisa, Makayla interrompe meus pensamentos, "Pronto, Sra. Jones. Distribuí todas as folhas". Makayla caminha para seu assento no fundo da sala e começa a escrever em sua folha.

Após o teste de ortografia, meus alunos se preparam para voltar para casa. "Senhoras e senhores", digo, "Tenham um ótimo fim de semana". Nesse momento, a campainha toca e meus alunos fazem fila; então, os levo para a frente da escola. Quando estão todos indo para suas casas, respiro fundo. "Nossa", penso, "Estou cansada. Talvez um banho de banheira me faça bem". Então, sinto alguém tocar no meu ombro. Viro-me e vejo Makayla, e seu olhar me diz que algo não está bem. Ela diz, "Sra. Jones, não sei se devo ficar brava ou não, mas as meninas da turma estão sempre me chamando de sapatão". Makayla larga sua mochila e pergunta: "Sra. Jones, o que é sapatão?".

Questões para discussão

1. O que você diria a Makayla?
2. Como você definiria "sapatão" para Makayla?
3. O que você diria para as meninas da turma que chamam Makayla assim e quais atitudes você tomaria?
4. Que tipos de atividade/lições você pode realizar para estimular seus alunos a aceitarem as diferenças?
5. Que tipos de atividade você poderia fazer com os pais de seus alunos para ajudá-los a conversar com seus filhos sobre aceitar as diferenças?

Conselhos de professores experientes sobre... Orientação sexual

- Preocupamo-nos muito com o fato de que crianças e adolescentes homossexuais têm um índice de suicídio muito mais alto do que crianças e jovens heterossexuais. Assim, é fundamental garantir que todos os nossos alunos, especialmente aqueles que estiverem questionando sua orientação sexual, tenham um ambiente escolar confortável e seguro. Entendemos que isso é mais fácil na teoria do que na prática em algumas cidades, comunidades e tipos de escolas, e ainda mais difícil e aparentemente impossível em outras. No entanto, nossa tarefa é educar e cuidar de TODOS os nossos alunos e proporcionar o ambiente de aprendizado mais seguro e acolhedor possível.
- Incentivamos que você tome atitudes imediatas em relação a qualquer implicância ou *bullying* com alunos homossexuais, meninas que pareçam mais masculinas e

meninos afeminados. Alguns alunos de ensino médio e superior já relataram terem sido agredidos pelos colegas desde o ensino fundamental por causa da maneira como se vestiam, caminhavam, falavam ou porque preferiam seu próprio gênero. Alguns consideraram ou tentaram suicídio, fugiram de casa ou começaram a usar drogas para lidar com esse tormento. Você deve, com base na maneira como lida com seus alunos, tomar atitudes imediatas e consistentes. Nenhum tipo de implicância ou *bullying* pode ser tolerado.

- Percebemos, como professores, que as meninas masculinas sofrem menos para se adaptar e se relacionar com seus colegas do que os meninos afeminados. Assim, você pode prestar um pouco mais de atenção nos meninos afeminados, a fim de garantir que estejam seguros no pátio, no almoço e, inclusive, na sala de aula.
- Há limites rigorosos para a expressão sexual de crianças no ensino fundamental. Nenhum de nós deu aula em escolas onde esses alunos pudessem se beijar, dar as mãos ou mesmo agir como casal. Como professores, precisamos respeitar isso, seja menino com menina, menina com menina ou menino com menino.
- Permita que a criança que estiver questionando sua orientação sexual ou que já tenha certeza de sua homossexualidade mantenha um diário secreto no qual você é a única pessoa que interage. O índice de suicídio é alto entre essas crianças, então, precisamos garantir que tenham alguém em quem possam confiar.
- As famílias dessas crianças podem entender ou não a situação de seus filhos. Começaríamos pedindo ao orientador educacional conselhos sobre como lidar com essa situação em relação aos pais, ao resto da turma e à própria criança homossexual.

9

Bullying

EU SIMPLESMENTE NÃO AGUENTO MAIS

"Sra. Stevens", diz Danny, um aluno do 5º ano que é tímido e acima do peso, enquanto pego meu apito, "Eu poderia ser o juiz do jogo de *softball*?". Sempre que começa a aula de educação física, ele se oferece para ser juiz. "Danny", digo, "É importante que todos se exercitem. Então, você precisa entrar em um time, como todo mundo". Danny perambula, olhando para o chão. "OK, turma", digo, "Vamos fazer uma fila para a educação física".

"Hmm", diz Justin respirando fundo, "Eu escolho a Violet". Posso ouvir o outro time resmungando baixinho. "Com licença", digo, "vocês sabem que vou guardar o equipamento de *softball* e que vamos voltar para a sala de aula se eu ouvir isso de novo". Justin e Samantha, a capitã do outro time, tentam silenciar seus colegas. "OK, Samantha", continuo, "quem você escolhe?". Samantha pensa um pouco e diz: "Acho que Sylvester". Vejo que o time de Justin está bem chateado, mas eles sabem que posso acabar com o jogo de *softball* antes mesmo que comece. "OK, e Danny, você está no time de Justin." Danny não levanta a cabeça. Percebo que está envergonhado. Odeio essa parte da educação física.

Posiciono-me entre os times, jogo a moeda e digo para Justin escolher cara ou coroa. "Cara!", ele grita. Quando a moeda bate no chão, olhamos e digo: "O time de Justin começa".

Ao voltarmos para a sala depois de 35 minutos, as crianças estão cansadas, então desligo as luzes para relaxarem. Muitos estão bebendo água nas garrafinhas que trouxeram de casa; outros estão em fila para pegar água.

"Não acredito que perdemos", diz Patrick. "Aposto que se o Danny não estivesse no nosso time...". Interrompo-o antes que continue. "Patrick, vire o seu cartão. Não irei tolerar que menospreze qualquer colega." Enquanto Patrick vai até o mural para virar seu cartão, olho para Danny, cuja cabeça está deitada na mesa. Seu pobre rostinho está roxo depois de tanto tempo correndo. Ele se esforçou tanto para chegar à base do batedor, mas Marsha é uma meio-campo fantástica e joga a bola com tanta velocidade que ele foi retirado do jogo antes de chegar à base do batedor.

"Alunos do 5º ano", digo enquanto Simone, a última da fila, bebe sua água, "Quero que peguem seus diários e escrevam durante 15 minutos antes do almoço". Os alunos empurraram rapidamente suas cadeiras para trás, pegam seus cadernos e um lápis, e a maioria começa a escrever. "E lembrem-se, embora eu também esteja escrevendo, posso ver e ouvir vocês. Quero que todos façam a tarefa, sem incomodar os vizinhos. Se houver um problema, levantem a mão para me fazer a pergunta. Para cada grupo que conseguir se comportar bem, acrescentarei quatro pedras em nosso pote da turma." Eles começam a se agitar um pouco. Há uma Festa da Pipoca envolvida nessa atividade comunitária. "Alguma dúvida?" Ninguém levanta a mão, e digo, "Podem começar o trabalho".

Também começo a escrever em um caderno quando meus alunos escrevem. Assim, dou a eles um modelo de bons hábitos de escrita. "Sra. Stevens", Danny interrompe enquanto escrevo: "Posso ir até aí?". "É claro, Danny", respondo. Danny caminha devagar até a mesa onde estou sentada. Sorrio e pergunto: "Como posso ajudar, querido?". Seu rosto ainda está vermelho. Ele abre meio sorriso e diz: "Ainda estou com muito calor e minha garganta dói. Você acha que preciso falar com a enfermeira?". "Não", respondo, "Acho que você vai ficar bem. Por que você não pega seu diário e senta aqui? Eu ligo meu ventilador, já que estou com um pouco de calor também". Danny sorri e diz: "Obrigado, Sra. Stevens", e volta para sua mesa para pegar seu caderno e seu lápis enquanto ligo o ventilador. Nos 14 minutos seguintes, todos escrevemos em nossos cadernos.

Como de costume, durante o almoço na sala dos professores, sento ao lado de meus bons amigos e colegas Yolanda, Kendra e Dustin. "Por que seu rosto está tão vermelho?", Yolanda pergunta. "Nós estávamos lá fora jogando *softball* e o calor estava forte", respondo. "Ahh!" Dustin começa: "Eu odiava as aulas de educação física". Termino de engolir um pedaço de sanduíche e pergunto: "Por quê?". Dustin me olha e responde: "Porque eu era gordinho e os colegas sempre implicavam comigo na hora de jogar. É complicado ser uma criança gorda", ele diz enquanto corta seus tomates. "Sabe", respondo, "Meu aluno Danny está acima do peso. Sempre que vamos para a aula de educação física, ele implora para ser o juiz". Dustin volta a me olhar e pergunta: "Você deixa?". Respondo que não: "Todos precisam se exercitar, então quero que ele participe".

Balançando sua cabeça, Dustin diz, com um olhar sério, "Mas olha, o que você não entende, e talvez não veja, é que as crianças provavelmente estão implicando com ele. Sei bem que implicavam comigo". Ele larga sua faca e continua: "Lembro que meu professor do 6º ano, o Sr. Schmidt, era um jogador famoso de futebol no ensino médio e na faculdade. Quando eu não conseguia completar a corrida em certo tempo, ele me fazia repetir. Lembro-me de sentir que ia morrer porque não conseguia mais respirar. E ele por acaso nos ensinou a respirar corretamente? Nããão. Mas estava lá para gritar porque eu não corria rápido o suficiente". Dustin pega seu garfo e mexe em sua salada. "E quando tínhamos de esperar na seleção dos times...". Ele joga as mãos pra cima e diz: "Meu Deus!! Era a pior parte!". Ainda olhando para baixo, Dustin continua: "Lembro-me de me esforçar tanto às vezes, mas nunca conseguir. É um inferno ser gordinho".

Fico sentada pensando sobre o que Dustin diz. "Mas você não acha que ele precisa se exercitar?" Dustin concorda, "É, e não sei como pode resolver isso. Só sei que é uma situação complicada". Então, escuto chamarem meu nome. O Sr. Gaines, secretário da escola, avisa: "Um dos seus alunos está na sala da enfermeira". Guardo o resto do meu almoço e vou até lá. Danny, com o rosto novamente roxo, está sentado chorando.

"Danny, o que aconteceu?", pergunto. "Eles ficaram bravos comigo porque perdemos de novo", ele responde enquanto tenta respirar. "Eles disseram que se eu perdesse o jogo, eles iriam me bater." Surpresa, digo, "Danny, por que você não me disse?". Confuso, Danny responde com naturalidade, "Porque eles vão me bater". Ele continua chorando e diz: "Eu adoro jogar *softball* com a minha família, mas odeio jogar com a turma. Eles sempre gozam de mim, roubam meu almoço, me passam rasteiras e me batem". Danny respira fundo e continua: "Eles cospem em mim, jogam comida, puxam meu cabelo e dizem que vão me bater". Ele se inclina e apoia a cabeça em meu braço esquerdo, ainda chorando.

Quando vou abraçá-lo, vejo Dustin na porta. Nesse momento, em um tom baixo mas firme, ouço Danny dizer: "Eu simplesmente não aguento mais. Não aguento mais". Então, a campainha toca, indicando o final do almoço.

Questões para discussão

1. Após Danny dizer que não aguenta mais, você se preocuparia? Com o quê?
2. O que você faria com os alunos que ameaçaram Danny?
3. Como professor, você consegue pensar em maneiras melhores de dividir os times?
4. Quais os aspectos positivos e negativos de Danny não participar da educação física?
5. Você contataria os pais de Danny? Se sim, o que diria a eles? Se não, por quê?

O GUARDIÃO DO MEU IRMÃO

"Olá, Sra. Felix. Meu irmão já está pronto?" Olho para a porta, reconhecendo a voz. "Ah, olá, Josh", respondo. Josh foi meu aluno na pré-escola. Agora ele é um alto e exuberante aluno do 6º ano. Olho para a sala novamente e vejo Johnny brincando com os caminhões do grupo de teatro. Ele está com sua mochila, seu casaco, chapéu e luvas. "Acho que está pronto", respondo. Infelizmente, embora Johnny esteja com todo o seu material, ele não está pronto para ir embora. Ele simplesmente adora brincar com esses caminhões. Johnny faz beiço e começa a resmungar quando Josh lhe diz que é para ir para casa. "Johnny", eu digo, "você pode brincar com os caminhões amanhã. Garanto que você terá um tempo para brincar com eles". Johnny logo para de fazer beiço e resmungar para perguntar, "Você promete?". Levanto dois dedos e digo com uma expressão séria: "Prometo". Assim, Josh e Johnny vão para casa.

No dia seguinte, quarta-feira, não preciso supervisionar o pátio. Meus alunos sabem que, se eles se comportarem bem na segunda e na terça-feira, na quarta eles podem ir ao pátio antes da aula ou brincar na sala com nossos brinquedos educativos. Com uma respiração cansada de quem está em uma missão, Johnny chega cedo com Josh. "Oi, Sra. Felix", diz Josh, "Aqui está o Johnny". Johnny abana rapidamente para mim e corre para o seu escaninho para deixar sua mochila. Depois de pendurar seu casaco, seu chapéu e suas luvas, ele faz uma fileira com os caminhões. "Johnny", Josh diz: "Você não pediu à Sra. Felix se poderia brincar com os caminhões". Johnny levanta o olhar rapidamente e diz: "Mas você prometeu, lembra?". Ele me olha com seus olhões castanhos. "Sim, eu lembro", respondo, enfatizando o "le" em lembro.

Enquanto Johnny continua jogando, pergunto a Josh como vão as coisas. Ele dá de ombros e diz: "Está tudo bem, Sra. Felix". Eu olho em seus olhos. Algo me diz que não está tudo bem. Então, olho bem para Josh e percebo que ele tem um machucado na bochecha direita e um arranhão na outra. "Josh", digo, "Como você ficou machucado e arranhado no rosto?". Seus olhos se arregalam e ele diz: "Ah, eu, hmm, estava jogando, hmm, futebol, e hmm, me derrubaram". Coloco a mão em seu queixo e viro seu rosto de um lado para o outro. Assim, posso ver melhor as feridas. Embora eu ainda sinta que há algo errado, sua explicação é plausível. Então, olho para Josh e digo: "Você sabe que se algo não estiver bem, você sempre poderá falar comigo, né?". Ele me olha e sorri. "Sim, Sra. Felix". Então, Josh se vira e diz: "Preciso ir para a minha sala para deixar meu material". Antes de sair da sala, reitero meu comentário: "Você sempre pode falar comigo, viu". Josh balança a cabeça e sorri, saindo da sala.

"Vruuuuuum". Ouço Johnny brincando no grupo de teatro. Vários outros alunos já estão na sala de aula. Vou até Johnny. "Você realmente adora esses caminhões, Johnny." Ele está sorrindo e obviamente se divertindo. "Vruuuuum", ele responde, segurando um caminhão azul. Acho que isso é um "sim".

Relembrando minha conversa com Josh, pergunto a Johnny: "Então, como vai seu irmão, Johnny?". Ele mal levanta o olhar e diz: "Não sei". Então, abre um grande sorriso e volta a brincar com o caminhão. É claro que conversar com crianças da pré-escola é mais difícil do que eu esperava. Especialmente uma criança que está brincando com seu caminhão preferido.

"Johnny", tento novamente. E então desisto. Ele está tão envolvido com o caminhão que parece inútil continuar. Porém, ao me virar para sair, Johnny diz, "Sra. Felix, o que é *bullying*?". Fico surpresa com sua questão um tanto madura e pergunto, "Por quê?". Johnny larga seu caminhão e diz: "Josh disse para a minha mãe que o Chris e o Mark fazem *bullying* com ele. O que isso significa?".

"Bem", digo, tentando pensar em palavras que ele entenda, "Significa que eles não estão sendo legais com ele. Você sabe se Josh contou para seu professor, o Sr. Marks?". Johnny pega seu caminhão e diz: "Isso eu não sei". Ele volta a brincar com o caminhão azul como se nada houvesse acontecido.

Em minha mesa, logo anoto o que Johnny acaba de me falar. Então, no grupo de teatro, Johnny se levanta e corre até a minha mesa ainda segurando o caminhão. "Ah, Sra. Felix. Tenho outra pergunta." Assim que a campainha toca, ele diz: "Hmm, o que é um canivete automático? Porque meu irmão mais velho *dizeu pro* Josh colocar um na mochila hoje".

Questões para discussão

1. Qual seria sua responsabilidade legal após saber que uma criança tem um canivete automático dentro da escola?
2. Como você contataria seu diretor e o Sr. Marks, considerando que a campainha recém tocou?
3. Quais entidades deveriam ser incluídas nessa situação?
4. Quais são os resultados possíveis (bons e ruins) dessa situação?
5. Que tipo de ajuda está disponível para crianças como Josh e como Chris e Mark?

QUEM ESTÁ FAZENDO *BULLYING*?

Linda, uma aluna do 4° ano, corre até mim durante o recreio da manhã. Ela está ofegante e olha para trás enquanto corre. "Opa!" digo levantando as mãos, "devagar, Linda. Qual é a pressa?". Linda se reclina e tenta recuperar o fôlego. "Sra. Montgomery, a Marquita está fazendo aquilo de novo. Ela não me deixa em paz. Hoje ela até chamou os amigos do 6° ano para me perseguir. Eles me seguiram até aqui, até verem a senhora". Olho sobre Linda e não vejo Marquita nem seus amigos do 6° ano. "Aquela menina me odeia", ela continua, "Ela *tá* sempre implicando comigo". Linda baixa a cabeça e começa a chorar compulsivamente.

A situação entre Marquita e Linda está assim já faz um mês. Há várias semanas, falei com Marquita, e, segundo ela, "aquela menina me irrita. Ela está sempre me incomodando. Falo para ela me deixar em paz, mas ela sempre continua". Quando falei com Linda sobre o que Marquita disse, ela disse que Marquita estava "mentindo porque ela não quer ser castigada". Obviamente, a situação ainda não se resolveu.

Após alguns segundos de choro sem lágrimas, Linda olha para onde Marquita está, coloca as mãos na cintura e põe a língua para fora. "Linda", eu digo, "Marquita nem está olhando para você". E, após pensar mais um pouco, acrescento, "É isso que você faz com ela?". Os olhos de Linda se arregalam e ela diz, em um tom suave e inocente: "Ah, não, Sra. Montgomery. É ela que sempre me incomoda". E continua seu choro sem lágrimas.

Balançando a cabeça para retomar o foco, olho para Linda e decido que basta. Se Marquita está fazendo *bullying* com Linda, isso poderia levar a sérios problemas. "Linda, quero que você almoce comigo hoje para evitar essa situação. Conversarei novamente com Marquita e com o Sr. Carson para acabar com isso." Linda começa a se animar. "Poderei almoçar na sala com você. OK, Sra. Montgomery." A campainha toca indicando o final do recreio da manhã. "OK, querida", digo a Linda, "Agora vá para a fila".

O resto da manhã passa sem problemas. Linda está feliz de um jeito que não vejo há muito tempo. Durante o almoço, assim como combinei com meus alunos, eles podem ficar na sala comigo. A maioria deles fica, mas, depois de comer, sai para o pátio. Linda está prestes a se levantar para sair quando digo: "Linda, a principal razão pela qual pedi que você almoçasse comigo é porque queria que conversássemos com o professor de Marquita, o Sr. Carson, sobre o problema que você está tendo com ela". Linda olha em volta e faz um beiço. "Mas, Sra. Montgomery, eu quero muito jogar bola." Então, ela me olha com aqueles olhões tristes e diz: "Por favor, Sra. Montgomery. Prometo me comportar bem. Ficarei longe da Marquita e tudo mais". Concordando com a cabeça e percebendo que preciso ir ao banheiro, respondo: "OK. Mas se ela continuar lhe incomodando, fale com a supervisora do meio-dia, a Sra. Nancy". Linda abre um sorriso e diz: "OK, eu prometo". Assim, ela sai da sala e vai para o pátio.

Olho para o relógio e percebo que tenho uns 8 minutos ainda antes que a campainha toque indicando o fim do intervalo de almoço. Ao abrir a porta da sala dos professores, encontro Mark Carson, professor de Marquita. "Olá, Mark. Gostaria de falar com você sobre uma de suas alunas." Ele inclina a cabeça e diz: "Qual delas?". "Marquita", respondo. "Todos os dias depois do almoço e na maioria dos intervalos, Linda volta para a sala dizendo que Marquita sempre implica com ela." Mark parece confuso, então, pergunto, "Marquita falou algo para você?". Ele sorri e diz: "Sim, mas a história é um pouco diferente. Ela me disse que Linda está sempre incomodando e irritando ela". Nesse momento, a campainha toca. Droga! Terei de esperar até o final da aula para ir ao banheiro. Olho para Mark e digo: "Preciso voltar para a sala. Continuamos essa conversa depois". Mark me olha e responde: "Sem problema".

Em vez de ir direto para a sala, vou até o pátio para chamar os alunos que deveriam estar na fila e prontos para voltar para a aula. Quando chego, fico surpresa ao não ver Linda na fila. Olho para a entrada do banheiro feminino e vejo Linda na frente de Marquita. Ela está com as mãos na cintura, virando o pescoço, apontando para a cara de Marquita e botando a língua para fora. Então, vejo que Marquita olha para Linda diretamente nos olhos e diz: "Olha aqui, menininha. Eu posso bater em ti prá valer. Sai já da minha frente!".

Questões para discussão

1. Qual seria sua primeira reação?
2. Qual das histórias você acha que é verdadeira sobre Linda e Marquita?
3. O que você diria a Linda?
4. O que você diria a Marquita?
5. O que você diria aos pais de Linda?

Conselhos de professores experientes sobre... *Bullying*

- Faça uma regra contra *bullying* em sua turma. Seja bem específico. Use o termo e explique o que é *bullying*, como ocorre, como as pessoas se sentem e ao que pode levar. Então, seja firme e consistente quanto às consequências para aqueles que o praticarem.

Diga também às crianças que elas precisam lhe contatar caso um colega esteja sofrendo *bullying*. Devemos estimulá-las a não ficarem quietas sobre essa situação tão séria.

- Considerando o ocorrido em Columbine[*] e todos os outros tiroteios em escolas, lidar com o *bullying* é muito importante. O *bullying* é uma forma de violência e pode levar à morte. As crianças podem matar outras ou mesmo se matar. Pratique *role playing*[**] no início do ano letivo e inclua vários contextos de *bullying*; assim, você pode ter uma conversa aberta sobre o assunto.
- Pergunte aos pais qual conselho deram aos filhos sobre como reagir ao *bullying* ou a um agressor. Bater de volta, ir embora, etc. Essa informação pode explicar o comportamento da criança.
- No caso de Danny, acreditamos que você deva lidar com isso diretamente. Peça para ele sair da sala e fale com a turma sobre o que você viu e ouviu. Pergunte, "Como vocês acham que Danny se sente?". Conte à turma o que você observou nas interações com Danny. Faça exercícios de *role playing*. As crianças precisam aprender a ter empatia. Sugestão: estimule-os a ajudar Danny a melhorar no jogo. "Por que vocês não o ajudam praticando corrida para que ele adquira mais velocidade?"
- Não deixe seus alunos escolherem as equipes. Divida-os aleatoriamente em dois grupos, conforme sua posição na sala de aula ou em pares e ímpares após atribuir um número a cada um. Senão, os mais atléticos e populares sempre serão escolhidos primeiro. Pare, também, de contar os pontos. Eles estão jogando por diversão e para se exercitar. Uma só pessoa não pode fazer uma equipe inteira perder. O que significa ser uma equipe?
- Se uma criança trouxer uma arma para a escola mas não for seu aluno, contate seu professor e a direção imediatamente.
- Se uma criança estiver sofrendo *bullying*, ligue para seus pais para obter mais informações. Talvez eles saibam quem são as crianças que o estão provocando.
- Contate os pais dos alunos que estiverem praticando *bullying*. Conte para eles o que está acontecendo. Estimule que conversem com seus filhos sobre a situação.
- O que você diria a Johnny? Deixe claro que nem ele, nem seu irmão serão castigados. Diga que ele fez a coisa certa ao avisar a professora.
- Se você tiver um aluno que trouxe uma arma para a escola, pratique, quando esse aluno estiver suspenso, um exercício de *role playing* com a turma. O que poderia ter acontecido se a criança usasse a arma? Chame também o diretor para conversar com a turma.
- Quando há crianças implicando com outras, comece por quem estiver causando o problema. Seja sincero, dizendo, "Vi você fazer isso ou aquilo". Explique que a implicância pode chegar a um ponto no qual não haverá controle sobre a reação da outra criança. Pergunte, "Você sabe por que isso aconteceu? O que você pode fazer para que essa situação não se repita?".
- Se a criança agressora tiver um irmão mais novo, relacione essa situação com o problema que estiver causando. Crianças podem não perceber que estão incomodando outras, mas talvez percebam o que estão fazendo ao relacionarem o problema na escola com sua própria relação com um irmão mais novo.

---

[*] N. de R.T.: No massacre de Columbine, ocorrido em 1999, dois alunos de 17 e 18 anos dispararam tiros contra colegas e professores e explodiram bombas na escola de ensino médio Columbine, no estado americano do Colorado, deixando 13 mortos e 27 feridos. Após o ataque, os dois jovens cometeram suicídio. O ataque inspirou o documentário *Tiros em Columbine*, do cineasta Michael Moore, que aborda a violência e o uso de armas de fogo no Estado Unidos.

[**] N. de R.T.: Ver nota na página 14.

10

Abuso infantil

QUE MENINO!

"Meninos!" Sopro o apito e, então, grito para o grupo de alunos do 3º ano perto do escorregador, "Por favor, saiam do caminho para que Justin possa descer com segurança". Shawn, um dos meus alunos do 2º ano do ano passado, faz sinal positivo e grita: "Sem problema, Sra. Merritt". Então, abre um grande sorriso e ele e seus amigos se afastam para o lado do escorregador.

Enquanto observo as crianças durante a supervisão do pátio, cuido para não ficar de costas para os brinquedos. Lembro-me de quando ainda não tinha me formado e uma de minhas amigas, Morgan, também professora em formação, não conseguiu evitar que uma criança pulasse de cima do escorregador e quebrasse o braço e a perna porque ela estava de costas falando com outros alunos. Quando chegou o momento de preencher o relatório oficial, ela não podia relatar nada, pois não havia visto nada. Mas não me entenda mal. Sei que professores não têm olhos nas costas, mas Morgan ainda tem problemas e se sente culpada por causa desse único erro. Então, caminho pelo pátio como uma policial.

Sopro o apito novamente, e logo vou até as meninas que estão na frente dos balanços. "Meninas", grito, "vocês estão muito perto dos balanços. Por favor, andem um pouco para trás para não se machucarem". As duas meninas dão alguns passos para trás e continuam contando até 25, esperando serem as próximas. Continuo caminhando pelo pátio e, então, vou até Sandra, outra professora do 2º ano que trabalha há mais de 20 anos. Ela veste seu grande chapéu caído e seus enormes óculos escuros. "Olá, Rebecca", ela me diz, ainda observando o pátio, "Mandarei o *kit* de ciências para a sua sala após o recreio". Esqueci que ela estava com esses *kits*. "Muito obrigada", respondo. "Você quer que eu mande algum aluno para ajudar?" Ainda observando o pátio, Sandra coloca o apito na boca e diz: "Não, não precisa. Eu mando quatro alunos meus até a sua sala com os *kits*". Nesse momento, ela apita e grita: "Melissa, Randall, Lisa e Roman. Parem de correr ou irão se machucar". As crianças a obedecem, e Sandra se vira para mim e diz: "Então tá. Nos vemos depois". Ela continua andando e observando o pátio como uma policial, também.

Percebo que um dos meus alunos, Damien, está se comportando mal na caixa de areia. Ele joga areia em várias crianças, pega o balde de plástico e levanta sobre sua cabeça, mirando em Rachel. Eu logo caminho até ele e apito. "Damien, você perdeu seu recreio por causa do seu comportamento. Por favor, vá até a parede e dê um tempo". Damien me olha com olhos grandes e amendoados e diz: "Mas, por favor, Sra. Merritt...". Levanto a mão e digo: "Não, Damien. Sem desculpa. Agora vá, por favor". Damien olha para os dois colegas na caixa de areia, depois para mim, e lentamente sai. Ele caminha devagar até a parede. Infelizmente, logo que chega ali, a campainha toca indicando o fim do recreio. Assim, todas as crianças no pátio se dirigem para as suas filas.

No final da aula, estou limpando minha sala após um dia que pareceu muito longo. Quando vou me sentar na cadeira para colocar os adesivos em nossa tabela de deveres de casa, Damien e sua mãe, Lydia Smith, aparecem na porta. Olho para eles e sorrio: "Ah, olá, Sra. Smith. Como vai você?". Ela sorri e diz: "Estou bem, Sra. Merritt. Só gostaria de conferir o mural porque quero ver se Damien está cumprindo as regras da escola". Ela olha para Damien com as sobrancelhas levantadas, indicando que fala sério. "Damien", ela diz, "Por favor, me mostre seus cartões". Damien está um pouco nervoso, mas aponta para os cartões coloridos em nosso mural. A Sra. Smith os observa e encontra seu nome. Sem falar nada, ela torce a cara, faz uma expressão de nojo e olha para Damien. Finalmente, pergunta: "Damien, por que você teve que virar seu cartão hoje?". Ainda mais nervoso agora, Damien olha para sua mãe e, depois, para mim. Quando vou explicar o que aconteceu no pátio, ela levanta a mão e repete: "Damien, por que você teve que virar seu cartão hoje?". Damien abaixa a cabeça e diz: "Tive problemas no pátio porque me comportei mal na caixa de areia". Ainda olhando fixo para seu filho, a Sra. Smith diz: "Estou decepcionada com você. O que eu digo todos os dias antes de você sair para a escola?". Damien, ainda olhando para o chão, diz: "para eu me comportar". Então, a Sra. Smith pergunta: "E o que você fez?". Ele, ainda sem nos olhar, responde: "Não me comportei".

A Sra. Smith balança a cabeça e olha diretamente para mim: "Com licença, Sra. Merritt. Preciso levar o Damien ao banheiro". Então, escuto, de lá, ela surrando o filho, que chora, "Por favor, mamãe. Prometo não fazer isso de novo!".

86 Denise L. McLurkin

> ## Questões para discussão
>
> 1. Qual é a definição de abuso infantil?
> 2. Quais são os direitos dos pais em relação à prática de disciplinar os seus filhos por meio da agressão física?
> 3. Esse tipo de situação pode ser considerado abuso infantil? Explique sua resposta.
> 4. A quem você deve relatar esse tipo de incidente?
> 5. O que você diria à Sra. Smith quando ela saísse do banheiro com Damien?

SOB O MESMO TETO

"Senhoras e senhores", digo aos meus alunos do 5º ano, "sempre adorei escrever em diários". Olho para o teto e digo: "Escrever em diários é uma maneira de expressar meus sentimentos quando passo por uma fase difícil da vida ou quando quero me lembrar de algo muito bom que aconteceu". Alguns concordam com a cabeça, enquanto outros reviram os olhos com cara de tédio. "Então", continuo, olhando para eles, "Alguns de vocês quase não estão escrevendo em seus diários, e outros estão só rabiscando neles". Caminho pelo espaço entre eles, "Diários não servem para jogo da velha. Não são para vocês rabiscarem". Alguns de meus alunos dão risadinhas. Provavelmente aqueles que rabiscam e jogam jogo da velha nos diários. Então, continuo: "Eles servem para dar a vocês um meio onde se expressar e melhorar suas habilidades de escrita". Quando volto para a frente da sala, percebo que Theresa está com a mão levantada. "Sim, Theresa", digo. "Alguma dúvida?" Theresa torce o nariz e diz: "Mas e quando eu não tenho nada a dizer? Eu nem sempre quero escrever no diário porque às vezes não tenho nada a dizer". É claro que Theresa faria a pergunta que atormenta todos os professores. Antes de responder, faço uma pergunta para ela também. "Bom, Theresa, o que você sugeriria que um professor fizesse se seus alunos não tivessem nada a dizer em seus diários?" Theresa olha para o teto e diz: "Hmm, não sei. Talvez possa nos dar um assunto. Ou nos deixar escrever histórias. Ou nos deixar escrever poemas ou músicas, ou algo assim". Concordo com sua boa ideia. "Feito", digo. "Essa é uma ótima ideia". Theresa, então, enche-se de orgulho.

Viro-me para o quadro branco e escrevo a data de hoje. "OK, senhoras e senhores, escrevam algo pessoal em seu diário, pode ser uma história, um poema, uma música ou o que mais estiver em suas cabeças hoje." À direita, posso ver a mão de John sacudindo no ar. "Sra. Yukon, podemos escrever histórias em quadrinhos?" Sorrio para ele. "Sem dúvida! É claro que podem escrever histórias em quadrinhos." Alguns alunos exclamam "Eba!" com a sugestão de John. "OK", continuo, "Outras dúvidas?". Quando ninguém levanta a mão, digo "Então, podem começar. Lembrem--se, vocês têm 25 minutos para escrever, então mãos à obra".

Ao começarem a trabalhar, fico impressionada com seu envolvimento. Geralmente fazê-los escrever é como tirar um dente. Talvez o fato de que tenham mais opções de maneiras de escrever no diário faça uma diferença nos resultados que verei. Olho para o relógio e percebo que temos 7 minutos até o final da aula. Como não quero que os alunos que usam o ônibus escolar se atrasem, anuncio: "Senhoras e senhores, estou muito orgulhosa de vocês. Vocês se esforçaram muito. Obrigada. Agora se cumprimentem pelo trabalho". Os alunos se cumprimentam, e John se levanta e faz uma reverência. "Tinha que ser o John", eu penso. Ele é um canastrão.

Então, digo: "É hora de se aprontarem para irem para casa, então, por favor, guardem seus diários, peguem suas agendas e confiram se anotaram todos os deveres de casa". Há uma grande movimentação enquanto os alunos empurram suas cadeiras para trás para mexerem nas mesas. Toco a campainha que fica em minha mesa para atrair sua atenção e continuo, olhando para a sala, "Por favor, também limpem em volta de suas mesas".

Quando a campainha toca e meus alunos estão em fila na porta, Hillary vem me entregar seu diário. Olho para ela e digo: "Ah, não, querida. Não levarei os diários para casa hoje". Ela me olha e diz, "Por favor, você não poderia só ler o meu? Principalmente o que eu escrevi hoje". Sem pensar muito, concordo, "Tudo bem". Hillary sorri e, então, sai da sala.

Quando volto, vejo seu diário roxo sobre minha mesa. Assim como prometi, abro seu diário na página de hoje e começo a ler. Hillary escreveu: "Estou cansada de apanhar do meu irmão todos os dias. Ele me bate se eu entro no seu quarto, se eu como seus biscoitos e se eu demoro no banheiro. Talvez eu devesse fazer algo para que ele parasse. Mas o quê? Por favor, me ajude, Sra. Yukon. ♥ Hillary".

Questões para discussão

1. Qual seria sua primeira reação ao que Hillary escreveu?
2. É uma relação normal entre irmão e irmã? Explique sua resposta.
3. Você deveria denunciar isso a quem?
4. Se a reunião de pais e professores com os pais de Hillary fosse no dia seguinte, o que você diria a eles sobre essa situação?
5. Se os pais achassem que essa é uma relação normal, mas Hillary continuasse lhe contando sobre as agressões do irmão, quais seriam seus próximos passos?

VOCÊ SABE GUARDAR SEGREDO?

Ufa! É o final de um longo dia. Na verdade, uma longa semana. Sendo franca, alguns longos meses. Acabamos de terminar nossos testes de fim de ano após termos estudado para eles nos últimos meses. Odeio ter de gastar tanto tempo nos matando para esses testes. Principalmente porque acredito que eles não avaliam realmente tudo o que fazemos como professores e tudo o que nossos alunos aprenderam. Por sorte, agora acabaram! Para celebrar, vou até a sala dos professores com umas moedas e compro um refrigerante e um chocolate nas máquinas de venda automática. Infelizmente, meu diretor, Joe Simmons, entra na minha sala e pede que eu vá até a sua. Reviro os olhos pensando: "Qual será o aluno que está dando problema dessa vez?".

Quando entro, novamente fico admirada com a sua decoração. Ele tem livros infantis em três estantes de cerejeira atrás de sua mesa, além de obras de arte infantis e frases inspiradoras em cada parede. Ele também tem uma área muito confortável no canto de sua sala, com duas cadeiras de couro, um belo tapete e uma lâmpada com uma luz agradável sobre uma mesa de canto. A sala é pintada em um tom claro de amarelo. Quando lhe perguntei sobre sua decoração em minha entrevista, ele disse que fez para as crianças. "Geralmente converso com crianças e familiares que estão tendo problemas. Quando chegam à minha sala, quero que se sintam confortáveis. Também quero que percebam a importância dos livros infantis e que se inspirem com as palavras." Fiquei tão impressionada com sua resposta que, apesar de ser minha primeira entrevista, rapidamente aceitei quando me ofereceram o trabalho. E não me arrependi dessa decisão.

"Olá, Susan", Joe diz em tom amável. "Por favor, sente-se." Sento-me em uma das cadeiras de couro. Após uma breve conversa sobre como tem sido meu ano, ele pergunta: "Então, o que você sabe sobre Will Matthews?". Penso um pouco e respondo: "Ele é ótimo. Ele se preocupa com os colegas, é esforçado e muito, muito criativo". Olho para Joe me perguntando o que ele quer saber sobre Will. "Está havendo algum problema com ele, Joe?" Joe está concentrado pensando. "Ah, não, Susan. Will recém veio aqui e pediu para falar comigo. Mas quando chegou, congelou. Não falava nada, então não sei bem o que pensar sobre isso." Surpresa, digo: "Will? Não consigo imaginar o que ele gostaria de falar com você. Ele agiu de maneira estranha? Ele parecia assustado?".

Joe balança a cabeça, "Ah, não. O recado que ele deu a Lucille foi de que precisava me encontrar hoje porque tinha algo importante a me dizer. Mas aí ele entra aqui e se fecha, então eu só queria saber se você ouviu ou viu algo". Nego e pergunto: "Você contatou seus pais? São pessoas maravilhosas. Não consigo imaginar que tenham feito algo de ruim para ele", balanço a cabeça, descrente. Percebendo meu desconforto, Joe diz: "Bem, Susan, ainda não temos informação suficiente para nos alarmarmos. Vou investigar um pouco mais essa situação e falarei com você assim que possível". Levanto-me e ele continua: "Se você vir ou ouvir qualquer coisa, me avise imediatamente". Concordo e reafirmo que farei isso.

Ao retornar à minha sala de aula, estou obviamente incomodada com a situação. Will nunca expressou ter qualquer problema em casa. "Ai, Meu Deus!" penso. "Será que não vi algum machucado nele hoje?" Quando estou prestes a voltar para a sala dos professores, ouço alguém dizer: "Sra. Gomez, posso falar com você?". Levanto a cabeça e vejo Will em frente à porta da sala de aula. "Will", digo, aliviada. "Como posso ajudar você?" Ele olha em volta, inclina-se e diz: "Podemos conversar em particular?". Concordo com a cabeça e, sem dizer nada, destranco a porta da sala de aula e entramos.

Sentamos na primeira mesa, e Will larga sua mochila no chão. Esperando com impaciência, pergunto: "Will, o que está lhe incomodando?". Ele me olha com olhos suplicantes e cochicha: "Você sabe guardar segredo?". Olho para Will preocupada. Então, digo: "Querido, não posso prometer isso. Se alguém ou se você estiver se machucando, eu preciso buscar ajuda". Balanço a cabeça e estendo o braço para pegar sua mão. "Você entende?" Will levanta o olhar rapidamente e, então, baixa de novo: "Mas eu não quero criar problemas para ninguém". Continuo olhando-o e digo: "Eu não quero que ninguém se machuque ou que aconteça algo pior. Querido, você precisa me contar o que está acontecendo". Will, ainda olhando para baixo, finalmente responde. "OK. Hmm, um dos meus amigos na turma da Sra. Smitherman estava no banheiro hoje e me contou que seu avô bateu nele com a bengala." Will me olha e diz: "Sra. Gomez, ele tinha feridas e cortes por todas as costas, estava sangrando. Ele me mostrou". Assim que Will termina, levanta-se e, assustado, diz "Mas, por favor, Sra. Gomez, ele implorou para que eu não contasse. Então, por favor, não conte".

Questões para discussão

1. Qual seria sua resposta imediata para Will?
2. Como você envolveria o diretor nessa conversa se Will quer que mantenha segredo?
3. Quais são os passos legais a serem tomados em sua cidade quando há uma situação assim?
4. Will provavelmente estará muito triste esta noite. O que você diria aos seus pais para prepará-los para possíveis dificuldades?
5. Se crianças são tiradas das casas onde vivem, quais são os próximos passos a serem tomados quando forem para adoção (isto é, se forem subsequentemente classificadas como crianças que necessitam de apoio)?

Conselhos de professores experientes sobre... Abuso infantil

- Novamente: os professores são obrigados a relatar qualquer incidente confirmado ou suspeito de abuso infantil. Os professores não podem se fazer de cegos ou ignorar esse tipo de problema. A lei é muito clara e precisa.
- Os professores podem ser pessoalmente responsabilizados caso não relatem casos de abuso infantil. A diretoria da escola e a secretaria de educação também serão responsabilizadas se os professores não forem devidamente treinados para relatar casos de abuso infantil.
- Promessas de guardar segredo não isentam um professor de denunciar a possível ocorrência de abuso infantil.
- Os professores devem denunciar, não investigar, casos suspeitos de abuso infantil. Deixe a responsabilidade da investigação para os profissionais.
- Incidentes de abuso infantil devem ser denunciados seja o abuso por parte de um adulto, seja por parte de um irmão.
- Enquanto uma investigação sobre abuso infantil estiver em curso, o professor não deve discutir o assunto com os pais na reunião de pais e professores. Em vez disso, a reunião deve ter como foco o progresso escolar e o desenvolvimento social da criança.

- Se uma criança for tirada de sua casa e transferida para uma moradia segura, um lar adotivo ou a casa de outro parente, é muito provável que saia de sua turma e escola também. Se os alunos quiserem saber mais informações sobre o paradeiro dessa criança, simplesmente diga a eles que a família se mudou.
- Se a criança continuar frequentando sua escola e permanecer em sua turma, então sugerimos que converse com o psicólogo da escola sobre qual é a melhor maneira de lidar com essa situação delicada. Você precisará saber identificar os sinais dados pela criança caso ela esteja tendo dificuldades para lidar com as mudanças em sua vida pessoal e deverá se informar sobre o que pode esperar, em termos de aprendizado e de relações sociais, de uma criança que passou por uma situação muito difícil. Professores experientes e diretores também são ótimas fontes de informação nesses casos.

11

Abuso sexual

NÃO COMA OS CACHORROS-QUENTES!

"Isso é tão legal", diz Melanie Miller. Melanie é a mãe voluntária da turma e é uma pessoa muito criativa e querida. Todas as festas deste ano foram ótimas. Se a sua filha, Stephanie, disser que deseja que os amigos tenham uma *piñata*,[*] Melanie fará uma *piñata*. Enquanto observo a área do piquenique em nosso parque local, fico impressionada com sua capacidade de organização. Todos os pais que se dispuseram a ajudar sabem exatamente o que devem fazer, e as crianças estão se divertindo com jogos, cantando músicas e procurando os objetos de sua gincana. Tudo o que precisei fazer foi comparecer e trazer as crianças com segurança. Que mordomia!

Melanie diz: "Sra. Chan, acho que vamos aprontar os cachorros-quentes, os hambúrgueres e os sanduíches vegetarianos para as crianças". Fico novamente impressionada. "Você se lembrou até de fazer sanduíches vegetarianos?", pergunto. Melanie sorri e diz: "Stephanie me contou que Jamal e Katie são vegetarianos e insistiu que eu trouxesse coisas que eles também pudessem comer". Concordo com a cabeça e vou até a área dos brinquedos encontrar meus alunos do 2º ano. Eles estão se divertindo tanto. "Sra. Chan", ouço Corrine dizer, "Venha brincar com a gente, por favor". Caminho até os balanços e sento em um. A maioria dos meus alunos ri quando começo a me embalar com as pernas. "Nossa", diz Samantha, "Você consegue ir bem alto". Rio e continuo me balançando por mais um tempo. Quando saio do balanço, ouço Marcus em cima do escorregador gritando: "Sra.

---

[*] N. de R. T.: A *piñata* é um recipiente feito de papel machê, cerâmica ou tecido, decorado e recheado com pequenos brinquedos ou doces. Ela é utilizada em celebrações, como festas de aniversário, no qual é quebrada. Originária da Espanha, a *piñata* é hoje parte da cultura de países americanos, como México e Estados Unidos.

Chan, venha aqui escorregar". Sem querer decepcioná-lo, vou até o escorregador e subo a escadinha. Ao chegar ao topo, vejo todos os meus alunos me olhando; então, escorrego, enquanto todos riem. Ao descer do escorregador, a mãe de Maddie, Selina, está ali balançando a cabeça. "Você sabe que é pequena demais para subir aquela escada e escorregar assim." A mãe de Maribel, Judith, interrompe: "Eu poderia subir ali e escorregar, mas aí terei que passar pomada por todo o corpo antes de dormir". Todas rimos. Nesse momento, mais alunos começam a gritar e me chamar para participar das brincadeiras. Levanto as mãos para cima e digo: "A Sra. Chan não pode. Estou cansada!". Mas não me distancio muito deles; ainda sou a professora, independentemente de quantos pais estão presentes. Preciso supervisionar para garantir que todos estejam seguros.

Enquanto caminho em volta da área de brinquedos, Jesus vem até mim e pergunta: "Sra. Chan, quando a gente vai comer? *Tô* morrendo de fome". Sorrio para ele. "É verdade. Estou com fome também, Jesus." Olho para as mesas do piquenique e digo: "Acho que não vai demorar". Omar, o melhor amigo de Jesus, diz, lambendo os lábios: "O cheiro está tão bom. Quero comer agora". Sorrio para os dois. "Não vai demorar muito. Por que vocês não vão brincar um pouco mais enquanto eles arrumam tudo?" Eles passam suas mãos na barriga e voltam para o trepa-trepa.

Alguns minutos depois, Melanie vem ao meu lado e diz: "Está tudo pronto. Você pode chamar as crianças assim que quiser". Pego meu apito e sopro bem forte. Todos os meus alunos param o que estão fazendo e levantam as mãos sobre os ombros, olhando para mim. Então, grito: "Obrigada, meninos e meninas. Podem ficar à vontade". Olho em volta enquanto baixam os braços e aguardam as próximas instruções. "OK", digo, "É hora de almoçar. Por favor, caminhem com cuidado até as mesas e formem uma fila". Assim, eles começam a caminhar – um pouco mais rápido do que o normal – até as mesas do piquenique.

Melanie se superou. Todas as mesas têm toalhas bonitas, batatinhas e caixinhas de suco. Martin, Selina e Judith trazem, então, os pratos com cachorros-quentes, hambúrgueres e sanduíches vegetarianos para a mesa principal. Quando Jesus e Omar estendem os braços para pegar os cachorros-quentes, escuto, de repente, Tasha arfar e começar a gritar: "Não ponham isso na boca! Eles podem machucar vocês". Tento acalmar Tasha, mas agora ela chora descontroladamente. "Não deixe eles comerem aquilo, Sra. Chan. O gosto é horrível e eles soltam um troço grudento". Olho para os meus alunos e todos estão tão confusos quanto os pais.

Questões para discussão

1. Como você lidaria com essa situação no momento e em longo prazo?
2. Quem você deveria contatar primeiro? A diretoria? Os pais? O psicólogo da escola? O assistente social?
3. O que você faria para consolar Tasha?

Questões sociais desafiadoras na escola **93**

4. Essa situação realmente aconteceu com uma professora da pré-escola. Porém, podem haver outras razões para Tasha não querer que seus colegas comam cachorros-quentes. Quais seriam essas outras razões?
5. Quais são alguns dos sinais apresentados por crianças molestadas que podem ser observados em sala de aula?

O GAROTINHO DA MAMÃE

Minha sala de aula está bonita. Vim à escola quatro vezes semana passada e cheguei mais cedo nesta manhã para me preparar para o primeiro dia de aula. Todas as fotocópias estão prontas, os quadros de aviso estão arrumados, a sala está limpa e eu tenho em mãos a pasta com a chamada. Agora bebo um chá para me acalmar e ficarei pronta. "Ei", Marilyn, outra professora do 4º ano, entra na sala. "Preparada para o primeiro dia?", sorrio para ela. "O máximo possível". Ao olhar para a sala, Marilyn comenta: "Está tudo bem bonito mesmo". Ela olha para o quadro de avisos colorido no centro da sala com apenas um pedaço de papel Kraft. "E o que você vai fazer com aquele quadro?" Respondo: "É para as autobiografias e as fotos. Eu trouxe minha câmera digital e vou tirar fotos de todas as crianças. Depois, escreveremos as autobiografias para nos conhecermos melhor e para eu poder avaliar a escrita dos alunos". Marilyn olha novamente para o mural vazio e colorido e diz: "Gostei muito dessa ideia das auto-biografias e das fotos. Você se importa se eu roubá-la?". Sorrio para Marilyn: "Assim como aprendi quando estudava para ser professora: Não é roubar, é compartilhar". Marilyn sorri e diz: "Obrigada por compartilhar", e então sai da sala.

Para me ocupar, começo a arrumar minha mesa já arrumada. Meu chá está frio, mas não tenho tempo de ir até a sala dos professores para aquecê-lo. Nesse momento, a porta se abre e um homem entra na sala com os braços abertos. Levanto--me e vou cumprimentá-lo. "Você é a Sra. Patel?", ele pergunta. Confirmo com a cabeça. "É um prazer conhecê-la", ele diz. Apertamos as mãos. "Eu sou Brian White, e você será professora do meu filho". Respondo: "Ah, sim. Vi o nome dele na minha lista". O Sr. White me olha e diz: "Desculpa por ficar te olhando, mas você parece tão nova. Tem certeza de que é a professora e não uma aluna?". Eu rio, balanço a cabeça e digo: "Tenho certeza". Aponto para a parede atrás de minha mesa, onde pendurei meu diploma e meu certificado de professora. O Sr. White olha para eles sorrindo.

"Então, Sr. White, em que posso ajudá-lo?", pergunto enquanto caminho de volta para minha mesa. Há uma cadeira ao lado para conversas como esta, com pais ou alunos. O Sr. White se senta e diz: "Desculpe-me por não ter vindo antes, mas ando muito ocupado com o trabalho e tudo o que tem acontecido com o Brian neste verão". Ele passa um lenço no nariz e começa a contar a história.

"Descobri, no início deste verão, que Brian estava sendo molestado pela mãe. Eu não fazia ideia". E continua: "Nós nunca fomos casados, terminamos o namoro logo que ele nasceu. Optamos pela guarda compartilhada, então sua mãe ficava com ele durante a semana, e eu durante os finais de semana e a maioria dos feriados". Ele funga e novamente limpa seu nariz com o lenço. Então, se aproxima e diz: "Parece que tudo começou com beijos e carícias sexuais. Mas no fim, já estavam fazendo sexo oral". Meus olhos estão arregalados. "Eu poderia me culpar, porque vi que suas notas começaram a baixar, que ele estava se comportando mal, perdendo peso, e era um sacrifício levá-lo até a casa de sua mãe depois dos finais de semana. Mas nunca pensei que algo assim poderia estar acontecendo." Balançando a cabeça, ele continua: "Bom, depois que Brian finalmente me contou, avisei a polícia, e prenderam sua mãe". Sua voz estremece, e ele diz: "Ela se enforcou na cadeia, e Brian agora se culpa pela morte da mãe. Eu digo que ele não deve se culpar, mas ele está tendo muitos problemas com isso". "Brrriiiinnnggg!", a campainha toca, interrompendo nossa conversa. O Sr. White olha para o relógio e diz: "Vou me atrasar para o trabalho". Então, se levanta e fala rapidamente: "Precisamos trabalhar juntos para ajudar Brian a superar isso". Ainda em choque, concordo com a cabeça.

Nós nos levantamos e caminhamos até a porta. Ao abri-la, encontro meus alunos fazendo fila. O Sr. White me olha e diz: "Aquele ali é o Brian". Olho para as crianças e vejo um menino magrinho que parece apavorado. O Sr. White abraça Brian e cochicha algo em seu ouvido. Brian fecha os olhos e, então, os abre e olha para os olhos do pai. "Vou ficar bem, pai". Assim, o Sr. White vai embora, e fico sozinha com meus alunos.

Questões para discussão

1. Quais seriam algumas maneiras de trabalhar junto com o Sr. White para ajudar Brian?
2. Quais atividades em aula e quais deveres de casa você poderia fazer para ajudar Brian a processar o que aconteceu?
3. Qual é a sua responsabilidade legal e ética em relação a situações assim?
4. Quais são as suas preocupações imediatas e em longo prazo com um aluno como Brian, que foi molestado e também está lidando com o suicídio de um dos pais?
5. Que tipos de serviços de apoio estão disponíveis para alunos que sofreram incesto e a morte de um ente querido?

CATHY, MINHA NAMORADA

"OK, vamos nos preparar para o recreio", digo para os alunos do 6º ano. Ouço vários dizerem "Eba!" baixinho. Infelizmente, preciso supervisionar o pátio hoje. Pego meu telefone celular, meu apito e minha prancheta e vou para a frente da fila. Virando-me para os alunos, digo: "BJ, por favor, feche a porta depois que sairmos". BJ, um dos alunos mais populares da turma, abre um sorriso e diz: "Sem problema, Sra. Anderson. Farei isso para você". Eu rio e começo a levá-los até o pátio.

BJ é um jovenzinho extremamente sedutor e parece um pouco mais experiente do que seus colegas. Ele está sempre com as roupas, os sapatos, o penteado e os equipamentos tecnológicos mais modernos. As crianças se juntam a sua volta como abelhas no mel. Lembro quando Leslie, sua professora do 5º ano, falou que ele estaria na minha turma. "Mas cuidado com ele", ela disse. "Ele acha que pode usar sua lábia e charme para se safar de problemas e conseguir o que quer. Embora seja superinteligente, às vezes pode ser preguiçoso. Então, cuidado quando ele abre aquele sorriso e elogia tudo o que você faz. Ele quer algo." No começo, tive dificuldade em acreditar nisso, mas acabei descobrindo que é verdade. Porém, até agora, não tive qualquer problema com BJ.

Enquanto caminho pelo pátio conferindo se as crianças estão bem, Nabila, uma aluna que pulou dois anos e é, portanto, dois anos mais nova do que seus colegas, corre até mim. Infelizmente, ela é uma fofoqueira. "Sra. Anderson", ela diz, "BJ está falando coisas bagaceiras para as crianças ali". Não sei bem que atitude tomar. Lido primeiro com o fato de ela estar fofocando (algo que seus pais me pediram muito para ajudar a resolver) ou com o que ela me contou? Decido pela segunda opção. "Nabila, o que BJ disse?", pergunto. Ela responde: "Ele falou que beijou uma menina". Olho para BJ e para a multidão em sua volta. Todos prestam atenção no que ele conta e riem. Digo: "Você tem certeza de que ouviu ele dizer que beijou uma menina?". Nabila confirma e continua: "Ele disse que estava beijando sua namorada e que seu nome é Cathy. Ela é sua vizinha e gosta de vestir saias curtas e calças de cintura baixa". Nesse momento, a campainha toca. Olho para Nabila e digo: "Obrigada, Nabila. Vou me informar sobre isso".

Logo antes do almoço, a Sra. Rogers, secretária da escola, liga e diz que BJ precisa vir até a secretaria porque tem uma consulta com o dentista. Faço uma nota mental para falar com ele amanhã sobre o que Nabila me contou. BJ arruma suas coisas e vai para a secretaria.

No final da aula, vejo BJ na frente da escola, onde os pais buscam os alunos do jardim de infância. "BJ", digo, "Achei que você estava no dentista". BJ abre aquele sorriso e diz: "É, mas tive que voltar para buscar meu irmãozinho". Olho para baixo e vejo um menininho muito parecido com BJ. "Ah", digo, "Quase me esqueci de Jeremy". Nesse momento, a mãe de BJ e Jeremy chega acompanhada de outra mulher. "Olá, Sra. Anderson", diz a mãe, Linda Washington. "Como BJ tem se comportado em aula?" BJ parece extremamente envergonhado. Respondo: "Tem se comportado bem". Olho para BJ e digo: "Você pegou seu dever de casa antes de sair?". Ele sorri e responde: "Sim, é claro".

Após alguns segundos de bate-papo, Linda diz: "Ai, meu Deus", batendo de leve em sua testa. "Por favor, me desculpe a falta de educação, Sra. Anderson". Ela se vira para a outra mulher e diz: "Gostaria de lhe apresentar nossa vizinha, Cathy. Cathy, esta é a professora de BJ". Cathy me cumprimenta. "É um prazer conhecer você. Sou professora de educação física na Logan High School". E continua: "Estou de folga hoje porque é o período de exames parciais, por isso a roupa tão casual". Balanço a cabeça e digo: "É um prazer conhecer você também". Para minha surpresa, Cathy parece já ter 20 e tantos anos, se não 30.

Questões para discussão

1. Qual seria sua reação imediata a essa situação?
2. Que tipo de funcionários da escola você precisa envolver imediatamente nessa situação?
3. Com o aumento da atenção da mídia em questões assim, quais são os efeitos de curto e longo prazo do envolvimento íntimo entre meninos e mulheres mais velhas, como professoras?
4. O que você faria com uma aluna como Nabila, que é inteligente, mas muito nova em relação a seus colegas?
5. Quais são os limites que você precisa estabelecer para alunos que parecem usar a sedução para se livrar de alguma tarefa?

Conselhos de professores experientes sobre... Abuso sexual

- A suspeita de abuso sexual de menores é uma forma de abuso infantil e deve ser denunciada para a autoridade apropriada.
- Brian foi muito corajoso ao denunciar sua mãe pelo abuso. Ele precisará de muito apoio de um psicólogo e atenção especial nos próximos anos. Ele pode exibir um comportamento negativo em relação a mulheres, incluindo professoras. Essa questão pode ser discutida em uma reunião sobre um aluno com a presença do psicólogo da escola.
- É um tanto exagerado sugerir que as preocupações de Tasha com os cachorros--quentes tenham embasamento sexual. Talvez seja apenas porque seus pais lhe falaram sobre os perigos dos embutidos usados em cachorros-quentes. Sugerimos que a professora remova Tasha do local e tente acalmá-la para poder determinar a natureza das preocupações. Se a conversa revelar algum incidente de abuso sexual, é preciso denunciar à autoridade apropriada. Se não houver qualquer indício de natureza sexual, seria apropriado ligar para os pais e relatar a reação da criança.
- No caso de BJ, avisaríamos a diretoria assim que possível – desde o que Nabila contou até o seu encontro com uma mulher de mesmo nome (Cathy), que parece ser muito mais velha do que BJ. Esperaríamos que a diretoria investigasse a situação, ou seja, que BJ e sua mãe fossem contatados para esclarecimentos. É possível que BJ estivesse inventando tudo só para impressionar seus amigos. Porém, se a conversa com BJ e sua mãe revelar que há uma relação entre BJ e Cathy, isso constitui abuso sexual e as autoridades apropriadas devem ser contatadas imediatamente.

12

Violência

BRINCADEIRA INFANTIL

"Bom dia, turma", digo para os alunos da pré-escola sentados no tapete. "Bom-dia, Sr. Frazier", eles respondem. Muitas pessoas se chocam ao ver um homem de mais de 1,90m de altura dando aula na educação infantil, mas é uma fase tão importante na vida das crianças, eu me sinto obrigado a dar aula para essa idade. "Todos colocaram o seu dever na caixa do dever de casa?", pergunto. Vejo a maioria das mãozinhas levantadas. "Aqueles que ainda não colocaram, por favor, vão até seus escaninhos e coloquem o dever na caixa." Vários alunos que esqueceram se levantam e colocam suas pastas ali. Eles demoram um pouco para se acostumar com as novas rotinas.

"Oi, Sr. Frazier", diz Bianca entrando atrasada na sala. "Aqui está meu bilhete de atraso." "Os atrasos de Bianca estão cada vez mais frequentes", penso. Quando estou prestes a fechar a porta, a mãe de Bianca entra na sala e entrega para a filha uma folha de papel. "Aqui, querida, você esqueceu o dever de casa." Bianca logo pega seu dever, vai até seu escaninho e, então, se lembra da nova rotina. Ela silenciosamente coloca seu dever na caixa dos deveres de casa e se senta com o resto da turma no tapete. Viro-me e digo: "Sra. Johnson, eu gostaria de falar com você sobre..." e minha voz fica quase inaudível quando percebo que está com um olho roxo e que seus lábios estão inchados. Ela logo coloca seus óculos e diz: "Sei que ela tem se atrasado, Sr. Frazier. Meu marido mudou de trabalho e estamos tentando acertar as coisas". Ela abana para Bianca e sai da sala.

"Sr. Frazier", grita Jimmy, "A gente vai fazer o calendário?". Viro-me para os alunos e direciono meu indicador luminoso para o calendário. Depois, passamos os 35 minutos seguintes criando padrões com cubos Unifix. Jimmy, meu controlador de horário oficial, olha para mim e diz: "Sr. Frazier, é hora do recreio". Olho para

Jimmy e depois para o relógio. "Muito bem, turma, hora do recreio. Por favor, guardem seus cubos nas caixas de matemática." Dou vários minutos para que limpem e guardem tudo. Agora que estão todos sentados, digo: "Se hoje você tem rosa ou roxo, vá devagarzinho até os escaninhos, vista seu casaco, suas luvas e seu chapéu e vá até a porta". Após esperar alguns segundos, anuncio: "Se você tem vermelho ou branco, vá devagar até os escaninhos e faça o mesmo". Continuo até que todos os meninos e as meninas estejam em fila prontos para o recreio. Pego meu apito e levo a turma até o pátio.

Após o intervalo, é hora dos grupos de atividades. "Turma", digo antes de entrarmos na sala. "Quero que encontrem um lugar no tapete e escutem a história da fita. Prestem muita atenção no que o menino da história está tentando fazer. Alguma dúvida?" Todas as crianças respondem que não. Uma vez que entram na sala e se sentam, aperto o botão *play* no toca-fitas e começo a preparar a atividade. A Sra. Robertson, uma mãe que é presidente da Associação de Pais e Professores, ajuda nesse momento. Ela adora trabalhar com o desenvolvimento da linguagem das crianças no grupo sobre o lar.

"Olá", a Sra. Robertson diz. "O que vamos fazer hoje?" Respondo: "Eu adoraria se você conversasse com eles sobre cozinhar. Quero muito que eles pensem sobre os diferentes tipos de utensílios que precisarão para fazer a janta, os ingredientes que usarão para fazer a comida, como fazê-la, questões de segurança e os utensílios que precisarão para limpar tudo". Concordando com a cabeça, a Sra. Robertson diz: "Sabe que, quando meus outros filhos estavam na educação infantil, eles nunca trabalharam o vocabulário e o desenvolvimento da linguagem como você faz no grupo dos brinquedos. Eles ficavam apenas brincando". Olho para ela e digo: "Acho que as duas coisas são importantes. Então, por que não fazer as duas ao mesmo tempo?".

Assim que a fita acabou, pergunto às crianças sobre a história. Então, vou até o mural e começo a explicar os diferentes grupos de atividades. "Está bem, a mesa 1 irá para o grupo de escrita. Vocês poderão escrever cartas para alguém especial. A mesa 2 irá para o grupo de audição. Há um livro bem engraçado ali. Kenneth, você é responsável pelo toca-fitas, e Melissa, você é responsável por distribuir os livros. A mesa 3 irá comigo até o grupo de leitura orientada. Vamos começar um livro novo hoje. E a mesa 4 irá com a Sra. Robertson até o grupo dos brinquedos. Vocês fingirão que estão fazendo a janta para a família. Lembrem-se de limpar a cozinha e a sala de jantar assim que terminarem. Alguma pergunta?" Todos dizem que não. "Podem ir calmamente até o seu grupo", digo enquanto vou até a mesa de leitura orientada.

As crianças estão ativas em seus grupos. Aprendi a me posicionar de modo que possa estar sempre vendo os alunos. Após observar bem a sala, toco minha campainha e digo: "Só gostaria de dizer que estou muito orgulhoso de vocês. Vocês estão fazendo um trabalho fantástico. Continuem assim". É incrível como eles reagem bem aos elogios. Após 50 minutos, é hora de limpar tudo e se preparar para voltar para casa. Toco minha campainha para indicar que é hora de limpar e caminho pela sala para conferir se todos estão cumprindo a tarefa e não criando problemas.

"Sr. Frazier", a Sra. Robertson diz enquanto caminhamos no grupo dos brinquedos, "Acho que você precisa ver uma coisa". Ela cochicha: "Bianca está brincando com aqueles bonecos o tempo inteiro, mas, para mim, algumas coisas que ela está falando são inapropriadas". Agradeço à Sra. Robertson e vou conferir. "O que foi que eu disse?" Ouço Bianca falar, segurando uma boneca e um boneco. "Era pra você estar com a janta pronta antes de eu chegar. Você não serve para nada." Bianca bate no rosto de plástico da boneca e puxa seu cabelo. Ela vira a boneca e bate nas suas costas e em seu traseiro. "Quando eu digo que quero a janta na mesa, eu falo sério. Você está entendendo?" Bianca vira a boneca de frente para ela e diz: "Sim, eu entendi. Eu juro. Nunca mais atraso a janta. Não me bata, por favor". Ela pega o boneco e diz: "Você merece isso, sua bruxa. Eu tenho nojo de você". Então, ela bate na boneca novamente.

"Bianca", digo, sem saber bem o que fazer, "é hora de limpar tudo". Bianca parece surpresa e diz: "OK, Sr. Frazier. Eu adoro o grupo dos brinquedos". Ela guarda os bonecos, ajuda seus colegas a terminar a limpeza da sala e senta no tapete para ser dispensada. A Sra. Robertson me pergunta: "Você gostaria que eu vá até a diretoria falar com a Sra. Shelton sobre isso?" Rapidamente respondo: "Ah, não. Eu farei isso". Ela concorda e sai para esperar seu filho, Micah.

Quando a campainha toca, levo as crianças para fora. Vejo a Sra. Robertson conversando com vários outros pais. "Ah, céus", penso, "Espero que ela não esteja contando o que aconteceu no grupo dos brinquedos". Não posso me preocupar com isso agora porque tenho 24 crianças para levar até o ônibus ou até os pais e irmãos.

A saída dos meus alunos pode ser enlouquecedora. Por sorte, sou alto o suficiente para enxergar sobre as cabeças da maioria das pessoas. Posso ver se os que pegam o ônibus escolar entraram no ônibus certo, se os que esperam os pais estão na fila e se aqueles que esperam pelos irmãos estão sentados no banco. Após a loucura se acalmar, sobram apenas eu e Bianca que está esperando por sua mãe. Nesse momento, vejo a mãe de Bianca caminhando rapidamente com sua filha mais nova apoiada em seu quadril; ela usa óculos escuros e um chapéu de aba larga.

Bianca pula do banco e corre até sua mãe. A Sra. Johnson continua andando até mim e diz: "Ah, Sr. Frazier. Eu quero trazer algo para a festinha de amanhã. O que devo trazer?". "A lista está na sala de aula", respondo. "Se você for ali comigo, posso conferir." Quando chegamos à sala, percebo que ela tirou os óculos para ler a lista. "Bom", digo, "Ainda não temos alguém para trazer os refrigerantes. Seria muito incômodo?" "Ah, não. Está bem", ela responde. Nesse momento, o Sr. Johnson entra atropelando na sala. "Por que essa demora?", ele diz, parecendo muito bravo. A Sra. Johnson logo coloca os óculos e diz: "Ah, querido, eles farão uma festinha amanhã e eu só queria saber o que trazer". Olhando para a sala, ele diz, "Ah, olá, Sr. Frazier. Desculpa, mas vou me atrasar para o trabalho se não nos apressarmos". Olho para ele e digo: "Entendo". Ao se virarem para sair, Bianca acena para mim e diz: "Tchau, Sr. Frazier. Mal posso esperar pela festa".

No dia seguinte, Bianca não vem à aula.

Questões para discussão

1. O que você diria para Bianca sobre o que observou no grupo dos brinquedos?
2. Quais são as suas responsabilidades legais ou éticas relativas a essa situação?
3. Você deveria se preocupar com a ausência de Bianca no dia seguinte?
4. Quais são os aspectos positivos e negativos de discutir essa situação com a diretoria?
5. Quais são os aspectos positivos e negativos de continuar discutindo essa situação com a Sra. Robertson?

NA VIZINHANÇA

Quando toco minha campainha, isso significa que meus alunos do $2^{\underline{o}}$ ano devem prestar muita atenção. "Bom trabalho, meninos e meninas. Agora, vou repetir porque temos alguns alunos novos", digo, olhando para os dois novos alunos. "Vou colocar o CD, e quando o Beary-Beary começar a rir no final, esta sala deve estar limpa e vocês todos sentados em seus lugares no tapete. Podem começar." Coloco *Beary-Beary's Good Time*, uma música de 3 minutos, e supervisiono as crianças enquanto limpam a sala. Com sua risada forte, Beary-Beary indica aos alunos que eles tiveram tempo suficiente para organizar tudo. "Hmm", digo com a mão no queixo, "Muito bem, meninos e meninas", enquanto caminho pela sala conferindo seu trabalho. "Deem um tapinha em seu ombro esquerdo", e todos dão um tapinha no seu ombro esquerdo. "Agora, deem um beijo na sua mão direita", e todos dão um beijo na mão direita. "Agora, deem uma salva de palmas". E como é típico das crianças do $2^{\underline{o}}$ ano, todas elas começam a bater as palmas juntas.

"Agora, meninos e meninas, temos alguns minutos antes do recreio." Olho para o quadro e vejo que é o dia de Abigail trazer um objeto e falar sobre ele. As crianças adoram quando Abigail traz coisas para esse momento porque geralmente elas são "brilhosas", como ela as descreve. Ela já trouxe um relógio Rolex de 20 mil dólares do seu pai, um broche de diamantes de 50 mil dólares da sua mãe, um anel de diamante amarelo de uma edição limitada da Tiffany de 100 mil dólares da sua avó e, na última vez, a bola de beisebol do seu irmão, com um autógrafo de Babe Ruth. Em cada uma dessas ocasiões, sua babá contatou a escola para informar quão caros eram aqueles itens e pedir que eu os guardasse em um lugar seguro até que ela viesse à escola para buscá-los e levá-los de volta com segurança. Após o relógio, o broche e o anel, Abigail prometeu fazer a apresentação para alguém em casa antes de trazer para a escola. No entanto, ela conseguiu trazer a bola de beisebol do seu irmão autografada sem ninguém em casa saber.

"Abigail", começo, "É a sua vez de apresentar um objeto. Você trouxe algo?". "Trouxe sim, Sra. Gomez. Dá para pegar?" Olho para ela e digo: "*Dá* para pegar?". E a corrijo. Ela ri e diz: "Quer dizer, *posso* ir até o meu escaninho buscar?". Respondo que é claro que pode. Abigail vai até o seu escaninho e pega sua mochila cor-de-rosa.

Dentro dela há uma caixa pequena — fico preocupada. "Ah, meu Deus. Qual será a joia caríssima que essa menininha trouxe hoje?" Porém, ela pega o que parece ser dois pedaços de metal amassado e cor de latão. "Abigail", eu digo, "que objetos são esses?". Olhando para suas mãos, ela diz: "Eu achei eles de manhã vindo para a escola e trouxe para apresentar. Eles não são brilhosos, mas ficam bonitos nas unhas". Ela coloca um objeto sobre o dedo indicador e outro sobre o dedo médio. Levanta a mão para admirar suas novas unhas. Vários alunos dizem: "Ahh, que bonito". Rachel levanta a mão e diz: "Posso experimentar suas novas unhas, Abigail?". Antes de Abigail responder, digo: "Abigail, posso vê-las de perto?".

Sem questionar, ela tira os metais das unhas e me alcança. Chocada, imediatamente identifico o que devem ser. Cartuchos de projéteis usados! "Abigail", digo: "Onde você encontrou isso?". Brincando com um cacho de cabelo em sua testa, ela diz: "Em um lugar escondido da rua. Onde a água desce". Eu poderia me preocupar com o fato de uma criança do 2º ano estar caminhando, aparentemente, sozinha nas ruas e mexendo no sistema de drenagem, mas decido focar minha atenção aos cartuchos de projéteis. "Abigail, você mostrou isso para mais alguém?" Balançando a cabeça, ela responde: "Não, eu só trouxe minhas unhas para a apresentação".

Nesse momento, Myra se levanta e diz: "Não são unhas. São balas". Os olhos de muitos alunos se arregalam, e não sei bem se é por causa do que Myra disse ou porque ela falou sem levantar a mão nem ser chamada. "Não são balas, Myra", diz Alicia, "São unhas. A Abigail disse que são". Myra ainda não se convenceu. "Não são unhas, Alicia", Myra continua. "O meu vô tem uma arma e alguns rifles, porque ele gosta de caçar cervos e esquilos e coisas assim. E ele tem em casa. Mas não posso brincar com as armas até que fique mais velha e que ele esteja do meu lado, porque você pode se machucar e morrer e tal. Não é isso, Sra. Gomez?" Sinto-me completamente pega de surpresa por toda a situação. Então, tudo o que consigo dizer é: "Sim, você pode se machucar ou morrer com armas e rifles. Não devemos brincar com essas coisas". Então, Myra interrompe: "E que eu esteja junto com o meu vô, né?". Novamente, não sei bem o que fazer. "Sim, Myra", é tudo o que consigo dizer.

Abigail interrompe meus pensamentos. "Sabe, Sra. Gomez", ela começa, ainda brincando com seu cacho, "O nosso vizinho matou a mulher e se matou ontem. Talvez eles *tavam* brincando com as arma e se machucaram e morreram". Fico tão assustada com a notícia que nem corrijo a maneira como ela falou. Eu ouvi falar sobre um assassinato seguido de suicídio no lado oeste da cidade, mas não sabia que eram vizinhos de Abigail. "Abigail, você tem certeza disso?" Ainda enrolando o cabelo, Abigail responde: "Sim, papai me contou porque eu ouvi o barulho quando tava na rua brincando na cama elástica. Eu tive que falar com os policiais e tudo o mais". Vários alunos parecem chocados. "Você teve que falar com os policiais?" Margaret pergunta com olhos arregalados. Abigail continua: "É, porque eles queriam saber se eu vi alguma coisa. Mas eu não vi. Eu só ouvi os tiros", olho para Abigail preocupada. "Como você se sente com tudo isso, Abigail?", pergunto. "Bem. Papai diz que não preciso me preocupar porque coisas ruins assim só acontecem nas favelas."

Novamente, mal posso acreditar no que ouvi. Penso, "Se só acontecem nas favelas, então por que aconteceu no seu bairro?". Felizmente, percebo que é hora do recreio. Graças a Deus. Viro-me para Abigail e digo: "Eu adoraria mostrar as suas unhas para algumas pessoas. Pode ser?". Abigail concorda com a cabeça e diz: "Sem problema, Sra. Gomez", imitando a voz do Beary-Beary. A maioria das crianças ri disso. "Mas espera, Sra. Gomez", Arthur interrompe, "Não conseguimos fazer três perguntas para Abigail". Olho para Arthur e digo, "Não se preocupe. Perguntaremos depois". Não tenho tanta certeza de que manterei essa promessa. Segurando firme os projéteis, começo a dispensar as crianças para o recreio.

Questões para discussão

1. Quais seriam seus próximos passos?
2. Quais seriam suas preocupações se Abigail fosse sua aluna?
3. Quais são os aspectos positivos e negativos de contatar os pais de Abigail?
4. Em algumas partes dos Estados Unidos, crianças aprendem a mexer com armas, a caçar com rifles e vivem em casas onde há armas, rifles e munição. Qual é a sua opinião sobre crianças caçando com um familiar responsável ou outro adulto?
5. Quais atividades/lições você poderia fazer com seus alunos para promover a segurança em relação às armas?

TRÊS REBATIDAS – VOCÊ ESTÁ FORA

"5, 4, 3, 2, 1... todos olhando para mim", digo para a minha turma do 6º ano com 16 meninas e 14 meninos. Olho em volta, vejo que tenho a atenção da maioria dos alunos e fixo o olhar naqueles dois que não estão prestando atenção. Então, digo: "É hora da educação física". Eles começam a bater palmas, mover suas cadeiras para trás e a jogar seus diários nas mesas. "5, 4..." Começo novamente... e, então, escuto o familiar, "Shhhh! Não vamos poder sair se vocês continuarem falando", Shanice diz, em seu tom normal de autoridade. Será que eu deveria avisar *novamente* que ela também está fazendo barulho ao falar isso? Ah, esqueça – ela consegue resultados. "Antes de sairmos", continuo, "Quero que vocês marquem as páginas das suas três anotações favoritas das últimas duas semanas". Após alguns minutos, digo: "Agora, quero que os líderes de cada mesa recolham os diários e os deixem em minha mesa". Então, chamo cada mesa para fazer a fila para a educação física.

Meus alunos têm jogado beisebol contra a turma de Sam Hernandez durante todo o ano. É uma competição acirrada, pois seus alunos estão no 7º ano e consideram meus alunos umas criancinhas. Porém, com o Danny em nosso time, acertando todas as bolas, a vitória é certa. "É incrível como Danny é bom", Sam comenta comigo logo atrás do batedor. "Pois é", respondo. "Seus pais têm muito orgulho dele. Até o inscreveram para o time da Associação de Jovens Cristãos." Sam

Questões sociais desafiadoras na escola **103**

olha para Danny e diz: "E como vai o irmão dele, Matt? Ele foi meu aluno há muito tempo no 7º ano. Era um ótimo jogador de beisebol também". Penso um pouco antes de responder. Danny escreveu sobre o irmão em seu diário, e, pelo que entendi, ele não está indo bem na escola nem em casa. "Sra. Patrickson", Danny escreveu, "Acho que o meu irmão ficou amigo de umas pessoas más. Quer dizer, meu irmão não é mau, mas alguns dos seus amigos são".

"Rose", diz Sam, interrompendo meus pensamentos, "Você ouviu o que eu disse?". Balançando a cabeça, digo: "Desculpa. Acho que o irmão dele vai bem. Aquela coisa normal de adolescente, acho".

"Terceira rebatida! Você está fora! A turma da Sra. Patrickson ganhou o jogo!", grita nosso zelador, o Sr. Monroe. Meus alunos correm até mim gritando e pulando. Cumprimento Sam e digo: "Nos vemos amanhã cedinho para o jogo de verdade". Sam sorri, organiza a fila de seus alunos e os leva de volta para a aula. Assim que chegamos à nossa sala, peço que todos anotem os deveres de casa em suas agendas, limpem em volta de seus assentos e coloquem as cadeiras no lugar. "5, 4, 3, 2, 1", falo em meio à conversa dos alunos. Quando consigo a atenção de todos, digo: "OK, pessoal, o grande jogo é amanhã. Durmam muito bem esta noite, tomem um bom café da manhã e cheguem na hora". Então, o sino toca, finalizando mais um atarefado dia de aula.

Limpo minha mesa bagunçada para ter espaço para ler os diários. No topo da pilha está o de Danny. Geralmente, embora ele cometa erros gramaticais e de ortografia, seus textos são encantadores. Pego minha caneta verde de sempre e começo a ler. "Data: 15 de março: Cara Sra. Patrickson, eu estou muito assustado com meu irmão. Não acho que ele está usando drogas nem vai matar ninguém. Ele só tem aparecido de vez em quando em casa. Bom, não tá exatamente indo de vez em quando, mas fica trazendo aqueles chatos que o pai odeia. Papai acha que eles têm uma gangue ou algo assim porque eles usam bandanas e são tatuados e tal. Eles nem vão para nenhuma escola, o pai me disse. Não sei o que fazer. Eles discutem o tempo todo e tal *tão* nos deixando loucos."

Sua seleção seguinte diz: "Data: 22 de março: Cara Sra. Patrickson, meu irmão estava na sala ontem e parecia muito triste. Perguntei por que estava todo assustado e ele me mandou calar a boca. Já era pra gente *tá* dormindo porque era tipo 2 da madrugada, eu acho. Depois ele me disse que eles querem que ele entre na gangue. 'O pai vai me matar' é só o que ele fala. Eu disse por que eles querem você? Você é um *nerd*. Ele disse que é porque ele é inteligente. De manhã, ele me levou *prum* canto e disse que não posso falar *pro* pai. Eu prometi. Mas agora estou assustado também".

Fico sentada com medo até de começar a ler o terceiro registro. Mas é o que devo fazer. "Data: 1º de abril: Cara Sra. Patrickson, meu irmão voltou pra casa ontem com um olho roxo. Primeiro ele disse que tropeçou e essas coisas, mas eu sabia que era mentira. Quando o pai chegou em casa ficou furioso. Ele queria chamar a polícia e essas coisas. A mãe também. Eles chamaram, mas não aconteceu nada. Eles só escreveram umas coisas."

Fechando o diário, começo a pensar: "O que eu faço? Preciso fazer alguma coisa?". Acho que os assistentes já foram embora, e a Sra. Roth, nossa diretora, foi para uma reunião, então não posso falar com eles. Em seguida, uma voz retumba no alto-falante e interrompe meus pensamentos. "Sra. Patrickson", diz a Sra. Logan, secretária da escola, "Você recebeu uma ligação". "Obrigada", respondo. Antes de sair da sala, coloco um *post-it* no diário de Danny para me lembrar de falar com alguém sobre a situação. "Mas quem?". Então, dou de ombros e digo: "Ah, resolvo isso amanhã".

De manhã cedo, no dia seguinte, os alunos estão muito empolgados com o jogo de beisebol. "Meu pai tirou folga no trabalho, Sra. Patrickson, para poder filmar o jogo", diz Shanice orgulhosa. "Minha avó *tá* aqui também", diz Byron. "5, 4, 3, 2, 1... todos olhando para mim", digo para meus alunos do 6º ano. "Preciso fazer a chamada e a contagem dos alunos antes de sairmos." Enquanto faço isso, percebo que Danny está ausente. "Sabia que o Danny não viria", diz Shanice. "Senhoras e senhores", digo, "Não vamos sair durante meia hora. Então, peguem seus diários e comecem a escrever". Fico tão feliz que decidimos não começar o jogo logo no início da aula. Pode ser que Danny consiga chegar a tempo. Infelizmente, 40 minutos passam e nada do Danny; os alunos estão extremamente decepcionados. "Não temos um rebatedor!", "A gente vai perder com certeza!", "Eu odeio o Danny!". Eles começam a dizer essas coisas baixinho para não serem castigados, mas falam alto o suficiente para que os colegas escutem. "Senhoras e senhores", começo, "Teremos que ir lá e dar o nosso melhor". "Agora, peguem..."

Nesse momento, as crianças começam a aplaudir. "O Danny chegou!", alguns gritam. Confesso que fico feliz, mas decepcionada com o atraso. Estou com um índice muito alto de atrasos este ano e preciso castigá-lo. Pronta para puxar sua orelha, digo em tom severo: "Você trouxe um bilhete de atraso da secretaria?" Danny me olha confuso e diz: "Não", em um tom de voz baixo, com um olhar fixo para a frente. Ao me aproximar e olhá-lo nos olhos, percebo que há algo errado. Muito errado. Ele está sem fôlego e agora abre a boca como se quisesse falar. Então, me olha e, com olhos arregalados diz: "Eu tive que me esconder nos arbustos porque achei que tinha visto eles hoje de manhã quando vinha para a escola". Sem entendê-lo, me ajoelho e pergunto: "Danny, do que você está falando?". Ele responde: "A gangue que eu falei para você. Eles pegaram meu irmão no beco que fica atrás da nossa casa". Ele respira fundo e continua: "Eles bateram nele com tacos de beisebol e correntes e outras coisas!". Ainda segurando minha camisa, Danny diz, "Ele estava cheio de sangue, Sra. Patrickson. Cheio de sangue". Agora segurando-o, pergunto: "Danny, ele está bem? Onde estão seus pais?". Balançando a cabeça, ele diz: "Eles estão no hospital com o meu irmão". Danny, então, olha para a sala e para seus colegas assustados atrás de mim. Ele começa a chorar e diz: "Eu não entendo, Sra. Patrickson. Eu não entendo!".

Questões para discussão

1. Qual seria sua conduta imediata em relação a Danny, a seus alunos e a diretoria?
2. Quais seriam algumas atitudes que você poderia ter tomado após começar a ler o diário?
3. O conteúdo de diários escolares é confidencial e protegido pela lei?
4. Seria preciso que você conseguisse a permissão dos pais se a polícia quisesse ler o diário?
5. Quais são os aspectos positivos e negativos de manter o jogo de beisebol naquele dia? E se você transferisse a partida?

Conselhos de professores experientes sobre... Violência

- Os professores devem lembrar que é sua responsabilidade denunciar, e não investigar, esses tipos de incidentes. Na verdade, o envolvimento de professores poderia dificultar a investigação do profissional qualificado.
- A psique de um aluno do ensino fundamental é muito frágil. É importante que os alunos que convivem com esses tipos de atos de violência tenham acesso à ajuda profissional, como o psicólogo ou assistente da escola.
- Os professores devem buscar orientação de profissionais para saberem criar um ambiente seguro e acolhedor para tais alunos de modo que possam ter um bom desempenho escolar.
- Para proteger a privacidade do aluno, os professores devem evitar falar sobre questões específicas relacionadas a esses tipos de incidentes com os outros alunos da turma. No entanto, devem falar com os alunos sobre o que fazer quando eles presenciam ou vivem situações desagradáveis.
- É importante que os adultos levem muito a sério qualquer denúncia de violência por parte de qualquer aluno. Embora os incidentes acima relatados não constituam abuso infantil, eles criam um ambiente muito hostil para os alunos e devem ser denunciados às autoridades adequadas para que sejam investigados.

13

Religião

EU NÃO FAÇO A ORAÇÃO

"Está muito quente lá fora", digo para os alunos do 4º ano enquanto se organizam. Seus rostos avermelhados e cabelos suados confirmam minha afirmação. "Sra. Connors", diz Tatiana, "Será que daria para cozinhar um ovo no chão?". Alguns alunos param o que estão fazendo e olham para ela. "Eu vi em um desenho animado. Aposto que funcionaria". Digo para os alunos: "Isso me soa como um projeto de ciências. Teremos de pensar muito sobre isso e realizar esse projeto em uma aula". A maioria começa a vibrar com a ideia. Enquanto descansam, inicio o momento de leitura em silêncio. Dou 20 minutos, todos os dias, no início da aula, para que peguem sua leitura preferida e leiam antes de começarmos a aula de língua inglesa. Penso que isso permite que os alunos reflitam, preparem-se para a aula, relaxem e façam algo que dá prazer à maioria deles. Esse momento também me dá um tempo para fazer a chamada, a contagem dos alunos após o almoço, recolher os deveres de casa, ler recados dos pais e todas as outras coisas que um professor deve fazer.

Durante todos os momentos de leitura em nossas aulas, deixo que leiam livros, folhetos, revistas, catálogos, jornais, letras de músicas, livros de receitas e qualquer outra coisa que quiserem, desde que seja adequada à sua idade. Fui a lojas de roupa de cama, academias de ginástica, *shopping centers*, faculdades e universidades, estúdios de fotografia, lojas de roupa, lojas de automóveis e quaisquer outros lugares que tivessem algum material escrito e pedi ao dono se poderia trazê-lo para os meus alunos. Percebi que até os leitores mais relutantes agora estão se dedicando mais. Talvez seja porque há mais opções.

Muitos minutos depois, o sistema de alto-falantes da escola retumba na sala no horário de sempre. "Olá, alunos da Wilmington", grita uma voz não identificada de algum aluno no microfone. A maioria dos meus alunos tapa os ouvidos. Isso

Questões sociais desafiadoras na escola **107**

acontece todos os dias, mas eles sempre reagem como se fosse novidade. O aluno não identificado continua: "Aqui é o Steven 'Espertinho', da maravilhosa turma do 6º ano do Sr. Malone". Steven "Espertinho" continua: "Temos alguns anúncios hoje". Então, o ouvimos mexer em papéis e fazer perguntas enquanto tenta tapar o microfone. Acho graça e me questiono o quão "esperto" o Steven "Espertinho" é. Nesse momento, ele volta a falar. "OK, pessoal. Não se deixem enganar por esse pequeno *faux pas*", ele diz, enfatizando *faux pas*. "Para aqueles que não sabem, um *faux pas* é um erro em francês". Então, ele ri e continua: "Viram, Steven 'Espertinho' está aqui até para ajudar a ensinar uma nova língua". Todos podemos escutar sua risada, e o Sr. Simpson, nosso diretor, diz: "Vamos logo, Steven". Limpando sua garganta, Steven diz: "Na cafeteria, vocês podem escolher cachorro-quente ou *pretzel* de presunto e queijo. O bar de saladas está fechado hoje". Ouço alguns alunos reclamarem da notícia. "O ensaio da banda também é hoje. Por favor, vão ao ginásio às 13h20min em ponto. Segundo o Sr. Kietz, quem chegar mais cedo ou mais tarde volta para a sala de aula."

Então, como se estivesse lendo suas anotações, Steven "Espertinho" finalmente diz: "E assim termino os anúncios do dia. Por favor, levantem-se para a oração". Assim, todos os meus alunos se levantam e começam a fazer a oração com Steven. Ao olhar para a turma, vejo nosso aluno novo, Terry, balançando sua cabeça sentado com braços cruzados. Quando a oração termina, Terry olha em volta e diz em voz alta: "Não preciso fazer a oração porque não acredito em Deus. Não sei como vocês acreditam em um Deus que não podem ver. Vocês são uns idiotas!". Meus alunos me olham completamente chocados.

Questões para discussão

1. O que você diria a Terry sobre a sua reação exaltada?
2. Qual é sua opinião pessoal sobre fazer a oração?
3. Como você lidaria com essa situação com Terry ou outros alunos como Terry, que se recusam a fazer a oração?
4. Como você lidaria com o comentário de Terry sobre a descrença em Deus e a idiotice dos que nele acreditam?
5. De que maneiras diferentes essa situação seria abordada em uma escola pública, privada ou religiosa?

EXIGÊNCIAS RAZOÁVEIS?

"Matemática está me enlouquecendo", digo a Juan, outros professor do 2º ano. "Com todos os projetos, atividades e deveres de casa, eu achava que meus alunos estariam muito bem", continuo. Infelizmente, logo antes do recreio, fizemos um teste valendo meio ponto. Quando vi a Sra. Flynn, uma das mães voluntárias, escrevendo as notas, fiquei triste. Trabalhamos tanto e vemos resultados tão ruins.

Interrompendo meus pensamentos, Juan diz: "Entendo. Meus alunos adoram os jogos e tudo o mais. Mas, nossa... só os deveres de casa já estão me matando". Vanessa, outra professora do 2º ano, chega a tempo de ouvir o último comentário de Juan. "Ah, vocês devem estar falando de matemática." Ela me olha e diz: "Como foram os seus alunos?". Olho para ela e faço um sinal negativo. "Eles se esforçaram tanto. Sei que vão ficar muito tristes." Vanessa, que leciona no 2º ano há muito tempo, concorda com a cabeça. Nesse momento, a campainha toca, indicando o fim do recreio.

Após vários minutos, meus alunos estão de volta em seus assentos, tomando água das suas garrafinhas ou do bebedouro da sala e mordiscando o seu lanche da manhã. Cerca de 1 hora e meia antes do almoço, nosso diretor permite que os alunos façam lanches nutritivos em sala de aula. Acredito que, quando o Sr. Peters lançou essa ideia, pensava em lanches como frutas e vegetais. Porém, agora sinto que estou na Equipe de Controle da Má Alimentação, tentando tirar da sala pedaços de bolo, doces, biscoitos e afins. Já que temos feito isso durante a maior parte do ano, meus alunos praticamente já se acostumaram. Agora que estão organizados, anuncio: "Vocês devem pegar seus diários e terminar de escrever seus poemas".

Enquanto meus alunos comem e escrevem, percebo que Bridgett está lá no fundo escrevendo, mas não trouxe seu lanche de cenouras com palitos de aipo de sempre. "Bridgett", digo em voz baixa, "Por favor, venha aqui um pouquinho". Bridgett é uma das crianças mais queridas da turma. Logo que ela entrou na escola, confesso que me assustei, pois seus pais me falaram que eram muito religiosos. Na sua família, as crianças não podem assistir à televisão, ouvir música ou celebrar feriados não religiosos, precisam da autorização dos pais antes de ler qualquer material e têm uma dieta restrita. Por causa disso, Bridgett geralmente lê a Bíblia infantil durante o momento da leitura em silêncio.

Quando ela chega à minha mesa, diz: "Sim, Sra. Donerson". Olho para ela e pergunto: "Onde está o seu lanche, Bridgett?". Com um olhar triste, ela responde baixinho: "Estamos de jejum nessa semana. Então, não posso fazer o lanche nem almoçar". Fico bastante surpresa. Sem saber bem o que dizer, pergunto: "Você pode beber água?". Bridgett responde: "Mamãe disse que posso tomar um gole quando tiver muita sede. Mas antes preciso rezar". Olho para Bridgett e continuo: "Quer saber? Também não vou comer meu lanche para lhe ajudar". A expressão de Bridgett melhora. Depois disso, ela volta para a sua mesa.

Após uma ótima aula de estudos sociais sobre organizações comunitárias, começamos a nos preparar para o almoço. Estou com muita fome. Pensando sobre aquela situação, pergunto a Bridgett: "Querida, você quer ir para a sala de outra professora enquanto seus colegas almoçam, para não precisar vê-los comer?". Ela me olha e, novamente, falando baixinho, responde: "Sim, senhora". Então, enquanto levo meus outros alunos até a cafeteria, deixo Bridgett na sala de Margô. Ela é professora do 6º ano e geralmente nos ajudamos nessas situações.

Quando dou uma grande mordida em meu sanduíche, a Sra. O'Leary, secretária da escola, vem da diretoria. "Roni", ela diz, "Há um problema que você

Questões sociais desafiadoras na escola **109**

precisa resolver na sala de Margô". Inicialmente, fico confusa. Então, me lembro de Bridgett. Saio rapidamente da sala dos professores e vou para a sala 34. Ao chegar, vejo Margô abaixada, conversando com Bridgett, que chora descontroladamente. Margô se vira para mim com aquele olhar de "É por isso que dou aula para os alunos mais velhos". Então, me ajoelho e abraço Bridgett. Ela começa a se acalmar, e me afasto para poder ver seu rosto. "Bridgett, querida, qual é o problema?" Ela me olha, passando a mão na cabeça e nos olhos, e diz: "Eu *tô* com muita fome. Minha cabeça dói". E, olhando para cima, ela diz: "Eu não quero fazer jejum. Eu quero comer".

Questões para discussão

1. Qual é a sua responsabilidade legal nessa situação?
2. Qual é a sua responsabilidade ética nessa situação?
3. Quais funcionários da escola você deve envolver na discussão/situação?
4. Para se preparar melhor como professor, como você pode estimular os pais a lhe informar se seus filhos estão fazendo jejum ou se precisam de um tempo para rezar durante o dia?
5. O que você diria aos pais de Bridgett quando falasse com eles?

PARE DE OLHAR

LaShayla, que está olhando pela janela, diz: "Acho que o diretor está chegando". Ela se vira e grita: "Quem andou aprontando?". Peço silêncio para a turma. "Só porque o diretor está vindo até a nossa sala não significa que alguém será castigado", digo aos alunos. Alguns me olham com sorrisos marotos, como se não acreditassem em nada do que eu disse. O Sr. Clark abre a porta e diz: "Olá, Sra. Phelps e alunos do 2º ano". Meus alunos sabem o que fazer. "Olá, Sr. Clark", eles dizem em coro. Segurando a respiração, fica claro que esperam para saber quem o Sr. Clark chamará para o corredor. Ele me olha e diz: "Eu poderia falar rapidinho com você no corredor, Sra. Phelps?". A expressão de surpresa dos meus alunos é hilária. Alguns até exclamam, "Oooohhhh!". Para manter a ordem, viro-me para a turma e digo: "Meninos e meninas, vocês sabem que não serei castigada. Então, voltem a ler e cuidem dos seus problemas". Alguns começam a rir, enquanto outros me olham descrentes.

Quando saímos da sala, o Sr. Clark diz: "Por que eles achariam que você será castigada?". Balanço a cabeça. "É uma longa história. Eles acham que sempre que o senhor ou a Sra. Simms vão a uma sala, alguém andou aprontando." O Sr. Clark balança a cabeça e solta uma risadinha. "Esses pequenos sempre me surpreendem." Então, limpa a garganta e continua: "A razão pela qual vim aqui é para informá-la que consegui uma monitora de meio expediente para você. Seu nome é Farzana Akbar, e ela está prestes a se formar em artes liberais. Ela quer se tornar professora". Recuperando o fôlego, ele continua: "Ela irá trabalhar com você durante a manhã, antes do almoço". Estou chocada. Tenho solicitado assistência para a minha turma desde que cheguei ao trigésimo quarto aluno. Acho que isso é ilegal, e o sindicato não aceitaria. Finalmente tudo deu certo. "Quando ela começa? Ela é casada? Tem filhos?", pergunto. O Sr. Clark pensa um pouco e diz: "Ela chegará amanhã cedo, não é casada, não tem filhos". Então, ele sorri e diz: "Meus parabéns", e vai embora.

Quando volto para a sala, meus alunos estão com os olhos arregalados. Obviamente, meu breve discurso não acalmou a ideia de que alguém seria castigado. Então, anuncio: "Amanhã, teremos uma assistente de professora na sala. Seu nome é Sra. Akbar. Ela quer se tornar professora, como alguns de vocês". Alguns alunos comemoram. Olho pela sala e vejo Josh com a mão levantada. "Sra. Phelps", ele começa, "Por que nunca temos assistentes meninos?". Penso um pouco e respondo: "Novamente, uma boa ideia. Tomaremos providências para isso também". Josh sorri orgulhoso.

À noite, quando chego em casa, faço ginástica, como um sanduíche de queijo, tomo banho, corrijo alguns trabalhos e caio exausta no sofá. Quando meu alarme toca, sinto que vou desmaiar. Estou tão cansada! Mas então me lembro da Sra. Akbar e pulo da cama, empolgada. Soube que ela já terminou o magistério, então deve saber sobre a oficina de leitura, a oficina de escrita e afins. Essas áreas, junto com matemática, são fundamentais, e é muito difícil ensiná-las para 34 alunos.

Quando chego, percebo que há uma pessoa em minha sala com uma vestimenta toda preta. Olho para a minha mesa e vejo o Sr. Clark desligando o telefone. "Olá, Sra. Phelps." Ele olha para a moça e diz: "Mônica, esta é Farzana Akbar, sua nova assistente". Estendo a mão para cumprimentá-la, e sua mão está coberta por uma luva preta. De frente, consigo ver seu rosto e algumas mechas de cabelo. Fora isso, tudo está coberto. "Bom, vejo que você pôde ver as histórias em quadrinhos que as crianças estão fazendo", digo apontando para a parede que ela estava admirando quando cheguei. "Ah, sim", ela diz sorridente. "São tão boni-tinhas." O Sr. Clark, que observava toda a conversa, encosta sua mão em minhas costas e diz: "Vou deixá-las sozinhas. Sei que precisam se organizar". Assim, ele sai da sala.

Farzana e eu olhamos para o relógio e percebemos que temos 20 minutos antes de os alunos chegarem. Explico brevemente nossas oficinas de leitura e escrita e fico bastante impressionada com os seus conhecimentos. Enquanto rimos e conversamos sobre a profissão, a campainha toca. Meus alunos formam uma fila na frente da sala e, logo antes de abrir a porta, viro-me para Farzana e pergunto: "Como você quer que as crianças lhe chamem?". Farzana pensa um pouco e responde: "Sra. Akbar está bem". Concordando, abro a porta, cumprimento todos e deixo-os entrar na sala. Enquanto cumprimento os alunos de trás, percebo que a fila está parada lá na frente. Para a minha surpresa, a maioria dos alunos está observando a Sra. Akbar com olhos arregalados. Ela está tentando cumpri-mentá-los com a mão estendida. Mas ninguém corresponde. Nesse momento, ouço Jonathan dizer: "Ela é terrorista?".

Questões sociais desafiadoras na escola **111**

Questões para discussão

1. Qual seria sua reação imediata a essa situação?
2. Como você apresentaria Farzana Akbar para os seus alunos?
3. O que você poderia ter feito para se preparar melhor e preparar seus alunos para a entrada da Sra. Akbar?
4. Quais são os diferentes tipos de trajes que as mulheres praticantes do islamismo vestem?
5. Quais atividades você poderia realizar no curto e no longo prazo para ajudar seus alunos a compreender as diferenças e reagir bem a elas?

Conselhos de professores experientes sobre... Religião

- Todos nós tivemos algum caso de pais que não querem que seus filhos participem de celebrações de Halloween, aniversários ou festas de feriado ou mesmo que recitassem a oração. Reconhecemos que é seu direito. Resolvemos essas situações pedindo para algum outro professor deixar a criança em sua sala até que a festa da nossa turma acabasse ou permitindo que a criança ficasse quieta e sentada enquanto o resto da turma rezava. Se os outros professores também estiverem em festas, levamos a criança à secretaria ou à biblioteca para ver se pode ficar ali como ajudante durante a festa de sua turma. Se você se dedicar a desenvolver uma relação respeitosa com os funcionários da escola, eles estarão sempre dispostos a aceitar tais solicitações.
- No caso da criança que chama seus colegas de idiotas por rezarem, isso é inaceitável. Novamente, não podemos tolerar implicâncias, ridicularizações e *bullying*, visto que podem levar a problemas comportamentais mais extremos. Assim, haverá consequências.
- A presença da Sra. Akbar na sala de aula é uma ótima oportunidade para conversar sobre sua religião e suas práticas religiosas/culturais. Deixaríamos ela se apresentar e, então, faríamos perguntas sobre seu traje e abriríamos espaço para perguntas dos alunos. Crianças são curiosas e observam com indiscrição. Isso é normal. Assim, dar a elas uma chance de fazer perguntas e receber informações corretas ajuda a desfazer mitos e ideias deturpadas. Após certo tempo, a maioria das crianças passará a ver a Sra. Akbar como mais um membro da nossa família escolar.
- Todos nós realmente gostaríamos de poder abordar religião com mais objetividade. Com tantas guerras religiosas ocorrendo, acreditamos que aprender mais sobre as religiões ajudaria a desenvolver a empatia, o interesse e a compreensão dos alunos. Mais ensino religioso desfaria mitos e ideias deturpadas, pois os alunos recebem informações erradas ou mesmo nenhuma informação ou então informação sobre várias religiões por meio das notícias, sempre tendenciosas ou preconceituosas. Não iríamos convertê-las, mas ensinaríamos religião sob as perspectivas histórica, política e cultural. Nos anos iniciais, teríamos como foco os feriados, as tradições e os costumes de várias religiões.
- Todos gostaríamos de poder dizer aos pais que exigem saber antecipadamente quais são os livros e recursos que usaremos durante as aulas que eduquem seu filho em casa ou o mandem para uma escola particular ou de sua igreja. Como so-

mos profissionais, não o fazemos. O que dizemos é que sua exigência não é sensata porque, muitas vezes, o ensino depende tanto do momento, especialmente nas leituras em voz alta, que seria impossível ficarmos informando-os todos os dias. No entanto, garantimos que, caso seja selecionado um livro ou outro recurso possivelmente incômodo para a criança, nós a levaremos para outra turma.

- Se uma criança está em jejum e começa a chorar ou fica fraca, você precisa contatar a enfermaria da escola o quanto antes. A enfermeira, então, deve contatar os pais para discutir melhor essa situação. Também sugerimos que você pergunte à enfermeira como deve lidar com a situação no momento se a criança estiver em sua turma.

14

Pobreza

CHEGA DE LIVROS

"Sr. Wallis", diz Greg, "Posso levar o livro da biblioteca para o recreio? Estou numa parte muito boa". Olho para ele e digo: "Sem problema, querido. Só cuide bem do livro porque custa caro para substituir". Greg responde, ao sair rapidamente da sala com seu livro: "Obrigado, Sr. Wallis".

A maioria dos meus alunos do 5º ano gosta de ler. Porém, nunca vi um aluno que gostasse tanto como Greg. Ele se empolga muito com ficção científica, não ficção, mistérios, poesia, histórias com humor, histórias sérias... seja o que for, ele adora. Gostei muito de sua decisão de retirar, na biblioteca, livros com imagens para ler para seu irmão mais novo em casa. "Sr. Wallis", ele escreveu em seu diário. "Não temos muito dinheiro, então não temos livros em casa. Eu gostaria de começar a retirar livros para crianças pequenas, porque meu irmãozinho adoraria que eu lesse para ele. Ele tem adorado livros com trens, caminhões, carros e leões. Vou tentar achar alguns desses livros quando formos para a biblioteca na quarta-feira." Então, embora ele adore retirar livros para si mesmo, também se dispôs a sacrificar um dos três livros a que tem direito para retirar um para seu irmão.

Quando a campainha toca indicando o fim do intervalo, meus alunos lentamente voltam para a sala e se preparam para irmos à biblioteca. Greg volta empolgado para a sala. "Terminei meu livro, Sr. Wallis", ele anuncia. "Era bom?", pergunto. "Era, adorei o jeito que o autor fala sobre como criar jogos de computador. Quero trabalhar com isso quando eu crescer." Confesso que fico chocado. "Pensei que você queria ser escritor", respondo. "Escritor *e* programador de computador", ele me corrige. Penso um pouco e digo: "Quer saber? Tenho certeza de que você conseguirá". Greg me olha timidamente e diz: "Obrigado, Sr. Wallis".

"Mesa 1, em fila, por favor", anuncio para a turma. Ultimamente, meus alunos têm formado a fila correndo, uns se esbarrando nos outros e falando sem parar. "E prestem atenção em como a mesa está caminhando até a fila. Não estão se esbarrando nem conversando e não arrastaram suas cadeiras no chão. Obrigado, mesa 1." Espero alguns segundos para que o resto dos alunos assimile a informação. "Agora, mesa 4", continuo, "por favor, mostrem que podem caminhar para a fila como alunos de 5º ano". Quando todos já estão em fila e quietos, começamos a nos dirigir à biblioteca. Surpreendentemente, não temos problemas ao ir para a biblioteca, a cafeteria ou o pátio – ou qualquer lugar. Talvez não devesse me surpreender, pois quando são elogiados por algum funcionário, coloco quatro feijões em nosso pote de vidro.

Ao entrarem na biblioteca, todos se sentam e esperam as instruções dadas por mim ou pela Sra. Neal, nossa bibliotecária. Percebo que ela está ocupada ajudando outro aluno, então peço que esperem pacientemente até que esteja pronta. A Sra. Neal olha para os meus alunos quietos, elogia sua consideração e avisa que seus livros já foram todos devolvidos, então já podem começar a procurar novos livros. Eles se levantam e começam a procurar nas prateleiras.

Ficamos na biblioteca por 30 minutos. "Sr. Wallis", Greg me diz olhando para seus livros, "Achei outro livro do mesmo autor". "Ótimo, Greg", respondo. "O que você pegou para o seu irmãozinho, Kevin?" Greg se empolga, "Encontrei um livro *pop-up* com trens, barcos, carros... tudo. Ele vai adorar". Olho para Greg e digo, "Tenho certeza de que vai".

No dia seguinte, uma outra aluna minha, Jasmine, chega mais cedo e me conta que viu Greg com seu pai na biblioteca e que seu rosto estava vermelho, parecia que havia chorado. "Eles ainda estão na biblioteca?", pergunto. Jasmine, cuja preocupação percebo ser genuína, dá de ombros e diz: "Não sei, Sr. Wallis". Agradeço por ter me avisado e vou atrás de Greg e seu pai. Quando chego à biblioteca, a Sra. Neal me diz que Greg e seu pai foram até a diretoria. Ao chegar lá, vejo Greg sentado em uma cadeira ao lado de seu pai.

O Sr. Foster se levanta, estende a mão e diz: "Olá, Sr. Wallis". "Que bom encontrá-lo", respondo. Olho para Greg e pergunto: "Está tudo bem, querido?" Greg balança a cabeça e olha para seu pai. Ao não responder minha pergunta, seu pai interfere: "Sr. Wallis, infelizmente, meu filho de 3 anos conseguiu pegar o livro que Greg tirou da biblioteca. Ele arrancou todos os carros e riscou no livro com lápis de cor. Falei com a Sra. Neal e ela me disse que custará 65 dólares para substituir o livro". O Sr. Foster olha para Greg e diz: "Eu simplesmente não tenho como pagar isso. Ainda mais agora que o câncer de minha esposa voltou e sou o único da casa que está trabalhando". Posso ver que o Sr. Foster realmente está preocupado com isso, e ele prossegue. "Falei com a Sra. Neal e fizemos um acerto. Pagarei 5 dólares por semana até que o livro esteja pago." Então, o Sr. Foster olha para Greg e diz: "Mas não quero que Greg retire mais livros, porque não poderei pagar se isso se repetir". Assim, Greg começa a chorar.

Questões para discussão

1. O que você diria ao Sr. Foster?
2. O que você diria a Greg?
3. Quais atividades/lições você poderia fazer com a turma a fim de receber doações de livros para a biblioteca?
4. Qual é a sua opinião sobre o preço exagerado dos livros da biblioteca?
5. O que você diria à bibliotecária ou à diretoria em relação a esses valores?

AQUELAS CRIANÇAS DO ABRIGO PARA SEM-TETO

"Bom dia para você, bom dia para você. Estamos todos sentados e bem comportados. E hoje é o dia de começar um novo dia", cantam meus 26 alunos da pré--escola. Toda manhã, às 7h45min em ponto, cantamos nossa música. Achei que eles enjoariam dela, mas parecem adorá-la, pois toda manhã, no mesmo horário, eles começam a cantar. "Sra. Manning", a voz de Joyce, a secretária da escola, soa no alto--falante. "Uma nova criança entrará em sua turma hoje. Sua mãe está lhe trazendo." "Nossa, pessoal", digo, "temos um novo colega". Marcus levanta a mão e pergunta: "Você acha que é um menino ou uma menina?". Pensando, respondo, "Vamos fazer uma votação. Quem acha que é um menino?". Vinte e seis mãozinhas são levantadas. "Agora, quem acha que é uma menina?". As mesmas 26 mãozinhas são novamente levantadas. Acho que precisarei trabalhar mais as regras de votação com eles da próxima vez. Nesse momento, nossa porta se abre, e um menininho entra na sala com uma mulher. "É um menino!", Marcus grita e os outros alunos começam a aplaudir. O menino e sua mãe parecem surpresos com tal comoção.

"Oi", digo estendendo minha mão para ele, "Você deve ser nosso novo aluno". Ele olha para sua mãe e não diz nada. Finalmente, ela diz: "Este é o Mitch e eu sou sua mãe, Geraldine Hilbert. E sim, ele é o novo aluno". Abaixo-me para ter contato visual com Mitch e digo: "Eles estão felizes assim porque acabaram de fazer uma votação para adivinhar se você era menino ou menina. Como pode ver", falo ao me virar para meus alunos, "Eles estão muito contentes de ter você na turma". Novamente, Mitch fica calado e olha para sua mãe.

"OK, vamos encontrar alguns amigos para ajudar Mitch em sua nova escola", digo para a turma. Marcus logo levanta sua mão e se dispõe a ser amigo de Mitch. "Sra. Manning, eu, Chris e Benny o ajudaremos". Olho em volta e digo: "Mitch, você gostaria de sentar com Marcus?". Dessa vez, Mitch não olha para sua mãe e vai sentar entre Marcus e Chris no tapete, e Benny está logo atrás. "Sra. Manning", a mãe de Mitch me diz: "Há mais alguma coisa que eu deva fazer?". Viro-me para a turma e digo: "Queridos, podem falar baixinho com seus colegas". Volto-me para a Sra. Hilbert. "Não, Sra. Hilbert. Você será mais do que bem-vinda se quiser ficar. Ela me olha e diz: "Ah, por favor, pode me chamar de Geraldine". Então, olha para seu filho: "Acho que ele ficará bem. Estou sem telefone celular no momento porque foi cortado, mas se você tiver qualquer problema, pode ligar para o escritório no Abrigo Sunrise. Geraldine me entrega um papelzinho com um número de telefone. "Eles me avisarão e virei o mais rápido possível." Mitch volta para sua mãe, abraça sua perna e volta para seus colegas Marcus, Chris e Benny. Também acho que ele ficará bem.

Nossa manhã é ótima. As crianças participaram dos núcleos de alfabetização sem qualquer problema e pude participar de dois dos meus grupos de leitura orientada. Durante a aula de matemática, chamo Mitch à minha mesa a fim de avaliar seus conhecimentos. Nesse momento, ele está no grupo dos blocos com seus novos amigos. Quando o chamo, ele logo vem e se senta. "Olá, querido, só quero perguntar algumas coisas para saber mais sobre você. Pode ser?" Mitch abre um sorriso tímido e concorda com a cabeça. Pego minhas perguntas e a folha de avaliação de alfabetização. "Mitch, você ia à escola antes de vir para cá?" Ele me olha e responde: "Não, eu estava nas Begas". Nas Begas? Tento entender o que isso significa. "O que é nas Begas, Mitch?", pergunto esperando que ele esclareça. "Hmm", ele responde: "nas Begas". OK, não funcionou. "O que você fazia nas Begas?", pergunto. "Estava muito quente, então a gente tinha que ficar no carro", ele diz. "Ah, você quer dizer Las Vegas?" Mitch me olha e responde: "Sim, nas Begas".

Agora que essa parte foi resolvida, digo: "OK, Mitch, agora me conta o que gosta de fazer em casa". Ele pensa um pouco, "Hmm, a gente recém arranjou uma casa". Eu tinha esquecido completamente que Geraldine falou que estaria no Abrigo Sunrise. Não havia pensado muito nisso, mas acredito que ela não trabalha lá – eles vivem no abrigo. Também me pergunto se teriam morado no carro quando estavam em Las Vegas.

Isso está sendo muito mais difícil do que eu esperava. Decido começar com a avaliação de alfabetização. Para a minha surpresa, Mitch conseguiu atingir 100% em todas as seções. Ele identificou todas as 26 letras maiúsculas e minúsculas, recitou o alfabeto, identificou os números e soube contar até 20, identificou todos os formatos e cores e escreveu seu nome e sobrenome. Elogio Mitch pelo ótimo trabalho. "Nossa, Mitch, você fez um excelente resultado. Como você aprendeu tudo isso?" Mitch abre aquele mesmo sorriso e diz: "Mamãe me ensinou". Pergunto: "Como ela lhe ensinou todas essas coisas? Como você aprendeu a contar tantos números?". Mitch responde: "Hmm, minha mãe me fazia contar as estrelas e as árvores". Inclinando a cabeça para o lado, digo: "Sério?". Ele balança a cabeça e diz: "É, e eu dizia para ela as cores dos carros também". Depois disso, Mitch me contou que aprendeu os formatos olhando para janelas, pneus e coisas assim, e que sua mãe o fazia identificar as letras nos cartazes e avisos. Ela utilizou plenamente os recursos do ambiente dos quais meus professores de alfabetização sempre falavam.

Nesse momento, o alarme do cronômetro toca indicando que é hora do almoço. Mitch se junta aos colegas enquanto limpam a sala e se preparam para almoçar. Levo meus alunos até a cafeteria e vou até a sala dos professores. Muitos professores do ensino fundamental estão lá quando chego. "Ah, Danielle", ouço Rosaline me chamar, "Ouvi que você está com um novo aluno daquele abrigo".

"Ufa", Marron exclama, "Estou tão feliz que não tenho mais uma daquelas crianças. Eles não sabem nada. São todos gente de péssimo nível". Meus olhos se arregalam e não consigo acreditar no que ouço. "Pois é", responde Mark, "Fico feliz que já tenho muitos alunos, assim ele não poderia entrar na minha turma". Percebendo minha expressão de surpresa, Marron diz: "Posso dizer que são gente de péssimo nível porque tenho familiares de péssimo nível". E, então, ela sai da sala dos professores.

Questões para discussão

1. Qual é a sua opinião em relação ao comentário de Marron de que poderia chamar os outros de "gente de péssimo nível" por ter familiares que considera serem assim também?
2. O que você diria aos seus colegas?
3. Quais são alguns desafios e soluções que você prevê ao trabalhar com famílias sem-teto?
4. Quais atividades seus alunos poderiam realizar para ajudar os sem-teto em sua comunidade e/ou no mundo?
5. Como você poderia incluir algumas das atividades de alfabetização que Geraldine praticou com Mitch em suas aulas?

O PROJETO DA FEIRA DE CIÊNCIAS

"Nossa", diz José, "Não acredito que posso ganhar um computador se fizer um projeto para a feira de ciências". Enquanto meus alunos do 6º ano entram na sala após a reunião, ouço conversarem sobre o que o Dr. Johnson, um cientista aposentado da faculdade local, ofereceu como recompensa para que participassem da feira de ciências deste ano.

"Olá, pessoal", Dr. Johnson começou, "Estou oferecendo ao vencedor da feira de ciências um computador portátil de graça com todos os recursos. Vocês poderão fazer o dever de casa nele e, espero, fazer pesquisas na internet que possam ajudá-los em seus futuros trabalhos científicos". Após ele dizer "de graça", meus alunos ficaram tão empolgados que seu ruído era contagioso. A Sra. Thompson, nossa diretora, precisou interferir para acalmá-los. "Pessoal", ela disse levantando o braço, "sei que estão muito empolgados com isso, mas precisam se acalmar e ouvir o que mais o Dr. Johnson tem a dizer". Todos no salão começam a mandar os outros ficarem quietos para ouvir o Dr. Johnson.

"Então", ele continuou, "Estou em busca de projetos criativos e bem escritos. Quero ver claramente seus esforços, conhecimentos sobre o assunto e entusiasmo pela ciência, pois eu adoro a ciência". "Bom", penso, "Não sei quanto entusiasmo pela ciência ele verá, mas aposto que eles fingirão o suficiente se quiserem ganhar o computador". "Lembrem-se", ele continuou, "O projeto deve estar organizado, digitado e incluir ilustrações e outros elementos ou equipamentos necessários para agradar os jurados". A Sra. Thompson, então, diz aos alunos que cada professor explicará melhor o concurso da feira de ciências em suas turmas.

Ao voltarmos para a sala, a empolgação dos meus alunos é evidente. "Todos vocês irão receber o cartaz para a feira, então não precisarão se preocupar em comprar um. Há diversos livros na sala sobre diferentes projetos de ciências que podem interessar vocês. Os que tiverem acesso a internet em casa, pesquisem sobre projetos de feiras de ciências que achem interessante. Por favor, cuidem para não escolher um experimento ou projeto que envolva animais ou humanos. Ninguém deve se machucar." Olho em volta e vejo as crianças cochichando entre si. "Alguma dúvida?" Pergunto antes de passar pastas com informações que o Dr. Johnson se deu ao trabalho de produzir para todos os alunos.

"Sra. Simmons", diz Shawn, "Você acha mesmo que a gente pode ganhar um computador? Quer dizer, por que ele vai dar um computador de graça? Será que ele é louco?". Agora todos se acalmaram e me olham com atenção. "Acho mesmo que qualquer um de vocês pode ganhar, Shawn", digo, e é o que penso. "Vocês são todos muito inteligentes, então não tenho dúvidas de que podem ganhar. Quanto ao Dr. Johnson, eu acho que, já que ele está aposentado, provavelmente quer garantir que a nova geração considere a ciência e a pesquisa como opções de carreira, pois foi a carreira e a paixão dele. Acho que ele quer que vocês se esforcem na produção do projeto de ciências, por isso ofereceu um computador para o aluno que vencer o concurso."

"Bom", diz Rachel, "Eu não me importo com as razões dele para dar um computador. Só quero ganhar!" e ela levanta a mão para bater na de Melissa. "Você é muito louca, Rachel", Melissa responde. "Você sabe que quem vai ganhar sou eu". E assim se inicia a gritaria. "Eu vou ganhar!" "Não vai, não. Eu vou ganhar!" Antes que isso vá muito adiante e que eu tenha de fazer alguns alunos virarem seus cartões, começo a contar para que retornem às suas tarefas, "5, 4, 3, 2, 1, 0". Quando chego no zero, todos sabem que devem ficar quietos e prestar atenção em mim. "Obrigada. Agora, por favor, peguem suas agendas, anotem os deveres de casa escritos no quadro nos dias certos, limpem suas mesas e vamos nos preparar para voltar para casa." Assim, ouço pernas de cadeiras arranhando o chão enquanto meus alunos procuram suas agendas nas mesas.

Três semanas depois, é o grande dia. Pela manhã, supervisiono a chegada do ônibus escolar para ver os alunos que chegam com ele ou com seus pais e caminham com seus cartazes enormes. À medida que meus alunos saem do ônibus, vêm me cumprimentar, como sempre. "Oi, Sra. Simmons", diz Rachel enquanto Melissa abana com sua única mão livre. "Olá, Rachel e Melissa. Algum desses é o projeto vencedor?" Brinco com elas. "É sim", elas respondem em coro.

Depois, Doug chega com seu pai, que carrega o cartaz enquanto Doug puxa uma caixa de papelão em um carrinho. "Olá, Sra. Simmons", eles dizem em coro. "Ah", digo, "Parece ter muita coisa legal nessa caixa". O pai de Doug me olha e diz: "Sabe, Sra. Simmons, estou muito orgulhoso dele. Ele se esforçou bastante e fez tudo sozinho", e acaricia a cabeça do filho. "Eu disse que mesmo que ele não ganhe o prêmio, ele deve ficar orgulhoso." Sorrio e respondo: "Ah, Sr. Dodson, concordo plenamente".

Enquanto Doug e seu pai caminham até o local da feira, o último ônibus chega. Muitos alunos me cumprimentam e eu aponto para a cafeteria, onde ocorrerá a competição da feira de ciências. Quase acho que já saíram todos do ônibus quando Sylvia, a motorista, me avisa que há um problema no fundo do ônibus. Ao entrar, vejo Caroline, uma das minhas alunas mais inteligentes, curiosas e bem comportadas, sentada no fundo chorando. "Caroline, querida", digo, "O que houve?" Ela me olha e diz: "Eu vi os outros projetos que eles fizeram. O meu é horrível. Eles têm figuras coloridas, textos digitados e papéis bonitos, robôs e tudo mais. Eu tive que escrever à mão porque não tenho computador em casa. Não pude nem procurar nada porque não temos internet ou enciclopédias".

Quando olho para o cartaz de Caroline, percebo que ela escreveu seu projeto à mão em folhas pautadas, tentou decorá-lo com alguns adesivos e desenhos com lápis de cor e colou as folhas no cartaz praticamente branco. Ela diz: "Não vou participar dessa joça. Nem vou ganhar mesmo. A gente é muito pobre para conseguir material para o meu cartaz ficar bonito".

Questões para discussão

1. Quais são os possíveis problemas resultantes de grandes projetos realizados em casa em vez de na escola?
2. Quais as possíveis soluções para ajudar os alunos que não têm como adquirir materiais para fazer grandes projetos em casa?
3. Qual é a responsabilidade da escola em relação a tarefas independentes como projetos da feira de ciências, relatórios sobre livros, deveres de casa, pesquisas, etc.?
4. Como os professores podem ajudar os pais e os alunos que sofrem dificuldades na realização de tarefas como as citadas anteriormente?
5. O que você diria a Caroline? Você a estimularia a participar do concurso? Explique.

Conselhos de professores experientes sobre... Pobreza

- Investigaríamos por que o custo da substituição do livro na biblioteca é tão caro. Se o pai tiver condições de pagar o preço de compra do livro, não parece justo que o custo da reposição seja tão mais alto. Conversaríamos com o bibliotecário para adquirir mais informações. Se ainda não estiver satisfeito com suas respostas, fale com a diretoria para entender e saber o que pode ser feito para baixar o custo de reposição do livro para esse pai.
- Sugira ao pai que seu filho mantenha os livros da biblioteca, deveres de casa, materiais escolares, etc., longe das crianças menores. Estimule-os a encontrar um lugar específico em casa para guardar essas coisas.
- Deixe as crianças retirarem livros da biblioteca da sala. Para obter uma boa biblioteca em sala de aula, adquirimos livros mais baratos em vendas de garagem, sebos, brechós e bibliotecas e recebemos livros de graça dos pontos de programas de fidelidade de clubes de livros, de pais dos alunos e de nossa Associação de Pais e Mestres.
- Quanto a crianças que vivem em abrigos, são sem-teto ou se mudam com frequência, você precisa entender sua situação em vez de culpá-las. Novamente, queremos que não se baseie em preconceitos relacionados às suas condições de vida.

Crianças cujos pais são militares se mudam com bastante frequência também, porém ninguém assume que sabem menos ou que são gente de péssimo nível só porque tiveram de se mudar e frequentar diversas escolas durante o ensino fundamental.

- Pedimos aos nossos alunos que nos avisem se precisarem de qualquer coisa para realizar uma tarefa escolar. Podemos conseguir os materiais necessários para completar seus projetos. Não podemos exigir que eles comprem qualquer material que não possam pagar, e isso não é justo com os alunos com limitações financeiras.
- Se for necessário que os alunos utilizem materiais que não estão disponíveis na escola (isto é, cartolina, canetinhas, lápis de cor, papel Kraft, papel branco, etc.), você pode contatar a loja que lhe fornece os materiais escolares e solicitar se podem doar esses materiais. Já vimos muitos bilhetes nos murais de lojas de material escolar nos quais professores e alunos agradecem pela doação de materiais.
- Permanecemos depois das aulas para ajudar os alunos com seus projetos. Alguns podem precisar de um tempo na biblioteca ou para pesquisar na internet, digitar seus relatórios ou talvez precisem de ajuda para organizar seus relatórios/projetos nos painéis dobráveis. Assim, podemos ajudar a equilibrar a qualidade dos trabalhos.
- Não tornamos as tarefas feitas em casa uma grande parte da nota geral. Assim, podemos levar em consideração outros trabalhos que os alunos realizam dentro e fora da sala de aula.
- Considerando que alguns pais ajudam seus filhos demais com as tarefas feitas em casa, sugerimos que você solicite uma apresentação oral para conferir se foram realmente eles que fizeram seus projetos.
- Para lidar com esses pais que ajudam demais, você pode escrever uma carta com informações específicas sobre o projeto e estimular que deixem a criança fazer a maior parte do trabalho, visto que essa é a melhor maneira de fazê-la aprender o conteúdo.

15

Gangues

FARINHA DO MESMO SACO

"Sra. Watson", ouço minha diretora, Dra. Elliott, dizer, "você está disponível agora para uma conversa rápida?". Deixo de olhar minhas correspondências e pergunto: "Eu poderia apenas ir ao banheiro antes?". Ela ri e responde: "Sem problema. Depois me encontre na diretoria".

Essa é minha rotina após as aulas. Conferir as correspondências, conferir os recados de telefonemas e ir ao banheiro. Após lavar minhas mãos, vou à sala da Dra. Elliott. Bato levemente na porta, e ela me autoriza a entrar. "Como posso ajudar a senhora?" Ela responde: "Eu adoro essa sua hospitalidade comigo, típica do sul. Minha mãe é do Mississippi e ela sempre insistiu que disséssemos 'senhora' e 'senhor' para demonstrar respeito". E continua: "Você ensina essas boas maneiras aos seus alunos do 4º ano?". Penso um pouco e nego com a cabeça. "Na verdade, nem penso sobre isso. Talvez devesse", falo sinceramente. "Você realmente deveria", diz a Dra. Elliott, concordando.

"De qualquer forma, nessa tarde conversei com diversos pais sobre como você trata algumas meninas." Olho para ela completamente chocada. "Ai, meu Deus. Nem sei do que você está falando ou o que podem ter reclamado a meu respeito." Eu sempre fui muito consciente sobre coisas assim. Especialmente porque é o meu primeiro ano como professora. "Dra. Elliott", digo com a voz trêmula, "quem reclamou?". A Dra. Elliott olha para suas anotações e diz: "o Sr. e a Sra. Hernandez". Então, ela me olha e diz: "Eles acham que você está acusando sua filha e suas amigas de serem membros de gangues por serem latinas". Novamente, estou simplesmente chocada com o que escuto. "Dra. Elliott", respondo, "Você precisa acreditar quando digo que não estou acusando essa menina por ser latina. Chelsea, Mônica, Lydia e Darlena têm usado roupas que parecem roupas de gangue. Perguntei sobre isso ontem e elas me disseram que não estão em nenhuma gangue".

A Dra. Elliott parece estar refletindo sobre o que digo. Devo admitir que me sinto pouco confortável com esse silêncio. Quando penso que não posso mais aguentar, ela diz: "E como são roupas de gangue?". Penso um pouco antes de responder. "Hmm, elas estavam usando bandanas vermelhas como se fossem cintos. Também estavam com roupas parecidas, calça *jeans* azul, camisas vermelhas de abotoar, tênis branco, meias vermelhas, e fizeram o mesmo penteado." A Dra. Elliott me olha aparentemente impressionada. Então, diz: "Você reparou em tudo isso?". Confirmo: "Sim. Após aquela sessão de treinamento, comecei a estudar prevenção de uso de drogas, álcool e formação de gangues. Tenho prestado muita atenção em meus alunos".

Novamente, a Dra. Elliott reflete em silêncio. "O que a Chelsea e as meninas disseram quando você perguntou por que estavam vestidas assim?" Penso um pouco e respondo: "Elas disseram que iriam tirar fotos depois da aula e, então, iriam à pista de *skate* para o aniversário de Chelsea". A Dra. Elliott concorda com a cabeça, "Sim, é o que seus pais me disseram".

E novamente fica em silêncio. Muito nervosa, digo: "Não entendo muito bem de gangues e coisas assim. Não cresci nesse tipo de bairro, então pensei que estava agindo bem". Sinto minha garganta fechar e percebo que estou prestes a chorar. "Por favor, Cheryl", penso, "não deixe cair uma lágrima". Por mais que tente evitar, sinto as lágrimas correrem pelo meu rosto. A Dra. Elliott, então, me alcança vários lenços. Seco meu rosto e espero para ouvir o que ela tem a dizer.

"OK, Cheryl", diz a Dra. Elliott acariciando minha mão. "Achei que havia uma explicação razoável para o que aconteceu. Falei para os pais da menina que você era uma ótima professora e que realmente se preocupava com seus alunos." Concordo com a cabeça. "Ah, Dra. Elliott, eu nunca agrediria meus alunos assim de propósito." A Dra. Elliott pega minha mão novamente. "Tudo bem, querida. Agora tenho várias perguntas para lhe fazer." Então, ela olha para o seu bloco de anotações e me faz perguntas que já havia escrito. "Algumas dessas perguntas são bem pessoais, mas realmente quero que você pense sobre elas para melhorar como professora." Arregalo meus olhos. Ela continua: "Não se preocupe em memorizar as questões, pois lhe darei uma cópia delas. Podemos conversar novamente amanhã para que você tenha tempo de refletir sobre elas". "OK, Dra. Elliott", foi tudo o que consegui dizer.

Então, ela começa: "Você teria acusado as meninas de estarem em uma gangue se elas não fossem latinas? O que você pode fazer para que esse tipo de situação não se repita no futuro? O que você dirá a suas alunas amanhã quando vierem para a aula? O que você dirá aos seus pais para que eles não achem que está acusando suas filhas de fazerem parte de uma gangue só porque são latinas e para que entendam que você realmente se preocupa com elas?".

Questões sociais desafiadoras na escola **123**

Questões para discussão

1. Você teria acusado as meninas de fazerem parte de uma gangue se elas não fossem latinas? Por quê?
2. O que você poderia fazer para que essa situação não se repetisse no futuro?
3. O que você diria às meninas no dia seguinte quando chegassem à aula?
4. O que você diria aos pais delas sobre essa situação?
5. Você acha que a Dra. Elliott lidou bem com a situação?

DERRAME SANGUE PARA ENTRAR NA GANGUE – E, PARA SAIR, "SÓ MORTO"

"OK, pessoal", digo, "Vamos nos preparar para a palestra. Por favor, fechem seus livros de matemática e guardem os exercícios nas pastas de matemática para levar como dever de casa". Ouço meus alunos do 6º ano mexerem em suas mesas e arrastarem suas cadeiras para trás. Durante esses momentos de transição, há um leve burburinho na sala. Sempre falo para eles que não me importo com isso, mas se o ruído passar do nível três, não ficarei nada contente.

Observo a sala para ver quais fileiras estão limpas e organizadas. Nesse momento, meus alunos se sentam com melhor postura, entrelaçam seus dedos e me olham sorrindo. Caminho até o quadro negro e dou 10 pontos para cada fileira. Vejo que estão orgulhosos, pois a maioria exclama "Eba!" baixinho. Vou até o centro da sala e digo: "Ótimo trabalho, pessoal. Fileira 3, por favor, empurrem suas cadeiras para baixo das mesas e formem uma fila". Todos esperamos pacientemente até que fiquem prontos. "Ótimo trabalho, fileira 3. Agora, fileiras 2 e 5, por favor, empurrem as cadeiras para baixo das mesas e formem uma fila". Finalmente, digo: "Fileiras 1 e 4, por favor, juntem-se ao resto da turma na fila". Quando estão todos prontos, digo, "OK, pessoal. Vamos a essa palestra; vocês sabem o que espero. Podem falar com quem estiver ao seu lado antes de começar e em voz baixa. Mas lembrem-se, quando a palestra começar, vocês devem ser educados e respeitar quem estiver falando, ouvindo com atenção". Olho para os meus alunos e continuo: "Alguma dúvida?". Todos negam com a cabeça e, então, peço que o primeiro aluno da fila comece a caminhar para o auditório enquanto desligo as luzes da sala.

Assim que nos sentamos na arquibancada, Jose me olha e pergunta: "Sr. Morgan, sobre o que é essa palestra de hoje?". Penso um pouco e digo: "Ah, é sobre prevenção de gangues. Acho que vários policiais virão conversar sobre os problemas das gangues e sua violência". Ele me olha, balançando a cabeça. Então, vira-se para seu colega, Billy, e começa a conversar. Nesse momento, nosso diretor, Sr. Williams, dá uma batida no microfone e diz: "Testando, testando, um, dois...". Para lembrar meus alunos do combinado, levanto e levo o dedo à boca em sinal de silêncio. Observo minha turma para conferir se estão prestando atenção e se entendem que é hora de ficarem quietos. Então, me sento, e todos olhamos para o palco.

Quando para de bater no microfone, o Sr. Williams diz: "Olá, senhoras e senhores. Sei que vocês todos irão se comportar muito bem durante esta palestra tão importante". E continua: "Infelizmente, a violência das gangues tem crescido. Temos visto cada vez mais alunos, vocês —" ele diz apontando para o público, "– serem machucados, presos e até mesmo mortos". O Sr. Williams se vira para os convidados no palco e diz: "Esta é a deputada Wilma Rodriguez, que está ligada à Comissão Antigangues. Ao seu lado, está Marcus Brown, ex-membro de uma gangue e, ao lado do Sr. Brown, está Delilah Eubanks, também ex-membro de uma gangue. Por favor, uma salva de palmas para o nosso primeiro palestrante, Marcus Brown". Assim, Marcus se levanta, abraça o Sr. Williams e pega o microfone.

"Olá, pessoal", ele começa. Quando poucos alunos respondem, Marcus repete, "Olá, pessoal", em tom mais alto. "Olá", todos os alunos respondem. Marcus sorri e diz: "Agora sim".

Ele estava muito nervoso, mas, aos poucos, foi ficando evidente seu envolvimento e seu conhecimento sobre o assunto. "Pois então, entrei na gangue com 11 anos de idade. Precisei cortar muita gente para entrar na gangue e, quando decidi que queria sair, também fui cortado." Marcus levanta sua camiseta para mostrar uma enorme cicatriz em seu peito. A maioria dos alunos e professores se choca ao vê-la. Então, ele continua: "Tudo parece uma grande família quando você entra, mas depois você percebe que não é aquilo que parece". Marcus abaixa o microfone e percebo que está se engasgando. Enquanto as lágrimas correm e com a voz abalada, ele continua: "Perdi meu pai e um dos meus irmãos para gangues; meu outro irmão e minha irmã vão passar a vida na cadeia por participarem de gangues; e a sobrinha pequena do meu amigo foi morta a tiros enquanto brincava nas ruas". Marcus está aos prantos. "Por favor, não entrem nessa roubada. Por favor, não sigam esse caminho. Só leva à morte e à prisão." Após o discurso de Marcus, a deputada Rodriguez e Delilah Eubanks contaram histórias semelhantes e fizeram o mesmo apelo.

Enquanto meus alunos voltam para a sala de aula, percebo que precisaremos conversar antes do recreio. A maioria dos meus alunos está refletindo em silêncio. Pergunto-me quantos estão realmente assustados. Ao chegar à sala, peço que peguem seus diários e escrevam o que aprenderam na reunião. Após 12 minutos, pergunto: "Alguém quer compartilhar o que aprendeu hoje?". Kayla levanta a mão e diz: "Eu não sabia que meninas brancas como Delilah também entravam em gangues. Sempre achei que eram só mexicanas e negras". Rachel levanta a mão e diz: "A maioria das minhas primas está em gangues e somos vietnamitas". Concordo com a cabeça. "Pois é, pessoal. Os membros de gangues não são apenas negros e latinos, embora frequentemente sejam representados assim na TV e nos filmes." Muitos alunos concordam com a cabeça. Ben, que percebi estar excepcionalmente quieto durante e depois da palestra, levanta a mão e pergunta: "E o que você faz quando todo mundo na sua família faz parte de uma gangue, como a minha? Eu tenho medo de morrer ou ser preso como os meus irmãos e meus primos e tal, mas é minha família. Quer dizer, como vou dizer não para eles?".

Questões para discussão

1. O que você responderia a Ben?
2. Que tipos de sistemas de apoio estão disponíveis para crianças como Ben, que têm familiares que foram presos, mortos ou são membros de gangues?
3. Que tipo de atividades/aulas você poderia dar a fim de mostrar aos alunos o perigo mortal de participar de uma gangue?
4. Para alguns alunos, a gangue substitui a família. Ela pode lhe dar roupas, alimentação, proteção, incentivo, etc. Qual é a sua opinião em relação a esse tipo de participação em uma gangue?
5. O que você pode fazer para auxiliar alunos antes ou depois de terem entrado em uma gangue ou se quiserem sair dela?

AS ENTREVISTAS

"Sra. Doss", peço à avó de Stephanie, "Você poderia fazer a gentileza de contar a meus alunos como se tornou a primeira pessoa de sua família a ir para a universidade?". A Sra. Doss balança a cabeça e diz: "É verdade, meninos e meninas. Eu fui a primeira pessoa da minha família a frequentar uma faculdade e se formar". Estou muito satisfeita por ter decidido convidar os pais e avós a virem à minha turma este ano para contarem suas histórias de vida a meus alunos do 3º ano. As crianças realmente adoram ouvir as histórias, e isso está ajudando demais a desenvolver suas habilidades de fazer entrevistas, usar computadores, escrever e inclusive ler. Fico impressionada ao ver o quanto elas se preparam para receber cada entrevistado. E confesso que fico muito orgulhosa delas.

"Nasci em uma família de agricultores, e meus pais eram muito pobres", continua a Sra. Doss. "Eu tinha 13 irmãos, e – por ser a mais velha – me sentia responsável por cuidar deles. Meus pais me disseram que cuidar da família era trabalho deles, mas ainda assim eu me sentia muito responsável. Então, um dia meu pai se sentou comigo e me disse que a melhor maneira que eu tinha de ajudar meus irmãos e irmãs seria frequentar uma faculdade e me formar. Isso não apenas melhoraria nossa situação financeira como também serviria de bom exemplo para todos eles." A Sra. Doss então se mexe na cadeira e continua: "Vejam bem: não foi nada fácil. Meus pais tiveram de se matar trabalhando para me ajudar a pagar a faculdade, os livros e as outras despesas. Mas nós conseguimos". A Sra. Doss então irradia orgulho e diz: "Tenho o orgulho de dizer que nove de meus irmãos se formaram na faculdade, e os outros fizeram cursos técnicos e também conseguiram sustentar muito bem suas famílias".

"Uau!", exclamam meus alunos em coro. Taj levanta sua mão e pergunta: "A senhora trabalhava com o quê?". A Sra. Doss mais uma vez brilha de satisfação. "Na verdade", ela começa e olha para mim, "Eu era professora, como a Sra. Henton". Olhando para ela, pergunto: "Por quanto tempo a Sra. lecionou?". A Sra. Doss diz, com orgulho: "Por 40 anos". Dessa vez, tanto eu como meus alunos nos espantamos e dizemos: "Uau!". Taj então diz: "Nossa, isso é muito tempo! Quantos anos a senhora tem, Sra. Doss?". A Sra. Doss dá uma boa risada enquanto eu me levanto rapidamente. "Só um momento, Taj", – digo – "Você sabe que é falta de educação perguntar a idade a uma senhora!" Taj sorri e dá de ombros. "Oh, Sra. Henton", diz a Sra. Doss, "eu não me importo". Então, ela endireita os ombros e diz: "Tenho 64 anos". Mais uma vez, meus alunos exclamam em coro: "Uau!". E novamente a Sra. Doss ri com vontade.

Desloco-me para a frente da sala de aula, onde a Sra. Doss está de pé, e coloco meu braço em seu ombro. "Meninos e meninas", digo, "Por favor, uma salva de palmas para a Sra. Doss". Meus alunos começam a aplaudir – alguns até mesmo assobiam. A Sra. Doss continua sorrindo e rindo e se curva, agradecendo. "Muito obrigado, meninos e meninas", ela diz, "por poder compartilhar minha história com vocês". Stephanie salta de seu assento para abraçar sua avó. Interrompendo esse momento tão especial, pergunto aos meus alunos: "Alguém de vocês gostaria de fazer alguma pergunta à Sra. Doss?". Meus alunos parecem estar pensando sério em fazer outras perguntas a ela, mas então começam a balançar suas cabeças. Eu me viro para a Sra. Doss e lhe agradeço mais uma vez. Depois olho para o relógio no alto e digo: "Meninos e meninas, está na hora de nos arrumarmos e nos prepararmos para ir para casa". Enquanto meus alunos se preparam para ir para casa, olho para a Sra. Doss e lhe agradeço novamente. "Foi um prazer, querida", ela diz. "Se você quiser uma voluntária para um passeio ou uma festa, é só me avisar, pois sinto muita falta de estar com os alunos."

Cerca de 5 minutos depois, estou acompanhando meus alunos para a frente da escola, para que possam ir embora. Isso costuma levar alguns minutos, pois sempre acabo conversando com algum pai, encontrando um ex-aluno e ajudando algumas crianças a encontrar suas mochilas e pastas perdidas. Nesse momento, ouço meu nome sendo chamado. "Com licença, Sra. Henton", ouço. "Eu sou o pai de Gerald Smith, Martin". Martin estende sua mão para apertar a minha. "Puxa, Sr. Smith", digo enquanto apertamos nossas mãos, "É um prazer finalmente conhecê-lo".

Imediatamente noto as tatuagens na testa, no pescoço e nos braços de Martin. "É, eu estive os últimos 12 meses na prisão e agora estou passando a maior parte do meu tempo procurando um emprego", diz Martin com a maior naturalidade. Confesso que fiquei um pouco desconcertada com sua revelação e sem saber o que dizer. Mas felizmente ele continuou falando, então não precisei me preocupar. "Então", continua Martin, "Como o meu filho está indo nas aulas?". Balanço a cabeça e digo: "Olha, o Gerald é um aluno exemplar. Ele se comporta, estuda para valer e seus colegas o respeitam". Martin suspira e diz: "Graças a Deus. Eu realmente quero que ele tenha mais sucesso do que eu tive". Balanço a cabeça e digo, "Bem, parece que ele está no caminho certo para um futuro brilhante".

Bem nesse momento, Gerald se aproxima, acompanhado de sua mãe, Christina. "Oi, pai", diz Gerald, animado. "Você perguntou à Sra. Henton se podemos entrevistá-lo na nossa sala?" Martin então diz, "Eu ainda não tinha

Questões sociais desafiadoras na escola **127**

perguntado, mas você acaba de perguntar por mim". Martin olha para mim e diz: "Eu gostaria muito de ter uma oportunidade de visitar sua turma e compartilhar minha história de vida com suas crianças. Quero que eles sigam um caminho diferente do que aquele que eu tomei. Você sabe: ficar fora das gangues, se meter em confusão, esse tipo de coisa. Cada história que eu poderia contar... Eu já vi pessoas sendo esfaqueadas, levando tiros, sendo roubadas. Eu gostaria que eles soubessem como é sempre ter de olhar para trás para ter certeza de que alguém não está tentando te matar, ter de carregar consigo uma arma para todos os lugares onde for e ver seus familiares sendo mortos a tiros bem na sua frente". Após uma rápida pausa, ele continua: "Tudo o que eles precisam é continuar na escola e conseguir um bom trabalho". Ele olha para sua família e diz: "Então – o que você acha?". E todos me olham ansiosamente.

Questões para discussão

1. O que você diria à família Smith sobre esse pedido?
2. Quais perguntas você e seus alunos fariam a Martin Smith durante sua entrevista?
3. A professora desse relato pressupôs que o sobrenome de Martin era Smith, pois esse era o sobrenome de Gerald. O que você diria se descobrisse que o sobrenome de Martin não era Smith?
4. O que diria aos pais dos alunos que se preocupam com o fato de Martin ser entrevistado por seus alunos?
5. Quais são os pontos positivos e negativos de Martin Smith ser entrevistado e conversar com seus alunos?

Conselhos de professores experientes sobre... Gangues

- Que vergonha a professora pressupor (se é que isso é verdade) que a aluna faz parte de uma gangue porque está usando o mesmo tipo de roupas que suas amigas! A maneira como seus pais reagiram mostra que eles são cuidadosos e se preocupam com os amigos e as companhias de seus filhos. Os pais têm razão em abordar a questão do preconceito racial. Será que a professora seria tão desconfiada se as alunas não fossem latinas e estivessem todas usando as mesmas roupas de grife de uma loja cara?
- Os ex-membros de uma gangue podem ser um ótimo recurso para ajudar os alunos a aprenderem o que não devem fazer em suas vidas. O fato de que o palestrante é o pai de um dos alunos da turma significa que ele não deveria ser tratado de modo diferente de qualquer outro pai. Contudo, dependendo da idade dos alunos, se a professora vai permitir aos alunos entrevistar um ex-membro de gangue (com todas suas tatuagens visíveis), talvez seja melhor que a entrevista seja feita em um ambiente controlado, com a presença da professora.
- Se o pai for um criminoso condenado, o professor deverá solicitar a autorização da diretoria da escola antes de concordar com o pedido do pai para falar voluntariamente à turma. Na Califórnia, por exemplo, é ilegal ser voluntário em um contexto escolar se você for condenado por um crime sério ou violento.

- A possibilidade de ser forçado a entrar em uma gangue organizada é real para alguns alunos. Conforme o bairro, a participação em uma gangue oferece um verdadeiro senso de pertencer a um grupo e de estar seguro. Mas também sabemos que estar em uma gangue costuma acarretar escolhas ruins e ter más consequências.
- O fato de que o aluno escreveu em seu diário que está com medo de ser obrigado a se unir a uma gangue é um sinal de que ele está se dirigindo a um adulto importante para ele, em busca de respostas e apoio. Eu sugeriria à professora que providenciasse um momento a sós para discutir essa preocupação com o aluno. A professora não deve fazer julgamentos em seus comentários sobre o envolvimento da família do aluno com uma gangue. Seu papel é ouvir com muita atenção as preocupações do aluno e lhe assegurar que ele tem o direito de fazer escolhas na sua vida que são diferentes daquelas que seus outros familiares fizeram. É importante que a professora dê ao aluno outras oportunidades para poder continuar a conversa – sempre que ele achar que isso é necessário.
- É fundamental que a professora respeite a privacidade do aluno durante essas discussões. Falar com os pais ou amigos do aluno sobre seus medos seria desleal e um desrespeito à confiança depositada na professora. No entanto, após ganhar a confiança do aluno, a professora deveria lhe perguntar se ele gostaria de conversar sobre seus temores com o psicólogo ou assistente educacional da escola.

16

Uso de drogas

FICAR BONITA

"Meninas", digo para April, Amanda, Brittany e Chelsea, que estão no fundo da sala de aula, "se vocês não guardarem as escovas, os batons e os espelhos, eles vão para minha mesa e seus pais terão de vir à escola retirá-los". April olha para mim e diz: "Mas Sra. Crane, está quase na hora do almoço. Eu tenho que ficar bonita". As outras meninas começam a rir junto com April. Balanço minha cabeça e digo: "Eu entendo, mas vocês precisam esperar até o intervalo ou horário do almoço para se escovarem". Carlton, que está sentado à mesa ao lado da delas, interrompe, debochando: "Se escovarem". Ele dá uma risada e diz: "Eu pensei que só cachorros eram escovados". Vários dos meninos de sua mesa o cumprimentam batendo os punhos, e ouço Johnny dizer: "Então, a Sra. Crane está certa. Só os cachorros são escovados". E então toda a última fileira cai na risada. Para retomar o controle da sala de aula, digo rapidamente: "Só por isso, Johnny, sua mesa acaba de perder 100 pontos". Ponho as mãos nos quadris e lanço um olhar severo. Posso ver em seus rostos que eles não gostaram nem um pouco e estão desapontados. Então, me viro levemente e corrijo a tabela de pontos no quadro branco. Agora toda a turma ficou quieta.

Olho para a classe e digo: "Vocês todos sabem que na aula nós não penteamos os cabelos, usamos maquiagem ou fazemos qualquer outra coisa que atrapalhe os estudos". Passo os olhos pela turma, para ver se estão me ouvindo. "Além disso", continuo, "Vocês sabem que nós não podemos ser grosseiros um com os outros. Não vou tolerar ninguém depreciando outra pessoa nesta sala de aula. Fui clara?". Em uníssono, meus alunos do 6º ano dizem: "Sim, Sra. Crane". Depois olho para os fundos e digo: "E, mesa 4", que é aquela na qual estão April,

Amanda, Brittany e Chelsea, "Vocês também perderam 100 pontos por mais uma vez não seguirem as regras". Olhando para a mesa delas, vejo que Amanda, Brittany e Chelsea estão desapontadas. Mas April dá de ombros, como se não desse a mínima. Impassível, digo para a turma: "Tudo bem, pessoal, vamos nos aprontar para o almoço".

Enquanto os alunos se preparam para sair, olho para April e me pergunto o que vou fazer a respeito dessa situação. Ela é uma aluna muito popular, do tipo que lança as modas, e se eu deixasse ela passaria a aula inteira se olhando no espelho. Mas o que de fato me preocupa é que ultimamente sua postura vem mudando. Ela se preocupa demais com sua aparência e tem se comportado como se nada mais a incomodasse. Quando perguntei à sua mãe sobre isso, ela me questionou: "Sra. Crane, a senhora tem filhos?". Surpresa com a pergunta, respondi: "Hum... não, não tenho". Ela balançou a cabeça e disse sorrindo: "Olha, Sra. Crane, tenho três outras filhas que já passaram pela mesma coisa". Enquanto estava pensando em como responder, ela fechou seus olhos e disse: "Sim, foi mais ou menos nessa época que as minhas outras filhas começaram a menstruar, e o inferno começou". Em seguida, ela abriu os olhos e disse: "Então, imagino que April vá começar a menstruar em breve, seus hormoninhos vão ficar descontrolados por algum tempo". Depois de minha conversa com a mãe de April, fiquei um pouco aliviada. Mas agora estou me perguntando se não haveria algum outro problema com a menina. Quer dizer, não posso perguntar à April se ela começou já a menstruar e seus hormônios estão descontrolados. Puxa... ela talvez nem saiba o que é menstruar ou o que são os hormônios.

Ao olhar pela sala de aula, tenho a bela surpresa de ver a rapidez com a qual meus alunos arrumaram tudo. Olho para o quadro branco e digo: "Bem, duas mesas perderam pontos esta manhã. Contudo, se elas se comportarem podem recuperar esses pontos. Acredito em vocês todos e sei que vocês podem se esforçar para ter um comportamento exemplar". Olho para meus alunos e vejo que alguns deles estão sorrindo, muito orgulhosos. "Ok", continuo, "Mesa 3, por favor, faça uma fila". Quando todos os meus alunos já estão na fila, prontos para o almoço, lembro a Carlton que, por favor, apague as luzes ao sair, pois ele é o último da fila.

Quando começamos a nos deslocar até a cafeteria, ouço um tumulto acontecendo no meio da fila. Então, vejo que April derrubou por acidente sua bolsa e que todo seu conteúdo se espalhou pela calçada. April vira os olhos para o alto e diz, sem estar se dirigindo a ninguém em especial: "Droga! Dá pra acreditar?". Quando me inclino para ajudar April a recolher todas suas coisas, noto vários frascos que parecem estar cheios de comprimidos. Pego um dos vidrinhos e pergunto: "April, o que são essas pílulas?". April sorri e me diz: "Não são drogas, Sra. Crane. São vitaminas para eu perder peso". Fico muito surpresa e lhe pergunto: "E seus pais sabem disso?". Ela continua sorrindo e responde: "Ah, eles não se importam. Eu comprei junto com eles".

Questões para discussão

1. Como você lidaria com essa situação em curto e em longo prazo?
2. Quais vitaminas, suplementos e medicações vendidos sem receita médica são permitidos em sua escola?
3. O que acontece com os alunos de sua escola que trazem vitaminas, suplementos e medicamentos vendidos com ou sem receita médica?
4. Qual é o protocolo oficial estabelecido por sua escola ou secretaria de educação para as crianças que usam medicamentos e/ou vitaminas durante o horário escolar?
5. Quais atividades/lições você poderia fazer com seus alunos a fim de lhes ensinar sobre os possíveis riscos do uso de vitaminas ou suplementos vendidos sem receita médica e/ou de medicamentos receitados?

MAIS UMA VEZ CHAPADA

"Allan", digo, procurando Allan Peterson no tapete. "Presente, Sra. Giroux", responde Allan com seu sorriso típico – faltando dois dentes superiores e dois inferiores. Eu também sorrio para ele e digo: "Ah, você está aí!". Ele tapa a boca com suas mãos gordinhas e começa a rir. Continuo fazendo a chamada. "Jobe", digo, procurando-o no final do tapete. "Aqui, Sra. Giroux. Como vai?" Balanço a cabeça e digo: "Estou bem, Jobe. E você?". Ele balança sua cabeça para o lado, como se estivesse pensando, e diz: "Olha, eu acho que estou bem". E – como se tivesse pensado melhor – continua: "Estou um pouco cansado, principalmente porque comi muito no café da manhã". Sharell, que está sentada a seu lado, pergunta: "O que você comeu no café da manhã, Jobe?". Jobe então responde: "Comi cereais, bacon, ovos, biscoitos, molho... e bebi um pouco de leite". Olho para Jobe, surpresa. "Meu Deus, Jobe. Que baita café da manhã!" Ele sorri, e eu continuo: "Eu também ficaria com um pouco de sono se tivesse um café da manhã como esse". Jobe, ainda sorrindo, diz: "É, mas *tava* tão bom...". Então, ele esfrega a barriga, fecha os olhos e se balança. O resto da turma ri com ele.

É claro que fazer a chamada está levando muito mais tempo do que eu gostaria. Mas Jobe é um das criancinhas mais divertidas que já conheci. De acordo com sua avó, ele sempre consegue conversar com praticamente todo mundo e tem um vocabulário inacreditável. E ela me disse: "É por isso que tive de colocá-lo na creche – ele passava muito tempo com os adultos. Garota, ele se metia em todas as nossas conversas e falava com qualquer um na igreja, nas lojas, em todas as ocasiões. Então, achei que se o colocássemos na escola ele teria uma oportunidade de conversar com outras crianças e falar o tipo de coisas que as crianças costumam dizer".

Retomando a chamada, disse: "Obrigada, Jobe, pelas informações. Ok". Então, olho para a terceira fileira e digo: "Preston". Mas como não o vejo em seu lugar habitual, digo: "Preston McConnell". Gabriella interfere: "Sra. Giroux, ele não está". Após terminar de olhar para o resto do tapete, concordo com a cabeça e digo:

"Obrigada, Gabriella. Mas na próxima vez se lembre de erguer sua mão". Ela cobre a boca e dá uma risadinha. Ela olha para mim e levanta a mão. Após eu assentir, ela diz: "Me desculpe". Inclino minha cabeça para o lado e digo: "Tudo bem. Obrigada por me avisar sobre o Preston".

No início do ano escolar, Preston estava sempre presente e era pontual. Ele vinha a pé com sua mãe, Missy McConnell, estava sempre bem vestido, fazia todos os deveres de casa e, se eu enviasse qualquer coisa para ser assinada, ele sempre a devolvia no dia seguinte, com a rubrica de sua mãe. Infelizmente, nos últimos tempos ele tem faltado bastante às aulas e, quando vem, costuma estar com a roupa do dia anterior, seu cabelo está despenteado, não entrega o dever de casa (e se o entrega está incompleto) e sempre reclama estar com fome. Quando pergunto a Preston sobre essas coisas, seus olhos ficam arregalados e ele geralmente não responde.

É nesse momento que o interfone interrompe meu pensamento. "Sra. Giroux", ouço o diretor, Mr. Robinson, dizer: "Preston McConnell veio à aula hoje?". Balanço a cabeça e respondo junto ao interfone: "Não, Sr. Robinson. Hoje ele faltou". Não há resposta no interfone. "Sr. Robinson", digo, apertando o botão para chamada, "Você ainda está aí?". Por fim, o Sr. Robinson diz: "Sim. Entrarei em contato mais tarde". Com a mesma rapidez que sua voz entrou na sala de aula, ela desaparece.

Retomo meu assento em frente ao tapete e continuo fazendo a chamada. Antes de recomeçar, o Sr. Robinson anuncia nos alto-falantes da escola: "Preston McConnell, por favor, apresente-se na secretaria. Preston McConnell, por favor, venha à secretaria imediatamente". Olho para meus alunos, um pouco confusa e preocupada. Mas não quero que eles se assustem, então continuo fazendo a chamada.

Quando chego ao nome de Patrick Zavala, fecho a pasta da chamada e me levanto para começar a aula de inglês. Nesse exato momento, a porta da sala se abre e vejo a avó de Preston, com lágrimas escorrendo pelo rosto. "Sra. McConnell, está tudo bem?", digo preocupada. Ela balança a cabeça e diz: "Preston veio para a escola com Missy e então recebi uma ligação de Grant Guillory me dizendo que o viu no parque. Ele deve estar lá". Ela abaixa o rosto antes de continuar. "Sei que não deveria ter deixado que ela o trouxesse hoje. Sabe... ela está usando aquilo de novo. Depois chegou em casa e nem sabia que ele estava desaparecido – e agora ela está lá gritando, paranoica, pois está totalmente chapada." Nesse momento sinto Jobe puxar a manga de minha blusa e perguntar: "O que é chapada, Sra. Giroux?". Voltando a mim mesma, ouço Gabriella gritar: "Sra. Giroux", e ela rapidamente tapa a boca e levanta a mão. Frustrada, balanço a cabeça e pergunto: "Sim, Gabriella?". Gabriella então aponta para a janela e diz: "O Preston está lá, no pátio".

Questões para discussão

1. Qual seria sua reação imediata a essa situação?
2. Qual é sua responsabilidade legal em uma situação como essa?
3. Quais serviços sociais de apoio estão disponíveis em sua escola e comunidade para crianças como Preston, cujos pais estão usando drogas?

Questões sociais desafiadoras na escola **133**

4. Que tipos de serviços sociais de apoio há em sua escola e comunidade para pessoas como Missy McConnell?

5. Quais medidas de segurança existem em sua escola para evitar que os membros das famílias ou mesmo estranhos entrem em contato direto com sua turma, como aconteceu com a Sra. McConnell?

PINTAS NOS PÉS

Hoje é o dia do passeio de fim de ano letivo do 5º ano, e vamos ao Parque Logan, às 10h. Pego minha bolsa esportiva no porta-malas, tranco o carro e planejo minha estratégia. Irei ao escritório, direi "oi" para todo mundo (aprendi isso no meu treinamento de professora), pegarei a lista de chamada, conferirei minha correspondência e pegarei meus alunos na hora H. Porém, assim como dar aulas, as coisas raramente saem exatamente como planejadas. "Sra. Donaldson", diz Joyce, nossa secretária, "um pai ligou mais cedo e quer se encontrar com a senhora para falar sobre as notas de seu filho. Coloquei um bilhete em seu escaninho". Noto que Joyce está pronta para me dar os mínimos detalhes sobre sua conversa com esse pai, falar sobre meus sapatos, etc. Mas eu tenho uma missão: preciso pegar as crianças em um minuto. Então, digo rapidamente: "Obrigada, Joyce", e tento pegar minha lista de chamada. "Muito obrigada." Joyce sorri e deixa a secretaria. "Uau, essa foi por pouco", penso em voz alta enquanto entro na sala dos professores.

"Olá, Sra. Marsha", diz o Sr. Kennedy, nosso zelador. "A senhora está de novo falando sozinha? Olha que eu já lhe avisei sobre isso..." Eu adoro o Sr. Kennedy. "Eu sei, Sr. Kennedy", digo. "Sabe, não gosto de levantar cedo, então preciso ficar falando sozinha para me manter acordada!" O Sr. Kennedy dá uma risada e continua limpando a pia. "Por falar nisso", digo, "obrigada pelas toalhas de papel extras. Meus alunos gastam toalhas de papel como se não houvesse o amanhã". Ele ergue os olhos e diz: "Mas que bom!". E então prossegue com a limpeza da pia, "isso significa que estão lavando as mãos". Sorrio e digo: "Puxa, sabe que eu nunca tinha pensado nisso?". O Sr. Kennedy ergue os olhos e diz: "Todas as coisas dependem do modo como você as enxerga. Meu avô me ensinou isso". Ao sair da sala dos professores, digo: "Espero que você tenha um ótimo dia, Sr. Kennedy". Ele balança a cabeça e diz: "Você também".

Olho para o relógio e me dou conta de que está quase na hora de partirmos para o Parque Logan. Bem na hora que vou tocar a campainha para marcar o término da aula de inglês, o Sr. Walters, a Sra. Willoughby e a Sra. Williams entram, com os crachás de visitante em seus peitos. Todos são voluntários para nos acompanhar ao parque. Vejo que seus filhos estão abanando para eles enquanto suavemente toco a campainha que está em minha mesa, pois quero que eles prestem muita atenção. "Bom trabalho, pessoal. Estou vendo os olhos de todo mundo. Excelente. Vou colocar cinco bolinhas de gude em nosso pote." Meus alunos ficam entusiasmados, pois eles sabem que haverá uma comemoração quando eles conseguirem encher o pote. "Bem", continuo, "está quase na hora de irmos para o parque. Gostaria que vocês guardassem seus livros, conferissem se já anotaram o dever de casa para a aula de inglês em seus cadernos e arrumassem as carteiras escolares. Vocês têm três minutos para isso, então, por favor, comecem. Ligo o cronômetro e vejo que eles estão trabalhando. Cerca de 1 minuto depois, meu celular toca. É a Sra. Martinez, para me dizer que ela e outros pais já estão no parque, preparando os cachorros-quentes e hambúrgueres na grelha e que todo o resto já está pronto, nos aguardando.

Olhando para a turma, sinto que ela está animada. As crianças estão muito empolgadas com nosso passeio. Por sorte, o parque fica logo atrás da escola, então podemos ir a pé. É verdade que no início eu fiquei preocupada com a segurança dos alunos na piscina. Mas a turma do 5º ano faz essa comemoração de fim de ano há muito tempo. Além disso, Michael, o chefe de nossa equipe que leciona há 15 anos e é um salva-vidas treinado, pediu à administração do parque que providenciasse dois salva-vidas. Com todas essas precauções, sinto-me melhor.

Nesse exato momento, o alarme do cronômetro toca. Olho para a sala de aula e vejo que meus alunos estão todos sentados, com uma boa postura e sorrindo. Os três pais que estão presentes começam a rir. A Sra. Williams então diz: "Eles sempre se comportam tão bem assim?". Olho para a turma. "Na verdade, Sra. Williams", começo, "Essas crianças são exemplares. É por isso que elas vão ganhar mais cinco bolinhas no pote". Ouço vários dos meus alunos dizer "Oba!". Então, digo: "Ok, senhoras e senhores. Vamos nos preparar para ir ao parque".

Nossa caminhada leva só uns 15 minutos. Há três turmas do 5º ano, então parece que há crianças por todas as partes. Algumas delas já estão na piscina, enquanto outras estão sentadas nas cadeiras em volta da piscina, conversando. Michael e os outros dois estão lá no alto de seus postos de salva-vidas, observando todos os alunos. Enquanto estou olhando para as crianças, noto que Kevin está sentado em uma cadeira, sozinho. Ele está vestindo seu calção de banho, e sei que ele sabe nadar, pois sua avó me disse na autorização por escrito. Mas, curiosamente, ele está de meias. Ele se levanta e caminha para a borda da piscina, quando sopro meu apito. Quando os alunos olham para cima, grito: "Kevin Henderson, por favor, venha até aqui". Vou em sua direção e, quando nos aproximamos, pergunto-lhe: "Por que você está de meias? Você não pode usar meias na piscina". Kevin abaixa a cabeça e diz: "Mas eu preciso ficar de meias, Sra. Donaldson". Como ele não diz mais nada, olho para ele e pergunto: "E por que você *precisa* ficar de meias?". Kevin olha para baixo e para o lado, evitando meu olhar. Então, ele ergue a cabeça, envergonhado, e finalmente diz: "Minha mãe e meu pai costumavam injetar heroína em meus pés para que eu não chorasse quando era bebê. Eu ainda tenho marcas em todas as partes dos meus pés". Ele olha para mim e pergunta: "Então, eu posso ir nadar de meias?".

Questões para discussão

1. Quais são os aspectos positivos e negativos de Kevin usar meias na piscina?
2. Quais são as consequências de longo prazo para as crianças que foram expostas à heroína ainda quando bebês?
3. O que você diria à avó de Kevin se tivesse a oportunidade de conversar com ela?
4. Com quais autoridades escolares você deveria discutir esse problema? O que você diria a elas?
5. Quais são suas responsabilidades legais em uma situação como essa?

Conselhos de professores experientes sobre... Uso de drogas

- A professora deveria confiscar os comprimidos da aluna e relatar o incidente à diretoria ou enfermaria da escola. Espera-se que a escola chame os pais para uma conversa. Se os comprimidos forem vitaminas, os pais devem ser informados do protocolo adequado para trazer medicamentos à escola.
- Uma aluna do 6º ano que se preocupa demais com sua aparência costuma sofrer de baixa autoestima. Além disso, o uso de comprimidos para emagrecer já nessa idade pode levar a outros tipos de comportamento aditivo no futuro. A escola deve sugerir aos pais que busquem aconselhamento com um médico de família para ajudar a aluna a modificar sua dieta e se exercitar mais. O médico de família talvez envie a aluna a uma psicóloga infantil para tratar o problema da autoestima.
- Por obrigação legal, a professora tem de denunciar o pai que injetou heroína no bebê. Ainda que o aluno já esteja no 5º ano, talvez a heroína continue sendo utilizada naquela casa, o que constituiria um ambiente perigoso para aquela criança e seus possíveis irmãos.
- É evidente que o aluno está constrangido com as marcas de agulha em seus pés. No entanto, usar meias na piscina chamará ainda mais a atenção dos demais. Sugeriríamos à professora que ajudasse o aluno a entrar e sair da piscina em uma área na qual seus pés não fossem tão notados. Dentro da água, as marcas de agulha nos pés da criança não ficarão visíveis.
- A professora também deveria conversar com a criança e lhe explicar que ela não é responsável pelas ações inapropriadas dos adultos. O foco deveria ser os aspectos positivos da vida do menino e o que ele pode fazer para se tornar um adulto e pai responsável.
- Uma vez que a avó relata à professora que um aluno está vivendo em um ambiente no qual drogas ilícitas estão sendo utilizadas, a professora é obrigada a denunciar essa informação às autoridades apropriadas. Se a professora souber (ou se deveria saber) que uma criança vive em uma situação de abuso, ela poderá ser responsabilizada, caso o aluno seja prejudicado em função do comportamento aditivo da mãe.
- É responsabilidade profissional da professora evitar perguntas do tipo "Por que ela está chorando?" ou "O que é chapada?", a fim de evitar a discussão em sala de aula de questões pessoais de outros indivíduos.
- As professoras também precisam estar cientes de que os alunos podem se drogar cheirando cola, cimento de borracha, marcadores permanentes, limpadores de mo-

nitor em aerossol e produtos de limpeza de banheiro e cozinha, entre outras substâncias. Se você suspeitar que um aluno está usando algum desses produtos de modo inadequado, avise a administração da escola o mais rápido possível.

- As crianças podem trazer álcool em garrafas térmicas ou álcool transparente em garrafas de água. Mantenha os olhos, os ouvidos e especialmente o nariz bem aberto para também detectar essas coisas.
- A maconha é a droga favorita de muitas pessoas. Infelizmente, ela é uma das drogas que conduzem o usuário ao consumo de outras drogas mais pesadas. Alguns alunos têm pais que fumam maconha e a consideram como uma erva natural – e não como uma droga. Portanto, seus filhos talvez não a considerem como uma droga. Seja como for, a maconha é uma droga ilegal, e, se você sentir seu cheiro em algum de seus alunos, deverá relatar esse fato imediatamente à administração da escola.

17

Alcoolismo

APRENDI COM ELES

"A 'Noite da Volta às Aulas' é tão estressante para mim", diz Yvonne na sala dos professores. Yvonne leciona para o 2º ano do ensino fundamental há 15 anos. Geraldine, uma professora que começou a trabalhar este ano, parece surpresa. "Achei que com o tempo ficaria mais fácil", ela diz com ingenuidade. Yvonne balança a cabeça, indicando que não. "Mas você dá aulas há tanto tempo... Você já deve ter aprendido como manter baixo o nível de estresse", insiste Geraldine. Yvonne pensa durante um minuto e, por fim, responde: "Não mesmo. Cada ano é diferente. E eu sempre fico estressada". Após alguns segundos de silêncio, Yvonne continua. "Mas o motivo pelo qual me estresso é diferente a cada ano. Ele nunca é o mesmo". Os outros professores veteranos presentes na sala balançam a cabeça, concordando com Yvonne.

Geraldine olha para mim. "Bob, o que você preparou para a Noite da Volta às Aulas? Você escreveu um discurso? Já decidiu o que vai vestir?" "Uau", penso. "A Geraldine é estressada 'prá' valer!" Ainda faltam sete dias para a Noite da Volta às Aulas! "Sabe, Geraldine", começo, "não me preocupo com o que vou vestir tanto quanto as outras pessoas". Os outros professores da sala de aula começam a rir e a balançar a cabeça, concordando mais uma vez. "Aproveito essa oportunidade para conhecer melhor os pais dos alunos e, quem sabe, permitir que eles me conheçam. Tento deixar tudo muito simples."

Holly, outra professora do 6º ano que leciona há três anos (o mesmo tempo que eu), diz: "Bob, o que você vai pendurar naquela parede dos fundos?". Aquela folha grande e velha de cartolina está me ofuscando". Nesse momento, nossa diretora, a Sra. Janice Peterson, entra na sala dos professores. "Diga para ele, Holly. Estou tentando há mais de um mês fazê-lo colocar os trabalhos dos alunos naquela parede." Eles têm razão – a cartolina está pendurada há mais de um mês. E é verdade, Janice toda hora me pede para colocar algo na parede. "O que os pais vão pensar quando vierem aqui e notarem que não tem quase nenhum trabalho pendurado? A parede inteira está vazia. Cubra-a!" Tento lhe explicar que estamos trabalhando como escrever autobiografias e – como acontece na maioria das vezes – isso está levando muito mais tempo do que eu havia previsto. Estou muito surpresa que meus alunos estejam tendo tantos problemas para desenvolver a escrita. Se eles conseguirem aprender a escrever um parágrafo coerente e incluir informações relevantes, ficarei mais do que feliz. "Vou colocar as autobiografias dos alunos naquela parede 'ofuscante' dos fundos. Acho que o pessoal vai se impressionar", digo, com confiança e orgulho.

Nesse exato momento, toca a campainha que sinaliza o término do horário do almoço. Yvonne rapidamente olha para mim enquanto recolhe o resto de sua refeição. "Não se esqueça de ler as autobiografias antes de pendurá-las. Aprendi da pior maneira, cerca de 10 anos atrás, que, às vezes, as crianças gostam de incluir novas informações na última hora."

Olho para Yvonne, confusa. Tenho total confiança em meus alunos. "Ah, Yvonne", começo, "acho que não tenho com o que me preocupar". Ela dá de ombros e diz: "OK", caminhando para a sala dos professores e seguida por Geraldine, que lhe pergunta, "O que você quer dizer com 'aprendi da pior maneira'?".

"Olha", diz Ronald, que dá aula para o 4º ano há 10 anos, "Você deveria ouvir a Yvonne". Ele dá uma mordida em seu sanduíche, engole e, então, continua. "Ela acabou na justiça por causa do que aconteceu. A coisa ficou feia. Seja precavida." Penso um pouco sobre isso. Embora ainda confie totalmente em meus alunos do 6º ano, digo, "Bem, não vejo problema em reler suas autobiografias", e saio para buscá-los.

Depois da aula, decido aceitar o conselho dos outros professores e leio com cuidado as autobiografias. A maioria escreve sobre seus pais, irmãos, bichos de estimação, *hobbies* e atividades extracurriculares. "Eu sabia que não deveria me preocupar", penso. Após contar para conferir se tenho 27 autobiografias, percebo que tenho apenas 26. Conto novamente, e são 26 mesmo. Resolvo colocá-las em ordem alfabética e, então, percebo que está faltando a autobiografia de Steve.

Ele é um dos alunos mais criativos da turma. Sua habilidade para escrever é extremamente desenvolvida. Ele tem noção do público-alvo, senso de humor e conveniência, o que raramente se vê em alunos tão jovens. Steve adora escrever poemas, *raps* e contos e me contou que está trabalhando no capítulo de um livro. Devido à sua ótima habilidade para escrever, mandei vários de seus poemas para um concurso que ocorreu na faculdade local. Na semana passada, descobrimos que ele ganhou o prêmio principal por seu poema chamado *Meu legado*. Estou tão orgulhosa dele.

No dia seguinte, pergunto a Steve onde está sua autobiografia, e ele me diz que precisou de mais tempo para trabalhar nela porque quer que seja o melhor texto que já escreveu. Visto que geralmente ele é pontual na entrega de suas tarefas, não questiono suas razões. Na manhã do dia da festa de volta às aulas, Steve finalmente me entrega sua autobiografia. "Toda a minha família vem hoje à noite para ver você me entregar o prêmio do concurso de poesia", Steve me avisa. "Ótimo", respondo. "Você e sua família devem estar muito orgulhosos de sua conquista."

Durante o almoço, decido ler a autobiografia de Steve. Para a minha terrível surpresa, a última parte diz: "Meus avós eram alcoólatras – meus pais também são. É por isso que não devem se surpreender que eu beba também. Uma das minhas primeiras lembranças é beber os 'restos', depois que meus pais haviam apagado ou ido dormir. Também me lembro de fazer *drinks* para eles quando era mais novo. Ainda sei fazer um *martini* jeitoso". E Steve continua: "Eu simplesmente adoro o calor do álcool quando desce pela minha garganta. Então, relaxo de uma maneira que não conseguiria de outra forma. Depois, escrevo textos incríveis. Isso me ajuda a ser criativo".

Questões para discussão

1. O que você diria ao diretor sobre essa situação?
2. Quais são os aspectos positivos e negativos de censurar a autobiografia de Steve?
3. Você colocaria a autobiografia de Steve na parede da maneira como está? Explique sua decisão.
4. Steve admitiu que ainda bebe. A quem você deve passar essa informação?
5. Que tipo de auxílio está disponível em sua escola e comunidade para crianças que bebem álcool?

O COMPARTILHAMENTO DE AUTOMÓVEIS

Neste ano, decidi focar mais a prática de contar histórias em meus alunos do 6º ano. Meus bisavós e avós sempre me contavam relatos incríveis sobre o "Velho Mundo". Adorava ouvir histórias sobre sua juventude e como chegaram aos Estados Unidos, apaixonaram-se, tiveram filhos e formaram suas famílias. Além disso, essa prática é uma ótima introdução para os nossos estudos sobre biografias. Então, começo contando aos meus alunos o que aprendi sobre uma mulher muito interessante, chamada Sra. Tooley.

"Conheci a Sra. Belle Tooley quando fui à Jamaica, nas férias de primavera, visitar minha avó. A Sra. Tooley me contou que tinha 92 anos." Ouço meus alunos chocados. "Sério?", "Minha nossa!" e "Não pode ser!" são apenas alguns dos comentários que escuto. Levanto minha mão para que voltem à tarefa. "A Sra. Tooley me contou que seus avós e seus pais, todos eles, tiveram vidas muito longas. Ela me disse que sua bisavó chegou aos 107 anos de idade!" "Nossa!" foi a resposta maciça que escuto dos alunos.

Então, conto que a Sra. Tooley tem 10 filhos, todos vivos. "Ela também me contou que a maioria dos seus filhos mora em Kingston, mas dois moram na Califórnia e um mora em Nova York." E continuo: "Seu marido faleceu há 25 anos. Ela me disse que não quis casar de novo porque gostava de sua liberdade". Dou uma risadinha. "A Sra. Tooley riu ao me falar isso." Muitos alunos riem, também, enquanto outros dão de ombros, sem entender.

"Também descobri que a Sra. Tooley passou boa parte de sua vida fazendo bonecas. Ela me disse que costumava vendê-las para os turistas que chegavam nos navios de cruzeiro." Então, olho para a boneca que está em minha mesa, "Eu trouxe uma das minhas bonecas da Jamaica. Minha avó comprou para mim quando fomos lá para nossa reunião de família". Enquanto observo minha boneca, digo, "A Sra. Tooley disse que costumava fazer um monte de bonecas, mas agora está com problemas nas mãos e nos dedos, então não consegue mais fazer tantas".

Os meninos e as meninas olham para a boneca impressionados. Ela é linda. Sua pele é marrom escura, seu cabelo é feito de fibra, seus olhos são feitos de conchas, seu vestido é colorido, seus sapatinhos típicos são de couro e seus lábios são vermelhos. Então, conto aos meus alunos: "A Sra. Tooley faz todo o material que utiliza para criar as bonecas. E é ela mesma quem pinta". Continuo: "A Sra. Tooley me disse que aprendeu a tingir o material porque, quando era criança, trabalhou em uma plantação de índigo e tinha que tingir materiais o tempo todo. Por sinal, suas mãos ficaram azuis". Levanto a palma de minha mão para mostrar em que partes a mão da Sra. Tooley ficou azul.

"Sra. Carter", Jack pergunta, "isso é verdade?". Balanço a cabeça. "Ah, sim, é verdade", respondo. "Há inúmeras histórias de escravos que trabalhavam em plantações de índigo e que ficaram como a Sra. Tooley. Inclusive, segundo alguns livros de história que li, quando a escravidão foi abolida, muitas pessoas sentiam vergonha das suas mãos manchadas e usavam luvas sempre que saíam em público." Jack me olha pasmo. Então, Chelsea, que senta ao seu lado, interrompe. "Por que sentiam vergonha? Achei que tínhamos aprendido que eles não tinham opção." Confirmo: "Você está certa, os escravos não tinham opção. Porém, você pode imaginar como é passar o resto da vida com as mãos azuis? Para muitos, isso era uma lembrança dos tempos de escravidão".

Enquanto Chelsea balança a cabeça, continuo. "Infelizmente, a Sra. Tooley está doente. Então, tive sorte, porque ganhei uma das últimas bonecas feitas por ela." Depois desse comentário triste, pergunto, "Alguma dúvida?". Após cinco perguntas – cerca de 20 minutos – terminamos a atividade. Então, digo: "Viram só? É esse tipo de informação que espero que obtenham ao entrevistar um familiar, amigo da família ou membro da sua comunidade". Então, sorrio e olho para a turma. "Já que não há mais perguntas, podem se preparar para voltar para casa."

A campainha toca, e os meninos e as meninas se apressam para sair. Jack se levanta e diz, "Ufa! Nenhum dever de casa porque é sexta!". Muitos se empolgam também. Para falar a verdade, estou feliz que eles não terão dever de casa. Sinto saudade de dar aula na pré-escola, quando seus deveres eram muito mais fáceis de corrigir. Agora, com os artigos, ensaios, longas tarefas de matemática, etc., corrigir os trabalhos pode ser exaustivo.

Enquanto levo todos para a saída, Jack, Lisa, Duncan e Samantha permanecem próximos. Esses são os alunos que me contaram, no primeiro dia de aula, que estavam tentando ajudar na prevenção do aquecimento global e estimularam seus pais a compartilhar automóveis. Fiquei, e ainda fico, positivamente surpresa que seus pais realmente compartilhem automóveis por incentivo dos filhos. Vejo que Jacqueline Brando, a mãe de Jack, está ao lado da porta da secretaria carregando sua filha de 9 meses, Megan. "Oi, mãe", ele grita. A Sra. Brando se vira e logo observa os colegas que estão com Jack. "Bom, vejo que o pessoal já está reunido", ela diz. "Olá, Jacqueline, como essa menininha tem lhe tratado?", pergunto. Jacqueline olha para Megan e se aproxima de mim, coloca a mão em meu ombro e fala, com a voz enrolada: "Ah, ela exige bastante de mim. Mas, em geral, não posso reclamar".

"Nossa!", penso. O cheiro de álcool estava forte.

"Bom", Jacqueline continua, "vamos indo, pessoal". Ela se vira e tropeça. Sua bolsa cai, e Megan quase cai também. "Opa!" ela diz. Nós duas olhamos para o chão e o que caiu de sua bolsa. Jacqueline logo começa a juntar tudo, com Megan apoiada em seu quadril, chorando. A última coisa que ela pega é uma garrafinha vazia, daquelas que servem nos aviões e que parece ser de uma bebida alcoólica. Olhamos uma para a outra e ela solta uma risadinha. "Às vezes, sou tão atrapalhada." Então, olha para os meninos e as meninas e diz: "Vem, pessoal. Vou levar vocês para a casa".

Questões para discussão

1. Qual seria sua reação imediata?
2. A quais funcionários da escola você relataria essa situação?
3. O que você diria a Jacqueline Brando para que ela não dirigisse com as crianças?
4. Qual é a sua responsabilidade legal em relação a essa situação?
5. Quais atividades/lições você pode fazer com seus alunos para evitar que aceitem andar de carro com adultos que parecem ter bebido álcool?

TALVEZ SEJA APENAS ENXAGUANTE BUCAL

Guardo na geladeira meu almoço – que provavelmente não me apetecerá mais quando chegar às 11h30min; rapidamente pego em meu escaninho os formulários para pedidos de livro e folhetos para oportunidades de desenvolvimento profissional e me viro, quando vejo a Sra. Brown conferindo sua correspondência. Ela quer que eu a chame de Sylvia, mas para mim isso é muito difícil, pois sei que ela leciona há 32 anos, 30 dos quais na educação infantil. Puxa... ela bem que poderia ter sido uma das minhas professoras do ensino fundamental. Quando perguntei a ela se algum dia quis lecionar para outro ano, ela me disse que preferia os pequeninos. "Eu simplesmente adoro como eles são inocentes", ela sempre diz quando lhe perguntam. Ela se descreve como a professora típica da educação infantil: é a pessoa mais feliz do mundo, chama todos os seus alunos por apelidos afetuosos, usa as roupas e os brincos que indicam qual feriado ou estação está chegando e sempre olha nos meus olhos quando estamos conversando. Além disso, ela simplesmente adora crianças, livros, trabalhos manuais, cozinhar, cantar e todo o resto que se relaciona com ser uma professora da pré-escola.

"Oi, Sylvia", digo, "vamos trabalhar com 'coleguinhas de leitura' hoje?". Ela engole e diz: "Claro", tocando nas minhas costas da mesma maneira que faz com seus estudantes: "Meus alunos do infantil adoram quando seus alunos do 4º ano vêm ler livros para eles". Balanço a cabeça concordando e digo: "Puxa, meus alunos também adoram".

"Mas deixe-me lhe contar um segredinho", ela diz, se inclinando em minha direção. "Um dos pais dos meus alunos, o Sr. Hartman, vem da Louisiana. Ele é o pai do Roger – não sei se você se lembra dele". Balanço a cabeça, indicando que não. "Bem, hoje ele vai contar às crianças histórias sobre quando ele trabalhava nos pântanos da Louisiana – mas eu não sei direito que tipo de trabalho ele fazia por lá", ela diz, parecendo pensar. "De qualquer maneira, ele é um homem muito agradável e vai contar que encontrava jacarés, comia guaxinins, gambás e esquilos, matava mosquitos do tamanho de sua mão e vai, inclusive, ler um livro para eles. Achei que essa seria uma atividade divertida para nossos 'coleguinhas de leitura' de hoje."

"Uau! Parece ótimo. Muito obrigada", foi tudo o que consegui dizer.

"Então, nos vemos à 1h30min", diz Sylvia, enquanto sai da sala.

Enquanto ela se retira, começo a me perguntar sobre o que acaba de acontecer. "Será que o que senti no hálito dela era mesmo álcool?", pergunto a mim mesma. "Não, não pode ser". Mas sei como é o cheiro de álcool e tenho certeza de que não estou enganada. Continuo dizendo para mim mesma: "Ninguém mais parece se incomodar – e sei que ela conversou com outras pessoas antes de falar comigo hoje. O que será que eu deveria fazer?", me pergunto. "Talvez seja apenas enxaguante bucal." Então, a campainha toca pela primeira vez, indicando aos alunos que devem fazer suas filas. "É, provavelmente era apenas enxaguante bucal", insisto comigo mesma, mas dessa vez falo em voz alta. E então vou buscar meus alunos.

Ajusto o alarme do cronômetro para tocar em 2 minutos e observo meus alunos. Jamilah está ajudando Stephen, que está com o braço engessado, a colocar seu exercício de matemática no arquivo. "Jamilah", digo assim que terminamos de guardar nossos trabalhos de matemática e nos aprontar para o almoço, "Obrigado por ajudar Stephen com seu arquivo. Muito bem". Continuo procurando outras crianças que eu possa elogiar por fazer um bom trabalho. "Marcus, obrigado por colocar meus livros de volta na minha mesa." "Cynthia, você está sendo advertida." Cynthia levanta os olhos, lançando aquele olhar de "não acredito que você me pegou". Olhando para ela, ergo a sobrancelha para que saiba que deve começar a trabalhar. Ela me dá um de seus famosos sorrisos e começa a limpar a mesa.

Quando a companhia toca, misturo os números no pote que está sobre minha mesa. "OK", digo. "A mesa 1 hoje ganhou um ponto". A mesa 1 fica um pouco empolgada e nervosa. Na última vez, Johnny não havia copiado seu trabalho,

Questões sociais desafiadoras na escola **143**

então eles não ganharam o prêmio. Eles todos pegam seus cadernos e arquivos de matemática, e eu caminho pela sala rapidamente, para conferir que seus livros de matemática sejam guardados nas carteiras escolares, os trabalhos estejam nos arquivos e tudo esteja organizado. Depois de ter conferido o caderno, a carteira escolar e o arquivo de cada um, ergo meu polegar, indicando à turma que todos completaram suas tarefas. "Bom trabalho, mesa 1. Vocês podem vir até aqui e pegar uma bala cada um." Quando eles terminam e se sentam novamente, libero uma mesa de cada vez, que se retira em fila para o almoço.

Quando abro a geladeira na sala dos professores, vejo que tinha razão: meu almoço não me apetece. Mas acho que vou ter de comê-lo. Ainda faltam uns dois dias para o pagamento. Quando termina o horário do almoço, vejo Sylvia no estacionamento. "Marsha", diz Sylvia com sua voz sempre animada. "Queria conferir contigo se hoje teremos 'coleguinhas de leitura'. Hoje eu tenho um convidado para contar histórias."

"Sim", digo, surpresa. "Você me falou sobre ele hoje de manhã."

Inclinando sua cabeça, Sylvia então diz "Ah, é verdade", e se afasta. "Vejo você à 1h30min."

Dessa vez não consigo fingir que não senti o cheiro de álcool. E está ainda mais forte do que antes. "Não é enxaguante bucal, Marsha – você sabe muito bem", digo para mim mesma. Além disso, o rosto da Sylvia estava muito vermelho e ela tinha suor na testa. Absorta em meus pensamentos, caminho em silêncio até os alunos.

Questões para discussão

1. Qual é a primeira pessoa com a qual você dever conversar em relação a essa situação?
2. O que você diria a ela?
3. Você envolveria o diretor da escola na conversa? Quando?
4. O que você faria se o pai, o Sr. Hartman, e seus alunos percebessem o cheiro que parece ser álcool no hálito de Sylvia?
5. Você acha que seria adequado conversar com a própria Sylvia e descobrir se ela realmente anda bebendo? Por quê?

Conselhos de professores experientes sobre... Alcoolismo

- Uma coisa de cada vez: leia os textos de seus alunos antes do Dia de Visitação Pública e mesmo antes de sequer pensar em pendurar qualquer trabalho no painel. Dessa maneira, se houver alguma coisa que está lhe intrigando ou preocupando, você poderá conversar em particular com a criança. Você aprende muito ao conversar com cada criança. Você pode fazer uma revisão à edição. Após essa revisão, você poderá decidir se é apropriado ou não exibir o trabalho do jeito que ele está ou se deve pedir à criança que o revise.
- Exibiríamos o trabalho de papel do jeito que ele se encontra? Sim. Ao longo de todos os nossos anos de magistério descobrimos que os pais não costumam ler os trabalhos feitos por outros alunos. Eles costumam comparar a caligrafia, e não

aquilo que as outras crianças escreveram (o conteúdo). O que os pais examinam é a formação das letras, a caligrafia e o capricho do trabalho das outras crianças.

- Antes de tudo, converse com os pais de maneira diplomática. Quem sabe você lê para os pais a carta durante uma reunião entre pais e mestres ou em uma reunião após o horário da escola? Ouça o que eles têm a dizer. Se eles acharem que é apenas uma piada, leve o assunto adiante. Se os pais ficarem surpresos, então eu os levaria a sério. Seria necessário ver como eles reagem. Nós provavelmente relataríamos o caso à diretoria: pode ser o caso de a criança estar sendo negligenciada ou colocada em perigo.
- Se você tiver uma relação amistosa com o pai, poderá sugerir que ele consulte o pediatra e/ou um terapeuta de família, para obter assistência extra.
- Quanto ao uso compartilhado do carro (a mãe alcoolizada que dará uma carona): nós impediríamos que ela saísse e pediríamos que nos acompanhasse à secretaria. E então colocaríamos o problema para a direção da escola. Se não houver ninguém da direção disponível, pediríamos à secretária que pedisse auxílio, usando os alto-falantes.
- A mãe alcoolizada pode se tornar violenta, ficar indignada ou começar a chorar descontroladamente. Seja como for, você deve chamar a diretoria.
- Se você tiver de levar seus alunos até a frente da escola, peça a ajuda de outro professor. Faça contato visual e sussurre, indicando que precisa de ajuda imediata.
- Fale com os pais das outras crianças que iriam no carro compartilhado para que estejam cientes da situação. Talvez eles estejam em uma situação melhor para conversar com o pai que esteve bebendo.
- Se um de seus colegas estiver bebendo, converse imediatamente com a diretoria ou os outros colegas.
- Talvez o professor esteja sendo medicado e o mau hálito seja apenas uma reação. De qualquer maneira, não cabe a você investigar a situação. Então, contate a direção imediatamente para que ela investigue.
- Lembre-se de que sua obrigação legal é perante seus alunos. Você tem de proteger as crianças. Portanto, você é obrigado a relatar qualquer comportamento problemático ou perigoso à direção da escola.
- Se um pai ou uma criança sentir o hálito de álcool da professora, diga-lhes que você já falou com a diretoria e que isso está sendo resolvido. Ou, se você se sentir à vontade com os pais, encoraje-os a falar com a diretoria, para expressar suas preocupações.

18

Divórcio

AS CRIANÇAS SE ADAPTAM TÃO RAPIDAMENTE!

"Não consigo acreditar que Beverly tenha esquentado seu peixe no micro--ondas", me diz Jéssica. "Odeio o cheiro de peixe". Olho para Jéssica e digo: "Pelo menos o almoço dela é saudável". Nós duas rimos, debochando do almoço da Jéssica: um enorme sanduíche, batatas fritas, biscoitos e refrigerante. Não sei como ela consegue comer um almoço tão pesado e se manter acordada de tarde. Nesse exato momento, Bill, outro professor, vem da secretaria e pulveriza um aromatizador de ar por toda a sala dos professores. "Ainda bem que Beverly foi ao banheiro", digo a Jéssica, "Talvez ela ficasse magoada ao saber que todo mundo acha que seu almoço apresenta mau cheiro".

Após alguns minutos almoçando em silêncio, Jéssica interrompe meus pensamentos ao perguntar: "Então – o que vocês todos vão fazer hoje de tarde, Melissa?". Engulo um bocado de minha salada e digo: "Vamos estudar ciências e escrever nossas cartas à gerente da Hometown para lhe agradecer por doar os materiais para nossa campanha de coleta de fundos para a escola". Hometown, um mercado do bairro, doou suco de laranja, lanches e frutas para todos nossos alunos do 3º ano que participaram da campanha de conscientização sobre o diabetes infantil. Nossos alunos conseguiram levantar 1.276,50 dólares para a Fundação do Diabetes Infantil e ficaram muito orgulhosos com tudo o que aprenderam sobre a doença e por saberem que podem fazer a diferença na vida dos outros.

Mais uma vez, Jéssica interrompe meus pensamentos: "Afinal, de onde você tirou a ideia de fazer uma campanha para coletar fundos para a conscientização do diabetes infantil?". Respondo: "Davin foi diagnosticado com diabetes tipo I no início do ano. Ficamos muito assustados, pois não sabíamos o que estava acontecendo e ele faltou às aulas por muito tempo". Pensando mais sobre isso, continuo:

"Então, Ebony estava em Hometown com sua mãe e viu um abaixo-assinado para se fazer uma caminhada para coletar fundos para o tratamento do diabetes, mas apenas os adultos poderiam participar. Então, perguntei a Maria e ela disse que poderíamos fazer uma aqui". Nossa diretora Maria se esforça muito para que os alunos se envolvam em atividades sociais. Bebo um gole d'água e digo: "Quer dizer, não foi nada fácil, mas valeu a pena. As crianças realmente se envolveram e fizeram um ótimo trabalho". Nesse exato momento, quando estava terminando meu almoço e limpando a mesa, Beverly voltou à sala dos professores e disse: "Ummm, meu almoço estava com um cheiro ótimo". Levanto-me e jogo o lixo fora, olhando para Jéssica e depois para Beverly e digo: "Espero que você o tenha apreciado". Jéssica dá uma risadinha quando saio porta afora.

Quando retorno à minha sala para me aprontar para a aula de ciências, ouço alguém bater na porta chaveada. Vejo Natasha, Jordan e Sydney de pé, sorrindo. "Sim, senhoras", digo. "Em que posso ajudá-las?" Natasha ergue os olhos para mim e diz: "Só queríamos saber se a senhora precisa de ajuda". Essas pequeninhas sempre estão prontas para ajudar. Na maioria dos dias, elas sabem exatamente quando voltei à sala de aula e me perguntam se preciso de ajuda. Geralmente digo que não.

"Sabem de uma coisa?", respondo, olhando para a mesa junto à pia. "Hoje vocês realmente poderiam me ajudar. Entrem." Enquanto elas entram, lhes digo: "hoje vamos ter uma aula sobre como repelir e atrair com o uso de balões". Olho para seus rostos um pouco confusos e continuo: "Vocês vão entender melhor durante a aula". Todas elas sorriem e olham uma para outra e para mim. "Por enquanto", continuo, "preciso que vocês encham os balões para mim enquanto corto o barbante". As meninas então me olham muito empolgadas. Entrego-lhes os balões e lhes digo: "Vamos precisar de 30 balões, pois cada time precisa de dois". Olho para cada uma delas e pergunto: "Alguma pergunta?". Elas sacodem a cabeça e pegam os balões.

Vou até minha mesa buscar o barbante. As meninas dão risadinhas enquanto enchem os balões, o que me faz sorrir. No início do ano, a mãe de Natasha estava muito preocupada com sua filha, pois seu divórcio havia terminado durante o verão. Pego a pasta de Natasha do pequeno cesto que mantenho no chão perto da minha mesa e encontro a nota que a mãe dela havia me escrito. Ela queria se certificar de que sua filha não estava apresentando sinais de depressão ou ansiedade. Ela queria que eu lhe avisasse se sua filha estivesse dormindo na aula, chorando, desanimada, deixando de entregar os deveres de casa, reclamando por estar doente, insistindo para ir à enfermaria, comendo pouco ou demais, maltratando seus colegas ou sendo excessivamente atenciosa com eles ou vomitando. De acordo com sua mãe, Natasha é extremamente apegada a seu pai e, conforme o acordo judicial, ela pode vê-lo apenas a cada dois fins de semana, passar uma semana com ele no fim do ano e passar um mês com ele durante o verão. Assim, ela tinha certeza de que Natasha sofreria com o divórcio.

No entanto, para minha surpresa, ela parece ser uma aluna do 3º ano muito bem adaptada. Ela está alegre na maior parte do tempo, faz todos os seus trabalhos e deveres de casa e brinca e estuda bem com seus colegas. Quando a campainha toca, marcando o final do almoço, Natasha e suas amigas param de encher os balões e ela diz: "A senhora quer que a gente saia e faça fila?". Respondo: "Sim, meninas, e muito obrigada pela ajuda". Enquanto as outras meninas saem da sala de aula, digo: "Natasha, querida, venha aqui um segundo". Eu lhe pergunto: "Então, como vão as coisas? Tenho pensado em você". Natasha olha para mim, inclina sua cabeça e diz: "Ah, você está falando do negócio do divórcio?". Confesso que sua pergunta me pega um pouco de surpresa. "Ah... sim". Por fim, digo. "Bem", continua Natasha, "na verdade estou muito feliz que meus pais tenham se divorciado. Eles ficavam brigando o tempo todo e gritando um com o outro. Gosto do jeito que as coisas estão agora. Só eu e minha mãe e depois só eu e meu pai. Espero que fique assim para sempre".

Questões para discussão

1. Você se preocuparia com Natasha? Explique sua resposta.
2. Quando você tivesse uma oportunidade de conversar com os pais de Natasha, o que diria a eles?
3. Se a situação dos pais de Natasha mudasse (por exemplo, se algum deles começasse a namorar ou mesmo se casasse), que tipos de problema ou preocupações você poderia prever?
4. Que serviços de apoio você buscaria para Natasha?
5. Que oportunidades de aprendizado você pode criar para seus alunos?

O NOVO BEBÊ

"Cecília", digo a outra professora do 4º ano enquanto caminhamos até o pátio para buscar nossos alunos, "Tudo certo para trabalharmos hoje com 'coleguinhas de leitura' com Karen e Nichole?". Nossas turmas do 4º ano se encontram com as turmas da pré-escola de Karen e Nichole. Nossos alunos leem livros, falam sobre eles, escrevem, riem e simplesmente se divertem juntos. Fico muito impressionada com a maneira como meus alunos do 4º ano têm tratado seus colegas menores. Na sala de aula, eles se preocupam em selecionar livros interessantes e divertidos para seus coleguinhas, brincam de dar "aulas" importantes e mostram aos mais jovens que se importam com eles. Alguns dos pais de meus alunos disseram que gostariam que seus filhos se preocupassem com seus próprios irmãos tanto quanto se preocupam com seus coleguinhas de leitura. Embora eu não tenha filhos, lembro-me de quando meus dois irmãos mais jovens viviam brigando, então sei que essa é uma causa perdida até que eles cresçam um pouco.

Cecília olha para mim, toma um gole de café e diz: "Sim. Eu as encontrei na sala dos professores e elas confirmaram". "Que bom", digo, "senão meus alunos ficariam chateados e – puxa vida – eu também não tenho mais nada planejado". Cecília começa a rir. Ela leciona há cerca de 15 anos e tem sido uma grande mentora para mim. "Ouvi isso", ela diz. "Além disso", ela continua, "hoje é sexta-feira.

Teríamos de fazer alguma coisa juntas se as duas cancelassem". Rimos juntas, pois sabemos que isso é verdade.

Nesse momento, Stephanie, uma de minhas alunas, se aproxima. "Sra. Washington", ela me diz em voz baixa, "não estou me sentindo bem de novo". Olho para Stephanie e coloco minha mão em sua testa "Você não está quente, querida", digo. "Onde está doendo?" "Acho que é minha barriga, Sra. Washington", ela diz, desviando seus olhos de meu olhar. Olho para Stephanie e penso. Nos últimos meses, Stephanie tem "sofrido" mais dores de barriga, de cabeça, de garganta e musculares do que qualquer outra criança já sofreu. Praticamente todos os dias ela me diz que algo está lhe incomodando e implora para ver a Sra. Franklin, na enfermaria. Embora às vezes ache que ela esteja sentindo dor, na maioria das vezes acredito que ela não esteja dizendo a verdade. De acordo com seu pai e sua madrasta, que está esperando seu primeiro bebê para daqui a quatro meses, esses mal-estares também começaram em casa há alguns meses. "Ou seja", seu pai me disse em uma reunião de pais e mestres, "assim que dissemos a ela que teríamos um bebê, ela começou a se sentir mal". Ninguém acredita que isso seja uma coincidência. No entanto, nenhum de nós sabe o que fazer em relação ao problema.

Olho para Cecília, que está me observando para ver como a nova professora lida com a situação, e então digo, "Ainda é cedo, Stephanie. Por que você não entra na fila e vem para a aula. Mas se você continuar se sentindo mal no horário do almoço, vou chamar a Sra. Franklin". Stephanie parece estar considerando minha sugestão e, então, diz: "Ok, Sra. Washington. Vou tentar". Então, ela caminha devagarzinho até o pátio, sempre segurando a barriga.

Cecília sorri para mim enquanto nós duas vamos para o pátio onde nossos alunos estão em fila, esperando o início do dia letivo. Kayla vem até a frente da fila e me diz, toda animada: "Senhora Washington, minha mãe teve o bebê ontem. O nome dela é Rebecca, que nem a minha bisavó". Sorrindo, digo: "Parabéns, Kayla. Sua mãe e Rebecca ainda estão no hospital?". Kayla põe as mãos nos quadris e diz: "Minha mãe disse que eles não nos deixam mais ficar no hospital. Ontem de noite ela ficava dizendo o tempo todo que você teria de estar quase morrendo depois de ter um bebê para que eles lhe deixassem ficar no hospital". Adoro a loquacidade de Kayla. Cecília, que há pouco teve gêmeos, ouve nossa conversa e concorda: "Isso é totalmente verdade. Se eu não tivesse tido gêmeos e uma leve febre, eles teriam me mandado para casa na mesma noite". Kayla balança a cabeça do mesmo jeito que vi sua mãe fazer e diz: "Viu, Sra. Washington". Dou uma risadinha, digo a Cecília que a verei no almoço e lhe desejo uma ótima manhã. Depois sopro meu apito e digo aos meus alunos: "Vamos caminhar com cuidado até nossa sala de aula".

Quando chegamos à sala, faço a chamada e confiro quantos trouxeram seu almoço. Então, faço a prece e dou dois avisos relativos à caminhada para a coleta de doações e à coleta de recicláveis que os alunos do 7º ano estão fazendo para patrocinar o passeio de fim de ano. Em seguida, Kayla levanta a mão e pergunta: "Posso dar um aviso, Sra. Washington?". Olho para o relógio na parede e faço o gesto "venha aqui", com meu dedo indicador. Kayla então me dá seu sorriso normal e caminha até a frente da sala, toda orgulhosa. Ela limpa a garganta e diz: "Ontem minha mãe teve um bebê. Minha mãe disse que ela pesa quase 4 kg e é tão comprida quanto quando eu nasci. Então, ela me olha, perplexa. "Mas não faço ideia de qual comprimento seja." Ela então balança seus ombros, como se aquela informação não fosse importante para seu discurso e continua. "Minha mãe está em casa, mas meu pai teve de ficar no hospital, pois ele estava se sentindo muito enjoado e achou que iria desmaiar." Celine, lá no fundo da sala, ergue a mão e então lhe dou autorização para falar. "Qual é o nome que sua mãe deu para o bebê e por que seu pai quase desmaiou?" Kayla começou a rir e disse: "Puxa, eu me esqueci. O nome dela é Rebecca. Minha mãe disse que meu pai quase desmaiou porque ele estava na sala com ela quando ela teve a Rebecca". Comecei a rir, quando alguns dos meus alunos disseram "Ugh!". Agradeço a Kayla e lhe peço que nos mantenha atualizados sobre o bebê e como seu pai e sua mãe estão. Então, anuncio: "Vamos nos aprontar para estudar matemática. Por favor, entreguem seus temas de casa, para que eu possa corrigi-los. Vocês têm um minuto e meio". Ligo o cronômetro e meus alunos se aprontam.

Enquanto estou olhando para meu livro de professor, Stephanie me interrompe, com a mão no estômago, e diz: "Agora estou me sentindo muito mal, Sra. Washington. Acho que vou precisar ver a Sra. Franklin".

Questões para discussão

1. O que você diria a Stephanie?
2. Você permitiria a Stephanie ir à enfermaria? Explique sua resposta.
3. Se você tivesse a oportunidade de conversar com os pais de Stephanie juntos, o que lhes diria?
4. Quais serviços de apoio estão disponíveis em sua escola para crianças que parecem estar ansiosas e/ou deprimidas?
5. Que atividades você pode fazer em sua sala de aula a fim de ajudar as crianças a se expressarem? E para fazê-los conseguir lidar com seus sentimentos?

FICAMOS POBRES POR CAUSA DA MAMÃE

Ao estacionar meu carro, já me sinto exausta. Não dá para acreditar que houve um acidente bem na faixa central da autoestrada. O trânsito ficou parado por vários quilômetros. Por fim, os veículos envolvidos foram removidos e pudemos continuar nosso trajeto até o trabalho. Graças a Deus não era meu dia de cuidar das crianças no recreio. Eu teria de ligar para a secretaria com meu celular e avisar que chegaria atrasada. Assim que estacionei, saí do carro, peguei meu carrinho de mão com todas as minhas coisas, peguei meu almoço e fui à secretaria buscar minha lista de chamada e conferir a correspondência.

Quando cheguei ao meu escaninho, finalmente pude retomar o fôlego e me acalmar a fim de parecer que não estava atrasada para o trabalho. Então, vejo Jonathan, outro professor do 5º ano, e digo: "Não consigo acreditar que as férias de

Natal já terminaram". "Eu sei", ele diz, "Elas pareceram as duas semanas mais rápidas do mundo". A secretária da escola, a Sra. Velma Johnston, começa a rir conosco. "Dá para ver que vocês dois não têm filhos. Sei por experiência própria que, para os pais, elas não passam tão rápido assim. Veja todos aqueles rostos alegres e sorridentes lá na rua." Todos olhamos pela grande janela panorâmica na frente do escritório e concordamos. Jonathan diz: "Quer dizer, eles parecem ter ganhado na loteria". Concordo, balançando a cabeça: "Tem razão". Eles estão rindo e se divertindo como se estivessem em uma festa ou festival de rua". Velma concorda: "É uma festa porque estamos cuidando dos filhos deles das 7h30min até as 14h50min. Ou seja, se isso não é uma festa, então, não sei o que seria uma festa". Caímos na risada e lhe desejamos um bom dia.

Depois vamos para a sala dos professores e pegamos a pilha de coisas que está em nossos escaninhos de correspondência. É inacreditável como eles enchem rapidamente. "Pam", diz Jonathan, "o que você planejou para esta manhã?". Dou uma pensada enquanto olho minha correspondência e digo: "Vou dar a eles uma oportunidade de escrever sobre o que eles fizeram nas férias. Depois vamos fazer um ditado e passar aos Grupos de Literatura". Olho para eles e pergunto: "E o que vocês vão fazer hoje de manhã?". Ele ri e diz em voz baixa, quase sussurrando: "O que você planejou fazer me parece uma boa ideia. Acho que meus alunos vão fazer a mesma coisa. Nossa diretora, a Sra. Neal, tem reclamado que Jonathan não está planejando suas aulas, mas ele não parece considerar isso importante. A campainha toca, marcando o início de mais um dia letivo.

Assim que chegamos à sala de aula, meus alunos imediatamente começam a conversar sobre o que ganharam de Natal e onde passaram as férias. Como tenho de organizar várias coisas antes de realmente começar nosso dia de aula, digo: "Vou dar 10 minutos a vocês para que possam contar as novidades para os amigos. Vocês podem conversar em voz baixa com os colegas que estão sentados ao seu lado". Ouço algumas crianças vibrarem e bater as palmas. Então, levanto minha mão e digo: "Mas se vocês fizerem barulho demais, teremos de parar com a conversa e enfiar a cabeça no livro. Então, por favor, sejam corteses com seus colegas".

Quando começo a arrumar minha mesa, ouço Megan dizer: "Minha família foi para Telluride e fomos esquiar e ficamos em uma cabana de troncos gigantesca. Foi muito legal. Foi que nem aquele *show* da TV". Ela continua, contando para várias crianças: "Meu pai me surpreendeu e me deu um *laptop* novo, um celular novo e um *tablet*". É óbvio que várias crianças de sua mesa estão impressionadas com tudo que ela ganhou. Megan então olha para Jennifer e pergunta: "O que foi que você ganhou no Natal?". Jennifer se inclina e diz: "Ganhei outro *laptop*, que nem você. Um cor-de-rosa". Ela para e pensa um pouco antes de continuar. "Ah, também ganhei esquis novos e um monte de roupas e sapatos." Ela para mais uma vez antes de continuar. Por fim, diz: "Ganhei um monte de coisas, mas nem consigo me lembrar direito".

Megan então olha para outro colega de sua mesa e pergunta: "E você, Marcus, o que foi que você ganhou de Natal?". De todos os meus alunos deste ano,

Marcus é quem está passando pelo momento mais difícil. Sua mãe era quem estava trabalhando e sustentando a família, até que um dia ela simplesmente foi embora. Como ela se foi e não está ajudando financeiramente a família, de acordo com o pai de Marcus, eles estão passando por sérias privações. Eles tiveram de se mudar de uma casa com quase 500 m² na montanha para um apartamento de um quarto – e mesmo assim mal conseguem pagá-lo. Em várias ocasiões, Marcus se mostrou preocupado com seu pai e suas duas irmãs mais velhas, pois elas choram o tempo todo. Na verdade, Marcus disse: "Às vezes, meu pai nem sai da cama. Ele fica lá chorando o dia inteiro". O pai de Marcus me disse que está muito feliz que seu filho pareça estar tão bem, ainda que sua mãe tenha abandonado a família. Mas há muitos dias nos quais Marcus não parece estar lidando tão bem com isso, e este parece ser um daqueles dias.

"Marcus", diz Megan, batendo de leve na mesa a fim de chamar a atenção do colega, "O que você ganhou de Natal?". Marcus parece estar pensando o que fazer ou dizer. Assim que fazemos contato visual, seus olhos se enchem de lágrimas e ele começa a chorar. Ele se levanta e diz: "Nada, *tá* bem, Megan!". Marcus então olha para mim novamente e diz: "Vocês todos sabem que minha mãe foi embora e ficamos pobres. Eu detesto minha mãe! Detesto ela!". Ele então sai da sala de aula correndo para a frente da escola.

Questões para discussão

1. Qual seria sua reação imediata a essa situação?
2. Que tipos de serviços de apoio estão disponíveis para famílias como a de Marcus, que estão passando por dificuldades financeiras?
3. Quais são os tipos de serviços de apoio disponíveis para crianças como Marcus, que estão passando por dificuldades emocionais?
4. O que você acha de professores como Jonathan, que se recusam a planejar suas aulas?
5. O que acontece em sua escola com professores (permanentes ou temporários) que não seguem o protocolo, como ter um plano de aulas todos os dias?

Conselhos de professores experientes sobre... Divórcio

- As situações que levam a um divórcio podem ser muito variadas. Em alguns casos, o divórcio pode resultar de um episódio de violência familiar ou adultério ou ser totalmente inesperado. Não temos como saber com certeza como a criança estava antes, durante ou depois do divórcio.
- Algumas crianças sofrem muito com o divórcio de seus pais. Esteja atento a comportamentos cruéis que ela pode ter em relação a outros alunos, irmãos ou animais, a incêndios provocados pela criança, mentiras, faltas de respeito, etc. Você precisará discutir imediatamente suas observações com a diretoria da escola para que a criança perturbada possa ser submetida a um processo de apoio psicológico.
- Alguns alunos podem se tornar emocionalmente sensíveis durante esse período. Às vezes, eles choram por quase nada, resmungam demais, sonham acordados,

dormem durante a aula, ficam muito carentes, exigem mais de sua atenção ou têm ataques de raiva quando seus desejos não são atendidos. Você pode ter conversas em particular com a criança para que ela saiba que você a está apoiando. Essas oportunidades devem ser aproveitadas para discutir o comportamento da criança e oferecer sugestões sobre como ela pode resolver seus problemas.

- Já tivemos casos nos quais o divórcio foi algo positivo. Às vezes, a criança fica muito feliz que seus pais não estão mais juntos. No entanto, fique atento e observe seu comportamento. Embora ela possa ter ficado feliz no início, seus sentimentos podem mudar. Além disso, quanto mais próxima ela se tornar de você e mais tempo vocês se conhecerem, mais fácil será para que ela confie em você e queira se abrir.
- Você pode pedir à criança que mantenha um diário no qual ela possa discutir seus sentimentos durante esse período difícil.
- Busque apoio profissional com os assistentes psicológicos da escola ou estimule os pais a buscar apoio externo. As informações obtidas podem ser úteis tanto para a criança quanto para os pais.
- Guarda compartilhada: quando a criança mora com ambos os pais, mas em lares diferentes. Talvez seja interessante fazer reuniões entre pais e mestres, copiar as cadernetas escolares e se certificar de que ambos os pais recebam suas notas. Se houver trabalhos ou projetos de longo prazo, você deverá se certificar de que ambos os pais recebam as instruções, uma vez que a criança talvez esteja nas casas dos dois durante o período da tarefa.
- Se os pais se derem bem, você pode ter uma conversa com eles a fim de prevenir alguns dos problemas que podem acontecer com uma criança que vive em dois lares. Todos nós já passamos pela situação na qual a criança fez seu dever de casa, mas o deixou na casa do outro pai. Você também pode ver com eles como fazer para garantir que a criança não só complete seu dever de casa como sempre o coloque em uma mochila que ela leve para ambas as casas.
- Se os pais não se derem, você poderá ter a mesma conversa com os dois em separado. Esteja preparado para deixar os pais expressarem suas frustrações, mas lembre-se de manter a mente aberta e ser o mais objetivo possível. O mais importante de tudo é que você não se envolva emocionalmente com essa situação tumultuada.

19

Diferentes estruturas familiares

MINHAS "FAMÍLIAS" ADOTIVAS

"Casey", digo enquanto confiro minha correspondência antes de começar a aula, "você trouxe seu almoço para hoje?". Casey começa a rir e diz: "Sim, mas não sei se vou querer comê-lo quando chegar o horário do almoço". Olho para trás e pergunto: "E você, Margie?". Margie não costuma conferir sua correspondência com tanta frequência quanto deveria, então seus braços estão cheios de coisas como formulários para o pedido de livros, malas diretas para conferências, novos livros de pedagogia com ótimas ideias para todos os professores e cupons vencidos da loja dos professores. Ela diz: "Vocês duas sabem que pretendo me casar em agosto. E como é que vou entrar no meu vestido se continuar almoçando fora com vocês?". Olho para trás, por cima do outro ombro e digo a Casey, "Tudo bem, Casey, acho que não queremos ser más influências para Margie. Então, Margie", digo olhando para o outro lado de novo, "você não está mais convidada para almoçar conosco". Casey começa a rir, assim como Margie. "Ei", continua Margie, "eu não disse tudo isso. Só disse que vocês são más influências para mim". Então, Casey interrompe suas risadinhas e finge estar séria: "Puxa, não queremos ser más influências, Margie. Entendemos". Após pensar um pouco, Margie diz: "Ok, então, que tal ir no Mr. Pete's comer sanduíches de peru e suíços?". E todas rimos juntas. É nosso lugar favorito para almoçar.

Da sala dos professores, vou direto para o pátio pegar meus alunos, que já estão me aguardando em uma fila. Quando chegamos à sala de aula, as crianças pegam suas mochilas, que estão alinhadas ao longo da parede de fora da sala. Quando vejo que eles estão mais uma vez em fila reta, entramos na sala de aula. Nesse momento do ano letivo, meus alunos do 4º ano já aprenderam de cor a rotina escolar. A primeira coisa que eles fazem é colocar seus deveres de casa na minha cesta; cada criança que responde à chamada aguarda por um colega e entra com ele na sala. O aluno que vai almoçar espera até que eu o chame e então pega um colega e vai com ele até a cafeteria, enquanto os demais leem em silêncio. Essas são apenas algumas das vantagens que descobri ao lecionar para o 4º ano – eles conseguem assumir mais responsabilidades.

Quando estou prestes a tocar a campainha para avisar às crianças que iremos começar a aula de inglês, um folheto que está sobre a mesa chama minha atenção. *Ganhe uma viagem ao Magic Kingdom para toda sua família* é o que está escrito no topo da folha amarela brilhante. O concurso está sendo patrocinado por uma organização local e, para participar, os alunos interessados precisam incluir uma foto de sua família e escrever uma redação com três páginas sobre por que sua família é especial. Começo a pensar – essa parece ser uma ótima oportunidade para que meus alunos trabalhem suas habilidades de escrita. Então, toco a campainha e espero pacientemente enquanto eles colocam seus livros, revistas e jornais sobre as carteiras escolares.

Quando acho que todos meus alunos estão prestando atenção, ergo o folheto e digo: "Acho que esse seria um concurso do qual valeria a pena vocês participarem. O primeiro prêmio é uma viagem ao parque de diversões Magic Kingdom para toda a família". Ouço vários "uaus" e "ahhs" de meus alunos. "Vocês precisarão incluir uma foto de suas famílias e também escrever uma redação de três páginas contando para os juízes o que torna suas famílias especiais." Olho para os rostos alegres e sorridentes das crianças e digo: "Alguém está interessado em participar do concurso?". Todos os meus alunos levantam suas mãos, entusiasmados. Alguns deles gritam: "Eu, eu, eu!".

"Sra. Washington", diz TJ, "quando é o concurso?". Olho de novo para o folheto e leio: "Dia 16 de abril". Penso nisso e digo: "Isso significa que temos mais ou menos um mês para preparar tudo". Meus alunos estão todos conversando sobre o que querem contar em suas redações. Olhando para o fundo da sala, vejo Joshua. Sua expressão facial me diz que ele está no mínimo confuso.

Joshua é um menino jovem muito pequeno que tem tido uma vida que a maioria de meus alunos (e mesmo a maioria dos professores) desconhece totalmente. Descobri que os pais biológicos de Joshua morreram em um acidente de trânsito quando ele era apenas um bebê. Infelizmente, ele não tinha nenhum outro familiar, então foi adotado. Na última contagem, Joshua me disse que já havia morado com 10 famílias adotivas. De acordo com o diário de Joshua: "quando estou me acostumando com as coisas, eles me mudam para outro lugar". Assim, quando olho para o fundo da sala e vejo a tristeza de seu olhar, acho que já sei sobre o que ele está pensando.

"Joshua", digo, "você poderia fazer o favor de vir até minha mesa?". Joshua caminha vagarosamente até mim e diz: "Sim, Sra. Washington?". Olho para seu rosto e digo: "Você parece um pouco incomodado. Está tudo bem?" Joshua leva alguns segundos para responder. Por fim, ele diz: "Eu não tenho uma foto da minha família, então acho que não posso participar do concurso". Ele abaixa sua cabeça e continua: "Na verdade, nem tenho uma família".

Questões para discussão

1. O que você diria a Joshua para ajudá-lo a lidar com sua tristeza momentânea?
2. O que você poderia fazer como professor a fim de dar a Joshua uma oportunidade de participar do concurso?
3. Quais atividades de férias e de sala de aula excluem as crianças que vivem em lares adotivos ou que naquele momento não estão morando com seus pais?
4. Quais são algumas das atividades que você pode fazer para ajudar as crianças que podem estar com dificuldades de lidar com o fato de não morarem com seus pais ou outros familiares?
5. Quais são os serviços de apoio disponíveis em sua escola ou comunidade para alunos como Joshua?

VOVÔ E VOVÓ

Adoro este clima: levemente frio, mas ensolarado. A primavera é uma ótima estação para lecionar. Mas já notei que dá mais trabalho gerenciar a turma, pois, após um longo inverno presos dentro da sala de aula, meus alunos do 3º ano estão um pouco mais indisciplinados e excitados com a oportunidade de brincar lá fora. Há outra desvantagem nessa época do ano: as alergias. Gastamos várias caixas de lenço de papel todos os dias, devido às árvores e às flores que estão desabrochando. Embora sejam lindas, as flores destroem nossos narizes, gargantas e olhos.

Quando olho para o relógio na parede, dou-me conta de que já está quase na hora de buscar meus alunos. Tentando me preparar para outro dia, penso no fato de que já é sexta-feira e que teremos nossa Festa de Comemoração dos Deveres de Casa. A ideia para essa festa foi sugestão de uma boa amiga minha que a faz todos os meses com seus alunos. Todos os alunos que fizeram os deveres de casa durante aquele mês comem pipoca, bebem suco de fruta e jogam vôlei com balões na sala de aula durante os últimos 20 minutos da última sexta-feira do mês. É incrível como meus alunos adoram isso. Graças a Deus pedi aos pais dos alunos que me ajudassem com o custo da pipoca, do suco e dos balões.

É claro que não sou uma professora injusta. Se um de meus alunos um dia não tiver feito seu tema, dou-lhe a oportunidade de fazê-lo durante o recreio ou o horário do almoço. Também tento motivá-los, lembrando-lhes todos os dias como a festa é divertida. Além disso, em casos de emergência, digo aos pais que eles simplesmente podem escrever uma carta explicando por que o filho não pôde terminar seu dever. E, nesses casos, eu não os penalizo. Porém, eles não podem se esquecer de me trazer a carta de justificativa, se não quiserem ser penalizados.

Quando olho para a tabela dos temas, vejo que cerca de 90% dos alunos participarão da festa de hoje. Os alunos que não participam são obrigados a permanecer na sala de aula. Aproveito esse horário para conversar com cada um e ver como poderia ajudá-los a completar e entregar seus temas.

Triiiiiiiiiiim! A campainha toca e me acorda para a realidade da manhã. Abro a porta e fico junto a ela; vários de meus alunos estão vindo pelo corredor. "Oi, Sra. Mourning", dizem Jake, Katie e Aaron em coro. "Olá, garotos", respondo. "Vocês podem entrar na sala de aula e se aprontarem para o dia de hoje." Jake olha para cima e me dá seu típico sorriso maroto, dizendo: "Claro, Sra. Mourning". Então, ele dá uma risadinha e entra na sala. Quando o resto dos alunos entra na sala, cumprimento-os com "oi" ou "como vai?" e lhes aviso que podem entrar e se aprontar para mais um dia de estudo. Quando toca a campainha dos retardatários, vejo Helene correndo no corredor. Levanto a mão para que ela saiba que precisa desacelerar e caminhar. Ela chega totalmente esbaforida. "Estou atrasada, Sra. Mourning?", pergunta, com olhos tristonhos. "Corri até a escola." Olho para o seu rosto de boneca e digo, "Não. Na verdade, você chegou bem na hora". Faço um sinal positivo para que saiba que estou orgulhosa. Ela abre seu belo sorriso – no qual falta o dente que perdeu no início do ano – e perambula pela sala de aula. Ao entrar e fechar a porta, digo a Helene: "Querida, por que você não toma uma água para relaxar?". Ela me olha e diz: "Obrigada, Sra. Mourning", dirigindo-se ao bebedouro.

Helene é a aluna que mais me preocupa. Ela não tem feito todos os deveres de casa neste ano. Sei que está morando com seus avós porque sempre fala do vovô e da vovó. Uma vez, contou-me que sua mãe era viciada em drogas e abandonou os filhos sozinhos em casa e que seu pai estava preso, então por isso ela e sua irmã moravam com o vovô e a vovó. Por sinal, acredito que há alguns primos vivendo com os avós também.

Durante o almoço, dou uma olhada nos deveres que estão no cesto para ver quem poderá ir à nossa Festa de Comemoração dos Deveres de Casa. Novamente, percebo que a pasta de Helene está vazia. Isso significa que ela novamente não poderá participar da festa. Olho para o relógio e vejo que tenho 12 minutos antes do fim do almoço. Pego meu celular e busco, na lista de telefone dos alunos, o número de Gertrude e Melvin Luke, os avós de Helene.

A Sra. Luke atende o telefone, e posso ouvir um bebê chorando ao fundo. "Olá, Sra. Luke", digo, "Como está a senhora? Aqui é a professora de Helene, Pat Mourning". A Sra. Luke responde com seu sotaque sulista: "Olá querida, como vão as coisas? A menina está dando trabalho?". Logo respondo: "Ah, não. Não é isso. Estou ligando apenas para saber sobre o dever de casa. Ela novamente não poderá participar da nossa festa dos deveres de casa porque não trouxe todos os deveres feitos". Espero um pouco. "Então, Sra. Luke, o que *nós* podemos fazer para garantir que Helene participará da próxima festa?" Após um tempo, a Sra. Luke responde: "Olha, querida, a coisa está difícil por aqui. Financeiramente, emocionalmente... Nós mal conseguimos ir à igreja. Sabe como é, todos os meus netos estão morando comigo. Eles têm muitos deveres de casa para fazer, e eu e meu marido não conseguimos ajudar em tudo. Não sei nada sobre denominadores e esse tipo de coisa. Então, me diga, o que nós *podemos* fazer para garantir que Helene participará da próxima festa?".

Questões para discussão

1. O que você responderia à Sra. Luke: "o que nós podemos fazer para garantir que Helene participará da próxima festa"?
2. Quais são os programas disponíveis após o final da aula em sua comunidade para crianças que têm dificuldades em completar os deveres de casa?
3. Quais são as situações familiares favorecidas pelo conceito de dever de casa?
4. Quais são as situações familiares desfavorecidas pelo conceito de dever de casa?
5. É justo com todos os alunos realizar uma Festa de Comemoração dos Deveres de Casa? Caso positivo, por quê? Se acredita que não, como você pode torná-la justa?

O PASSEIO

"Sr. McDonald", diz Jenny durante a hora do grupo de alfabetização. Ela parece preocupada e a ponto de chorar. "Meu pai ainda não chegou para o passeio." E olha pela janela esperando que ele apareça. "Minha nossa, Jenny", digo dando tapinhas na cabeça, envergonhado, "Esqueci-me de lhe dizer que seu pai me ligou antes da aula e avisou que chegará às 9h porque queria trazer uma surpresa para o passeio. Ele também pediu que eu não me esquecesse de lhe avisar para que não se preocupasse".

"Ah, tudo bem, Sr. McDonald", ela diz, parecendo muito aliviada. Jenny começa a retornar para o grupo de escrita quando se vira rapidamente e pergunta: "Que surpresa?". Sorrio e digo: "E seria uma surpresa se ele me contasse e, então, eu lhe contasse?". Ela começa a rir, e posso ver que seus dentes inferiores estão começando a crescer. "Não, mas você pode me dizer mesmo assim. Prometo não contar." Finjo estar realmente refletindo sobre seu pedido e digo, sorrindo, "Acho melhor você esperar pela surpresa, como todos". Jenny resmunga: "Droga!", então sorri e se dirige ao grupo de escrita.

Meus alunos do 2º ano estão muito empolgados, é contagiante. Eles finalmente verão os animais exóticos sobre os quais têm estudado no último mês. A ideia de ver cobras, dragões-de-komodo, ursos polares, leões, tigres, coalas e lagartos também me deixa atordoado. Nesse momento, o telefone da sala toca.

"Sr. McDonald", diz Gladys, a secretária da escola, "seu ônibus acaba de chegar. Não se esqueça do *kit* de primeiros socorros, das sacolas de plástico para os alunos que talvez vomitem e dos almoços". "Obrigado, Sra. Gladys", respondo, e desligo. Ela trabalha na Escola de Ensino Fundamental Highpoint há mais de 30 anos, já passou por sete diretores e milhares de crianças e famílias. Gosto da maneira como sempre tenta me ajudar e adoro todas as dicas que ela nos dá – como as sacolas de plástico para alunos que talvez vomitem. Eu nunca teria pensado nisso sozinho.

"OK, meninos e meninas", anuncio à turma. Espero que todos parem o que estão fazendo e olhem para mim. "É hora de limparmos nossos núcleos de alfabetização e nos prepararmos para o passeio ao zoológico." Logo posso ver os sorrisos em seus rostinhos. "Vamos mostrar aos pais presentes como limpamos nossa sala bem, rápido e com cuidado." Então, ligo o cronômetro para contar 2 minutos e digo: "Podem começar".

Enquanto as crianças começam a limpar a sala, dou uma olhada em minha lista novamente. Marco tudo o que precisarei ou acho que precisarei para garantir o sucesso do passeio. Às vezes, levanto a cabeça para conferir se meus alunos ainda estão arrumando a sala. Realmente, não há nada como um passeio para fazer as crianças arrumarem as coisas mais rápido que de costume. Enquanto examino a sala, toco minha campainha e digo: "Meninos e meninas, estou muito orgulhoso da maneira como estão se esforçando e trabalhando juntos. Continuem assim". A maioria deles me olha com uma expressão radiante. "Podem voltar à arrumação."

Nesse momento, ouço Jenny dizer, "Papai chegou". Ela corre, empolgada, até a porta, que se abre, e seu pai, Michael, entra com uma bandeja cheia de doces embrulhados em papel celofane. Atrás dele, há outro homem carregando outra bandeja de doces. Então, Jenny se agarra a Michael e pergunta: "Papai, qual é a surpresa?". Ele responde: "Calma, querida", quase deixando os biscoitos caírem. "Assim todo o nosso esforço vai ao chão." Então, ela se solta de Michael e abraça o outro homem tão forte quanto abraçou seu pai.

Michael me olha e diz: "Me desculpe pelo atraso, Sr. McDonald. Os biscoitos demoraram um pouco para esfriar". Então, ele deixa a bandeja na minha mesa e vira-se para pegar a bandeja que está com o outro homem. Ele diz, "Por favor, me desculpe a falta de educação. Este é o meu marido e pai da Jenny, Barry. Barry, este é o Sr. McDonald". Olho para Barry e digo: "Pode me chamar de Kyle. É um prazer conhecê-lo". Olho para minha mesa e digo: "E obrigado pelos doces. O que são?". Barry responde: "São biscoitos em forma de animais, como os que as crianças provavelmente verão hoje". Jenny começa a pular e corre para contar aos seus amigos sobre a surpresa que seus pais trouxeram.

O alarme do cronômetro toca, indicando que os 2 minutos para a limpeza da sala terminaram. Olho em volta, e, como esperado, vejo todos os alunos sentados em suas cadeiras em uma sala arrumada". "OK, meninos e meninas", começo, "Agora temos todos os pais voluntários presentes. Eu gostaria de apresen...". e quando eu estava prestes a apresentar Michael e Barry aos alunos, Millie Van Patton vem até mim e cochicha, "Será que podemos conversar ali fora rapidinho?". Digo: "Meninos e meninas, por favor, me deem um minuto para conversar com a Sra. Van Patton. Sabem que devem se comportar muito bem". Eles concordam com a cabeça, e saio com Millie.

Assim que abrimos a porta, ela limpa a garganta e pergunta: "Então, aqueles dois vão participar do passeio?". Olho para ela confuso e respondo: "É claro. São os pais da Jenny". Millie me olha e diz: "Mas eles não são *gays*?". Respondo: "Bom, acho que sim". Ela me olha novamente, coloca sua mão na cintura e diz: "E você vai deixar esse tipo de gente ficar perto dos nossos filhos?". Antes que eu possa responder, a Sra. Gladys aparece no corredor e diz: "Sr. McDonald, o motorista disse para se apressar e levar seus alunos até o ônibus, senão irão se atrasar para a visita ao zoológico".

Questões para discussão

1. Qual seria sua reação imediata a essa situação?
2. Como você lidaria com as perguntas e preocupações de Millie?
3. Se você visse Millie discutir suas preocupações com outros pais, como você lidaria com essa situação?
4. Quais atividades/lições você poderia fazer para apresentar diferentes estruturas familiares aos seus alunos?
5. Quais são os aspectos positivos e negativos de realizar as atividades e lições da questão 4 em sua cidade e ambiente escolar?

Conselhos de professores experientes sobre... Diferentes estruturas familiares

- Estimularíamos o menino adotado a participar do concurso, desenhando imagens de sua família adotiva e de como acha que era quando bebê. Também usaríamos revistas para ajudá-lo a encontrar imagens de bebês com os quais ache que se parecia.
- Conversaríamos com os pais adotivos para ter mais informações. Gostaríamos de saber como seu filho anda se comportando em casa, como tem se sentido. Será que acham que ele permanecerá um tempo com eles ou que ele logo irá se mudar? Também os informaríamos de que ele pretende participar desse concurso e solicitaríamos sua ajuda nesse projeto.
- Conversaríamos com os organizadores do concurso para informá-los de que temos um caso especial em que o menino quer participar mas não tem fotos suas ou de seus pais biológicos. Explicaríamos que o incentivamos a desenhar suas fotos e escrever o ensaio sobre a família adotiva.
- Se os avós, bisavós ou até mesmo pais/tutores não têm condições de ajudar um aluno com o dever de casa, ofereceríamos assistência após as aulas – principalmente se ele estiver atrasado com a matéria. Caso não esteja atrasado, daríamos um tempo para que fizesse o dever depois da aula. Se o aluno fosse independente, trabalharíamos com ele separadamente e nos disponibilizaríamos a responder quaisquer dúvidas.
- Em alguns casos, criamos um programa de resolução de deveres de casa após as aulas, mas na própria escola. Esse serviço era gratuito para os alunos, e tentamos garantir que eles se matriculassem no programa.
- A maioria de nós já teve alunos com duas mães ou dois pais. Recebemos esses pais em nossas salas e nossos passeios. Se houver pais incomodados com isso, sugeriríamos que conversassem com a diretoria – que, esperamos, reforçaria o que já dissemos a esses pais.

20

Automutilação

PRECISO IR AO BANHEIRO

"Sra. Anderson", Juliet entra na sala sorrindo após o almoço. "Você leu meu diário ontem à noite?" Olho para Juliet e digo, "Li, sim. Parabéns por conseguir o solo na apresentação de dança". Juliet irradia orgulho. Ela tem falado para todo mundo o quanto gosta de dançar. Está fazendo aulas de sapateado, *jazz*, balé e *hip-hop*. É uma menina alta e magra, tem a aparência típica de uma bailarina. Às vezes, quando tem ensaio ou apresentação logo após a aula, ela vem para a escola com coque no cabelo. No primeiro dia de aula, quando nos apresentamos e contamos à turma nossos sonhos para o futuro, Juliet nos disse que queria entrar na Julliard, em Nova York, e ser bailarina da Companhia de Dança Alvin Ailey e dançarina no Radio City Music Hall. Ela disse que quando for "velha... com 20 e poucos anos", tentará uma carreira de dançarina na Broadway. "Então, ainda que agora seja um trabalho duro, sei que irá valer a pena." Devo admitir que é uma jovenzinha decidida, talentosa e confiante. Essas características provavelmente a levarão longe.

Então, Juliet diz: "Nem acredito que consegui o solo. Me esforcei tanto para isso". Ela fecha os olhos e continua: "Pratiquei durante horas todas as noites". Jennifer, que já havia chegado à sala, pergunta, "É um balé?" Juliet balança a cabeça, "Uhum". Então, fica na ponta dos pés e começa a rodopiar. Armando pergunta, "Como você aguenta ficar na ponta dos pés por tanto tempo?". Juliet olha para ele, mas, antes que responda, Jennifer interrompe: "E pensar que usam um pedaço de madeira nas sapatilhas!". Armando arregala os olhos e diz: "É sério?". Juliet responde: "Uhum, nossas sapatilhas de balé tem mesmo um pedaço de madeira na ponta". Armando, ainda sem entender, pergunta, "Mas por quê? Isso é de machucar". Logo interrompo: "Isso *é de* machucar?". Armando pensa um pouco e, então, diz: "Ah, isso *deeeve* machucar". E sorri para mim.

Juliet olha para Armando e continua, "Machuca um pouco, sim, no começo. Mas faço balé desde os 3 anos de idade, então agora já não machuca tanto". Jennifer interrompe e pergunta, "Como são seus dedos? Você tem dedos em martelo?". Armando e Jennifer começam a rir. Na verdade, eu também. Juliet faz um bico e responde, "Não tenho não! Mas minha professora, a Sra. Ballentine – nossa! Seus pés são horríveis!". Então, Jennifer pergunta, "Você não tem medo de que seus pés fiquem como os dela no futuro?". Juliet suspira e diz: "Não. Minha mãe diz que os pés da Sra. Ballentine provavelmente já eram assim antes de ela começar a dançar". Nesse momento, a campainha toca. Enquanto rimos, caminhamos para o pátio a fim de encontrar o resto da turma.

Ao chegar à fila, Juliet me olha e pergunta, "Posso ir ao banheiro, Sra. Anderson?". Olho para Juliet com uma expressão incrédula. "Juliet, você sabe que deveria ter ido durante o intervalo de almoço." Ela me olha suplicante e diz, "Mas Sra. Anderson, eu fui para a sala de aula e a gente começou a conversar. Acabei perdendo a noção do tempo". Olho para Juliet e digo: "Mesmo assim, você perderá dois tíquetes quando voltarmos para a sala". Passando-lhe a responsabilidade de escolha, continuo: "Você que sabe. Dois tíquetes da rifa ou ir ao banheiro?" Juliet me olha e diz: "Acho que irei ao banheiro". Balanço a cabeça e digo para depois voltar direto para a sala.

Após o almoço, meus alunos têm 25 minutos de leitura em silêncio. A maioria deles gosta dessa parte da aula, mas ainda há aqueles que usam todos os 25 minutos para procurar um livro na biblioteca e, quando finalmente escolhem algum, geralmente já é hora de começar a aula de estudos sociais ou ciência.

Cerca de 3 minutos depois, Juliet volta para a sala. Ela abre um sorriso e coloca dois dos seus tíquetes para a rifa em minha mesa. Então, logo retorna ao seu lugar, senta-se e começa a ler. Muitos minutos depois, dou uma olhada para a turma. Vejo Juliet se inclinar para fazer uma pergunta a Armando. Então, vejo que ele contorce o rosto e diz, "Nossa, você vomitou?". Juliet arregala os olhos e olha em volta, vendo que toda a turma virou-se para ela. Então, responde: "Cala a boca, Armando! Você não sabe de nada".

Questões para discussão

1. Como você lidaria com essa situação?
2. O que você diria a Juliet para descobrir se esse é um episódio isolado de vômito ou se ela está comendo e vomitando regularmente (bulimia)?
3. Quais funcionários da escola você deveria contatar imediatamente a respeito dessa situação?
4. O que você diria aos pais de Juliet sobre isso?
5. Quais são os efeitos de curto e longo prazo em termos físicos, sociais e psicológicos/mentais de comer e vomitar?

DÓI TANTO!

"Acho que terei de pular a aula de educação física hoje", digo a Chris, outro professor do 5º ano, enquanto me abano tentando criar um pouco de vento. Continuo meu discurso, "O calor está insuportável". Dou um tapa em um borrachudo e continuo, "Além disso, minhas alergias estão me incomodando". Continuo dando tapas nos borrachudos e digo: "Acho que vou desmaiar aqui se não formos logo para a sombra". Chris começa a rir. "Olhe para você", ele diz. "É isso que acontece quando você cresce em regiões congelantes como o nordeste americano em vez do sul refrescante." Sorrio para ele, "Não sei como vocês aguentam. Estou quase derretendo". Chris continua rindo. "Não está tão quente assim hoje, Millicent. E é por isso que fizemos os alunos caminharem em vez de correrem." Olho para os meus alunos – a maioria está com os rostos vermelhos e pingando suor. Mas, devo admitir, ainda estão caminhando na pista, conversando, bebendo água em suas garrafinhas e parecendo se divertir. Bem, parte deles.

Depois de dar mais uma olhada, Chris balança a cabeça e diz: "O que há com a Sabrina? Faz um calor infernal e ela está vestindo calça *jeans*, camiseta, botas e um casaco". Chris continua balançando a cabeça, "Ela, sim, vai desmaiar aqui com todas essas roupas". Olho para Sabrina. Tenho me questionado sobre ela durante todo o ano. Ela geralmente fica sozinha. Na sala, senta-se com um grupo de meninas, mas raramente interage com elas. Quando consigo vê-la no pátio, ela geralmente está perto de algum prédio ou caminhando pelos cantos, sempre sozinha. Mas o que realmente me preocupa é que está sempre vestida com muitas peças de roupa, como hoje. Quando pergunto sobre isso, sempre me diz que está com frio. Porém, há dias, como hoje, que consigo ver que seu rosto está vermelho e que ela parece transpirar.

Olho para Chris e digo: "O que você acha disso? Você acha estranho que ela esteja vestindo todas essas roupas?". Chris me olha e diz, "Quer saber? Eu não sei. Cresci em meio a cinco irmãs, então acabei aprendendo todas essas coisas de menina". Ele sorri e continua, "Lembro-me de quando era pequeno. Elas ficavam felizes, tristes, bravas e, então, felizes de novo em instantes". Então, ele me olha sério e pergunta, "Você acha que ela... hmm... está... hmm... menstruada ou algo assim?". Olho para Chris e respondo: "Não sei. Como você pergunta para uma menina se ela já menstruou?". Chris começa a rir. "Você espera que eu responda a essa pergunta? Você é que deveria saber." Nós dois rimos e, então, voltamos a observar os alunos.

Nesse momento, muitos correm até nós e perguntam, "Qual o nosso tempo?". Olho para o meu relógio e percebo que me esqueci de prestar atenção no tempo. Por sorte, Chris interrompe: "Lembrem-se, hoje nós não estamos contando o tempo. Estamos apenas caminhando pelo exercício". Todos os meninos exclamam, "Aaah!" e nós dois rimos. Então, Chris explica que podem ir descansar na grama enquanto esperamos os outros alunos completarem suas duas voltas.

"Sra. Rosewood", escuto. Viro-me e vejo Sabrina bem ao meu lado. "Tem como eu ir ao banheiro?" Chris, sempre brincalhão, repete sorrindo, "Tem como?". Sabrina abre meio sorriso e, então, diz, "Posso ir?". Balanço a cabeça em sinal positivo, e ela sai para o banheiro. Muitos minutos depois, todos os alunos estão sentados

Questões sociais desafiadoras na escola **163**

na grama relaxando. "OK, pessoal da minha turma", anuncio, "por favor, façam uma fila...". Nesse momento, sinto alguém bater forte em meu ombro. Viro-me e vejo Selita Moore, uma de nossas supervisoras do horário de almoço, com Sabrina ao seu lado. Olho para os olhos de Sabrina e vejo que está chorando. Selita olha para mim e, então, para Sabrina e diz, "Ela disse que é sua aluna". Confirmo e pergunto: "Sim, o que aconteceu?" Selita levanta a manga direita do casaco de Sabrina, cujo pulso está coberto de arranhões e cicatrizes. "Encontrei a menina no banheiro se cortando com este clipe." E, então, ela me entrega o clipe sujo de sangue.

Questões para discussão

1. Qual seria sua reação imediata a essa situação?
2. Já que seus outros alunos assistiram à conversa, quais são os aspectos positivos e negativos de discutir essa situação com eles?
3. O que a automutilação de Sabrina indica para você?
4. O que você deveria levar ao pátio para emergências durante as aulas de educação física?
5. Quais as precauções que Selita Moore deveria ter tomado para evitar a transmissão de patógenos pelo sangue?

ESTAMOS APENAS SEGURANDO A RESPIRAÇÃO

"E é isso que quero ser quando crescer." Sebastian faz uma reverência, agradecendo, e volta para o seu assento. Olho para a turma e digo: "Obrigado, Sebastian, por sua apresentação. Aprendi muito sobre como escovar cachorros". Ele me olha e faz um sinal positivo. Digo para a turma: "Por favor, palmas para o Sebastian". Assim, meus alunos do 6º ano começam a aplaudir. Olho para minha prancheta e percebo que é a vez de Roger apresentar sua carreira futura. "Roger, você está pronto?" Muitos dos seus amigos aplaudem enquanto ele se levanta e me diz, fazendo uma saudação, "Pronto, Sr. Fitzgerald!". Balanço a cabeça. Roger é um palhaço.

Temos conseguido realizar quatro apresentações por dia, então devemos acabar tudo até o fim da semana. As apresentações têm sido muito interessantes. A maioria dos meus alunos falou em ser modelo, ator e atleta profissional. Fiquei bastante surpreso, e um pouco preocupado, quando Raquel fez sua apresentação sobre ser "Rica e famosa por nenhuma razão". Ela defendeu sua escolha de carreira dizendo que hoje há muitas celebridades de *reality shows* que não fazem nada além de ir a festas onde estão os *paparazzi*. Disse, em sua apresentação, "Elas conseguem comprar as bolsas, os sapatos e as roupas da última moda, viajam por todo o mundo, namoram atores e atletas famosos e estão sempre indo a festas. Por que eu iria perder tempo e energia indo para a faculdade quando posso simplesmente ser rica e famosa?". Quando eu disse que a maioria dessas pessoas vem de famílias muito ricas, ela respondeu, "Minha mãe é médica e meu pai é advogado. Acho que é suficiente".

Após sua apresentação, contatei seus pais, que vieram à escola em uma tarde para conversar sobre a escolha de Raquel. Parece que, desde então, ela mudou de ideia sobre sua carreira. Segundo sua mãe, "Nós lhe mostramos que muitas dessas estrelinhas têm sido presas, estão envolvidas com drogas, têm problemas com sua imagem corporal e têm envergonhado a si próprias e às suas famílias com gravações de situações comprometedoras". Após alguns minutos, o Dr. Malone continuou falando e sorrindo: "Nós também já lhe dissemos que vamos deserdá-la se ela continuar com essas ideias". Acho que Raquel pensou sobre isso e concordou.

Voltando à minha realidade, passo os olhos pela sala e digo: "Ótimo trabalho, pessoal. Vou colocar cinco bolinhas de gude em nosso pote. Vocês fizeram perguntas maravilhosas, prestaram atenção e foram ótimos ouvintes. Fiquei muito satisfeito". Então, virei de costas e coloquei as cinco bolinhas em nosso pote. Quando ela ficar cheia, as crianças ganharão 20 minutos para fazer o que quiserem durante uma aula. Quando eles votaram e escolheram isso como prêmio, pensei: "Bem, é de graça e eles farão por merecer. Não tem problema".

Então, digo para a turma: "Por favor, deem as boas-vindas a Roger Sedaris, que está subindo ao palco". Após deixar que aplaudam por uns instantes, olho para minha prancheta e digo: "Roger tem mostrado interesse em seguir a carreira de dublê". Então, olho para Roger e digo: "Você pode começar".

Roger, um orador de mão cheia, diz: "Obrigado, Sr. Fitzgerald. É verdade. Eu gostaria de ser dublê de cinema quando me unir à população economicamente ativa. Para ser honesto, confesso que meus pais não estão muito empolgados com a carreira que escolhi. Minha mãe já disse que se preocupa com os riscos da profissão. E eu lhe disse que o perigo é uma das razões pelas quais essa carreira me atrai. Acho que sou um viciado em adrenalina, assim como meu tio Rich". Roger continua: "Meu tio Rich salta de paraquedas, mergulha, faz alpinismo nas rochas, faz *base jumps* e *bungee jumps*. Nos 15 minutos seguintes, Roger encanta a todos nós com detalhes emocionantes do emprego de seu tio".

"Acredito que ele faça outras coisas, mas essas são as coisas que ele está disposto a me contar." Roger olha para o alto, em direção ao teto, e continua: "Eu adoraria fazer a mesma coisa que ele, mas minha mãe nem quer ouvir falar sobre isso". Roger então sorri e conclui sua apresentação, dizendo: "Mas eu estive pensando. Eu adoraria fazer coisas fascinantes como essas, então por que não receber para isso?". Com essa chave de ouro, Roger faz uma reverência com o corpo e a turma aplaude em massa. Várias mãos se erguem para fazer perguntas a Roger, mas como sua apresentação demorou mais do que as outras, e a campainha toca, sinalizando o recreio da manhã, digo: "Por favor, deixem as perguntas que querem fazer a Roger para após o recreio. Por favor, façam fila". Então, meus alunos fazem uma fila e são liberados para o recreio.

Cerca de 8 minutos depois do início do recreio, Dori, Maria e Gwendolyn entram correndo na sala de aula. "Sr. Fitzgerald", diz Dori, "os meninos estão fazendo aquele jogo de prender a respiração mais uma vez. Olho para as três e pergunto: "Jogo de prender a respiração? Do que você está falando?". Dori olha para mim e diz: "Aquele... aquele que eles fazem para tentar desmaiar". Minha expressão deve ter indicado que ainda não entendi, então Dori explica: "Eles prendem a respiração

Questões sociais desafiadoras na escola **165**

ajoelhados. Depois dão um grande salto e, quando estão no alto, desmaiam". Maria olha para mim e diz: "E dessa vez, Roger apagou por um tempão, Sr. Fitzgerald". Então, acompanho as meninas até o pátio, onde encontro Roger, Bruce e Clint saindo de trás das salas de aula da educação infantil, rindo e se esbarrando uns nos outros.

Questões para discussão

1. O que você diria a Roger, Bruce e Clint assim que os encontrasse?
2. E que medidas devem ser tomadas após uma conversa com os meninos?
3. Quais são os riscos desse tipo de brincadeira no curto e no longo prazo?
4. Que outras brincadeiras perigosas como essa as crianças de hoje estão fazendo?
5. O que você diria a seus outros alunos para que eles não façam brincadeiras perigosas como essa?

Conselhos de professores experientes sobre... Automutilação

- Essas são situações sérias que podem ir do 8 ao 80 em poucos segundos. Uma criança pode "acidentalmente" cortar uma veia ou artéria principal ou pode desmaiar com tal gravidade que não conseguiremos reanimá-la. Portanto, o resultado pode ser um ferimento grave ou mesmo a morte.
- Conversaríamos com a diretoria sobre essas situações, de modo que os funcionários que vigiam as crianças durante o recreio estejam alertas quanto às crianças que se escondem atrás de prédios ou permanecem durante tempo demais fechadas nos cubículos dos banheiros.
- Mais uma vez, esses casos ressaltam o fato de que os professores sempre precisam estar com seus olhos, narizes e orelhas bem abertos. Se uma criança começar a se vestir de modo diferente, usar roupas inadequadas para certo clima (por exemplo, usar abrigos grossos em dias quentes), estiver perdendo cabelo, parecer esquálida, reclamar de fortes dores de garganta ou azias ou cheirar a bílis, você deverá interrogá-la em um local privativo a fim de conseguir mais informações sobre o que pode estar acontecendo. Assim, uma intervenção cedo talvez possa evitar um problema mais sério.
- Conversaríamos com os pais dessa criança, sugerindo que ela consultasse com um clínico geral ou pediatra que pudesse tratar o aspecto físico dos ferimentos que ela provocou em si mesma. Também sugeriríamos que elas falassem com tal profissional sobre a possibilidade de ter um acompanhamento psicológico que a ajudasse a lidar com questões emocionais que possivelmente estejam fazendo a criança se ferir.
- Espera-se que, especialmente no caso das crianças que estão brincando de trancar a respiração até desmaiar, que a diretoria de sua escola, seja durante uma reunião geral ou de uma conversa rápida no início da manhã, possa discutir com toda a escola a seriedade desse tipo de "brincadeira". Além disso, a direção também pode aproveitar essa oportunidade para discutir as consequências perigosas tanto para as crianças que participam como para as que assistem a tal comportamento, deixando claro que isso não é uma brincadeira e que o risco de vida é real e há relatos de mortes associadas a isso.

21

Morte

QUERIDA SRA. JOHNSON

"Ok, pessoal", diz a Sra. Plummer, nossa diretora, "vamos começar a reunião". Nesse momento, a escola faz silêncio. Lori, a outra professora do 5º ano, olha para mim e murmura: "Graças a Deus", apontando para seu relógio. Sorrio e concordo em voz baixa: "Eu sei". Nós duas queremos sair cedo, para conseguir aproveitar a promoção de metade do ano no *shopping*.

Uma coisa que observo rapidamente é que a biblioteca está silenciosa demais. Você conseguiria ouvir até mesmo um alfinete caindo no chão. Quando vejo a Sra. Plummer erguer os olhos, quase entro em pânico. Ela é a mulher mais forte e serena que conheço. Fico chocada ao ver que seus olhos estão inchados e vermelhos, seu nariz também está vermelho e lágrimas correm soltas sobre suas bochechas. Também observo que a maioria dos funcionários da secretaria, o pessoal da limpeza e até da cafeteria está presente, algo extremamente incomum, porque em geral somente os professores frequentam as reuniões da escola. Lori e eu nos olhamos e balançamos nossas cabeças. "Meu Deus", penso. "O que será que está acontecendo?"

A Sra. Plummer, que convocou essa reunião da escola às 14h, abaixa a cabeça e mexe seus lábios devagar, como se estivesse rezando. Ela respira profundamente várias vezes e por fim limpa a garganta e começa a falar. "Bem, como vocês todos sabem, Melita está lutando contra um câncer de mama desde o início de outubro." Ela limpa a garganta mais uma vez e pisca várias vezes. Já estou começando a ficar desconfortável, pois sua voz, geralmente forte e confiante, está áspera e fraca. Após alguns instantes que parecem ser 1 hora, ela olha para o alto, aperta os lábios e abaixa novamente a cabeça. Olho para Lori e ela está pálida como um fantasma. Por fim, Verina Lopez, que leciona no 2º ano da Escola de Ensino Fundamental de Westland há 25 anos, se levanta e abraça a Sra. Plummer, dizendo, "tudo bem, Felícia. Tudo bem". Chocada, passo meus olhos pela biblioteca e vejo outras pessoas também chorando. Minha garganta começa a doer.

Quando assumi a turma do 5º ano de Melita Johnson em outubro, não me disseram por que ela não voltaria a lecionar durante todo o ano acadêmico. Mas logo descobri que ela não só era muito amada e respeitada pela escola, funcionários e pais como as crianças também a adoravam. "Uau!", lembro-me de pensar. "No que foi que eu me meti?"

Após esse período difícil, a Sra. Johnson fez muitas coisas incríveis. Ela visitou a escola e falou pessoalmente a seus alunos sobre aquilo que estava passando. Jamais esquecerei como ela foi forte. Ela manteve sua compostura e abraçou vários alunos que choravam. Depois, quando estava fazendo químio e radioterapia, escreveu uma carta para cada um de seus alunos. Em suas cartas, ela se mostrava mais preocupada com o bem-estar deles do que consigo própria. Fiquei impressionada ao ver como ela conhecia seus alunos. Ela sabia que Kyle estava trocando de faixa no caratê, como Laila estava se esforçando para fazer uma figura de oito na patinação no gelo e que Brian estava melhorando sua leitura frequentando a biblioteca do bairro. Quando ela ficou mais fraca, passou a ditar cartas a seu marido, que também as enviou para a turma. Muitas vezes as crianças me perguntaram se poderiam visitá-la, mas me disseram que não era possível. Mas me esforcei para que eles escrevessem cartas e cartões para ela e até mesmo filmamos nosso passeio. De acordo com o Sr. Johnson, Melita adorava ver "seus queridos" rindo e se divertindo nas poças de maré. Meus olhos ficam embaçados só de pensar em tudo que ela fez.

Após 1 minuto e vários lenços de papel, a Sra. Plummer recomeça a falar. "Falei com o marido de Melita hoje, e ele me disse que ela estava tendo muita dificuldade para respirar nos últimos dias. Então, ele a levou para o hospital hoje de manhã." Vários professores começam a chorar. A Sra. Plummer balança sua cabeça devagar. "É verdade. Eu sei." Ela respira fundo mais uma vez antes de continuar: "Os médicos haviam pensado que tinham conseguido retirar todo o câncer, mas parece que ele havia metastado até seus pulmões". Agora a maioria da escola já está chorando e se balançando para a frente e para trás. Os demais parecem simplesmente estar chocados. Continuando, a Sra. Plummer diz: "Odeio ter de lhes dizer, mas Melita faleceu hoje à tarde". Ouço as pessoas arfando juntas, e muitos começam a se abraçar e chorar ruidosamente.

A Sra. Plummer diz: "Simplesmente não consigo acreditar". Ela balança a cabeça e continua: "Por favor, vão para casa e abracem as pessoas que vocês mais amam". Ela então passa os braços em volta de seu próprio peito, como se estivesse se abraçando, e começa a se balançar para a frente e para trás. "Assim que eu souber os detalhes do funeral, lhes avisarei." Ainda soluçando, ela pega um lenço de papel e sai rapidamente porta afora.

Questões para discussão

1. De acordo com a secretaria de educação da sua cidade, como as crianças devem saber sobre a morte de um professor, aluno ou outra pessoa em geral?
2. Que emoções você pode esperar que as crianças exibam após saber que sua professora faleceu (naquele dia, na semana seguinte e mesmo após um mês)?
3. Que serviços de apoio estão disponíveis aos alunos de sua área que perderam um professor devido a uma morte repentina?
4. De que modo os pais dos alunos podem ser notificados do falecimento de Melita Johnson?
5. Quais atividades você poderia fazer em sua turma para ajudar os alunos a processar a perda da Sra. Johnson?

MORTO DE MEDO

Gary Bullock, nosso diretor, vem até a sala dos professores após o término do dia letivo. Ele é o tipo de cara um tanto insensível. Lembro-me de que, quando ele me entrevistou para o emprego, me disse que "era curto e grosso", então se eu fosse tímida ou sensível teria de deixar disso rapidamente, pois para ele "o que interessava eram as crianças". Lembro-me de olhar para suas botas de caubói gastas, seu chapéu de caubói e sua gravata também de caubói e pensar como ele se parecia com John Wayne. Logo descobri que ele administra nossa escola exatamente do modo como imagino que John Wayne o faria: nada de "frescuras" – é apenas um negócio.

"Que bom que vocês três estão aqui", diz Gary olhando para Robin, Mônica e eu. O dia letivo já acabou e acabamos de retornar de nosso passeio. Finalmente mandamos o último de nossos alunos do 5° ano para a casa. Puxa! Embora eu adore fazer esses passeios, eles são tão cansativos!

Interrompendo meus pensamentos, Gary diz: "Acabo de saber que houve um acidente de carro hoje de manhã". Nós três nos olhamos em silêncio e depois nos viramos para Gary. "Um de nossos alunos, Marvin Viera, e sua mãe estavam vindo para a escola quando furou um pneu e eles perderam o controle do carro", continua Gary. Gary parece surpreso quando Mônica grita, "Não!". Eu me aproximo dela e coloco minha mão em seu ombro. Marvin é seu aluno e ela sempre me fala que menino maravilhoso ele é.

Sem saber o que dizer, Gary olha para seu celular na cintura, que está vibrando. Parece que ele realmente vai atender a ligação, mas Robin diz: "Então, o que aconteceu? Ele está bem?". Olhando de novo para nós, Gary continua: "Sinto muito. Hum...". Então, ele olha para o teto e parece se lembrar do que ia dizer. "A mãe dele está bem, mas o Marvin não está nada bem. Parece que ele não estava usando o cinto de segurança e foi lançado através do para-brisa". Nós três não sabemos o que dizer. "Marvin está na UTI; assim que eu souber de alguma coisa, avisarei vocês." Quando ele deixa o corredor, Mônica apoia sua cabeça na mesa do almoço e continua chorando.

E eu estou simplesmente chocada. Acho que nem tenho condições de sair caminhando. Nós todas nos sentamos e ficamos nos olhando. Robin passa a mão nas costas de Mônica. Temos muita sorte de ter Robin em nossa equipe. Ela leciona há 32 anos e ainda é apaixonada pela sua profissão. Gosto muito de suas sugestões, comentários construtivos, apoio e palavras de motivação nos dias difíceis. "Vocês duas estão bem?, Robin nos diz, com sua voz reconfortante e compreensiva. Mônica ainda está em choque. Após secar os olhos com um lenço de papel, ela diz: "Não". Pensando um pouco, ela diz: "Eu simplesmente não sei o que vou dizer para meus alunos se... se... se...". Ela então balança a cabeça e começa a se inclinar para a frente e para trás. Robin coloca sua mão sobre a de Mônica e ergue os olhos, olhando para mim. "E você, Gabby, como está?" Olho para ela e lhe digo: "Simplesmente não sei como me sentir". Volto-me para Mônica e digo: "O que eu vou dizer para os meus alunos?". Balançando a cabeça, olho de novo para Robin e digo: "Eles vão ficar arrasados". Mônica agora está chorando mais forte e balançando a cabeça, concordando.

Colocando a mão sobre a boca, Robin afasta o olhar de mim por um segundo. Ela me diz: "Infelizmente, esta não é a primeira vez que tenho de lidar com crianças doentes ou morrendo". Sua voz fica embargada, e ela esfrega os olhos com um guardanapo. Quando retoma sua compostura, continua: "Amanhã todas nós vamos nos reunir com nossos alunos na minha sala e lhes passar as informações que temos hoje. Também conversarei com Gary para que uma carta seja escrita e enviada aos pais o mais breve possível". Ela rapidamente faz algumas anotações em outro guardanapo e continua: "Nossos alunos precisam escrever para o Marvin e sua família. Vai ser bom para eles e também para os alunos". Balanço a cabeça, concordando. Fico realmente agradecida quando ela me orienta sobre como proceder. "Também vamos precisar reservar um pouco mais de 1 hora para as crianças fazerem perguntas e deixar a poeira baixar." Pensando, ela continua: "Vocês saibam que eles vão ficar muito assustados ao enfrentar suas próprias mortalidades". Agora Mônica está chorando ainda mais forte. "Não me tornei professora para enterrar crianças", diz Mônica. Robin olha para ela e, passando a mão em suas costas, diz: "Nenhuma de nós. Mas às vezes isso acontece, e temos de nos esforçar ao máximo para ajudar nossos alunos a lidar com isso da melhor maneira possível". Tenho de admirar a resolução de Robin.

Robin olha pela sala e diz: "Gabby, sente-se com a Mônica até ela se acalmar". Concordo, balançando a cabeça. Levantando, ela continua: "Vou providenciar a carta". Então, ela sai da sala. Após cerca de meia hora, atordoadas, Mônica e eu vamos para casa.

No dia seguinte, chego atrasada na escola, pois houve um acidente na autoestrada. Também estou incomodada, pois é meu dia de ficar de olho nas crianças no pátio. Então, me dirijo rapidamente para o pátio e começo a monitorar o comportamento das crianças. Recebo uma mensagem de texto de Robin me informando que ela já cuidou de tudo e reservou a biblioteca para que todos nossos alunos possam se sentar com conforto enquanto discutimos a situação de Marvin. Respiro fundo e continuo cuidando do pátio. Sem dúvida este será um dia difícil.

Um grupo de alunos vem até mim e pergunta: "A senhora sabia que o Marvin Viera sofreu um acidente ontem?". Sem ter certeza sobre como deveria responder, balanço a cabeça e digo: "Sim, eu soube". Natália pergunta: "Ele está bem?" Olho para ela e respondo: "Olha, Natália, para falar a verdade, não sei. Assim que eu souber alguma coisa, vou avisar vocês". Após cerca de 15 minutos, toca a campainha e todas as crianças no pátio fazem fila. Sopro meu apito e grito: "Ok, pessoal, vamos caminhar devagar para nossas salas de aula".

Quando chego à minha sala, Gary, Robin e Mônica estão à porta, junto com vários desconhecidos. Só de olhar para o rosto deles já posso dizer que as notícias não são nada boas. Robin me leva para o lado e diz: "Passei a manhã inteira tentando encontrar você. Sinto muito lhe dizer isto, mas Marvin faleceu no início da manhã. Gary recebeu a ligação há pouco". Unindo-se a nós, Gary acrescenta: "Estes são assistentes da secretaria de educação que vão ajudar os alunos a lidar com seus sentimentos". Olho para nossos "convidados" e então para os alunos do 5º ano, que estão em silêncio e com a cara de que um caminhão acabou de atropelá-los. Mônica parece estar em choque total. Instantaneamente, sinto que as lágrimas estão queimando meus olhos.

Questões para discussão

1. Que atividades você faria com seus alunos após o diretor e os assistentes sociais irem embora?
2. Quais são os livros infantis disponíveis que falam sobre a morte?
3. Que serviços estão disponíveis para os professores de sua cidade que tiveram de lidar com a morte de um aluno?
4. De que maneiras os pais podem ser notificados sobre uma morte inesperada?
5. O que os pais deveriam cuidar em relação ao modo como seus filhos estão lidando com a morte de um colega?

ROBBIE, O *HAMSTER*

"Se você está ouvindo minha voz, bata palmas uma vez." Com esse aviso, alguns dos meus alunos do 3º ano batem palmas. Falando um pouco mais alto, eu digo: "Se você está ouvindo minha voz, bata palmas duas vezes." Dessa vez, a maioria deles responde. "Se você está ouvindo minha voz, bata palmas três vezes." Agora todos meus alunos batem palmas e erguem seus olhos, aguardan-do instruções. Olho para cada uma das mesas e digo: "Agora sim. Só precisei falar três vezes para ter a atenção de todos vocês". Pensando um pouco mais, digo: "E isso não é nada mal, considerando que vocês estavam fazendo projetos de arte". Balançando a cabeça, mais uma vez examino a turma e continuo: "Mas da próxima vez espero conseguir isso na segunda batida de palmas". Diamond, uma das crianças mais engraçadas que conheço, ergue o polegar e diz "Pode deixar, Sr. Michaels", lançando seu sorriso magnífico. "Ok, pessoal", digo. "Vou cobrar de vocês a promessa da Diamond". Olho rapidamente para o relógio e digo: "Agora está na hora do recreio". As crianças ficam muito animadas e começam a arrastar as cadeiras sobre o piso cerâmico. "Esperem, esperem", digo, levantando minhas mãos para chamar a atenção delas. "Não vamos a lugar algum antes de a sala estar brilhando de limpa." Olho para meu relógio novamente e digo: "Vamos deixar a sala limpa em 2 minutos. Se vocês conseguirem, vou colocar mais três blocos na nosso pote". Passo os olhos pela sala e digo: "Vocês podem começar".

Caminho pela sala de aula enquanto as crianças limpam tudo. Felix, que se senta à frente da sala, está olhando fixamente para a gaiola de nosso *hamster*, Robbie. Caminho até sua carteira escolar, para perguntar por que ele não está limpando a sala como seus colegas. Mas quando me aproximo, vejo por que ele está olhando tão atentamente para a gaiola de Robbie. Robbie está deitado de lado, respirando de modo irregular. Quando se dá conta de que estou de pé a seu lado, Felix diz: "Sr. Michaels, o Robbie está esquisito. Será que ele está bem?". Olho de volta para o Robbie e digo para Felix, "Não sei". Agora estou agachado e apoiado em um joelho, olhando para dentro da gaiola. Toco de leve na gaiola e espero uma resposta de Robbie. Ele não responde. Olho para Felix, que parece estar entrando em pânico e digo: "Não se preocupe. Depois da aula vou levar o Robbie à casa do meu irmão. Ele é veterinário. Aposto que o Robbie apenas está um pouco cansado". Sem saber se isso está ajudando o Felix ou não, digo: "Bem, por que você agora não vai até a biblioteca e ajuda Rebecca a organizar os livros?". Olhando para mim, Felix balança a cabeça, concordando, e passa rapidamente para a biblioteca.

Ainda estou olhando para a gaiola de Robbie quando Diamond se aproxima e diz "Sr. Michaels, a sala já está limpa". Então, ela olha para a gaiola do Robbie e grita: "Meu Deus! O Robbie morreu!". Eu me levanto rapidamente e olho para os rostos chocados dos meus alunos do 3º ano. Tentando controlar um possível desastre, me apresso em dizer: "Não, ele não morreu. Ele ainda está respirando". Olho para Diamond, cujos olhos estão grandes como bolas de golfe. "Está vendo Diamond", digo, "seu peito está se mexendo para cima e para baixo". Ela rapidamente tira os olhos de mim e volta a olhar para a gaiola de Robbie. Agora a maioria da sala já está reunida no espaço minúsculo que acomoda a gaiola de Robbie. "Olha!", diz Maria, "estou vendo seu peito se mexendo". Outros alunos concordam: "Eu também, eu também". Sentindo que o problema é muito difícil de lidar, rapidamente peço para que meus alunos façam uma fila e saiam até o pátio para o recreio.

Depois da aula, ligo para Louis, meu irmão, e lhe pergunto se posso levar o Robbie até sua clínica. Aviso a diretora da escola, a Sra. Uribe, que estou levando o Robbie até um veterinário e saio cedo. Enquanto coloco com cuidado a gaiola de Robbie sobre o assento do passageiro em meu carro, penso: "Por favor, não deixe esse *hamster* adoecer ou morrer. Não sei o que vou fazer se ele morrer". É claro que o trajeto até a clínica de meu irmão pareceu levar uma eternidade e foi muito estressante.

Após esperar por cerca de 20 minutos, Gayle, a assistente do consultório de Louis, acena para que eu me dirija até os fundos da clínica. Tentando puxar assunto, ela diz: "Então, o que temos aqui, James?". Sorrio para ela e olho novamente para a gaiola de Robbie. "Este é o *hamster* de estimação da minha turma, o Robbie. Não sei exatamente quando ele se deitou e começou a respirar assim, mas, por volta das

13h30min desta tarde, vários dos meus alunos notaram". Desesperado por qualquer palavra de conforto, pergunto: "Você acha que ele vai ficar bem?". Gayle, que ainda não tirou os olhos de Robbie, diz: "Olha, não sei não. Louis é o médico, então vamos esperar para que ele faça um exame detalhado para descobrir o que está acontecendo". Então, ela olha para mim e diz: "Por que você não se senta e espera? Louis vai falar com você assim que ele terminar de atender o outro paciente".

Quando me acomodo na sala 2, olho de novo para a gaiola de Robbie. Ele ainda está deitado de lado e sua respiração agora está mais difícil e irregular. Quando já estou praticamente entrando em pânico, ouço alguém bater na porta e Louis entra na sala. "E aí, maninho?", ele diz. "O que está acontecendo?". Um pouco aliviado, digo: "Estou bem, mas o Robbie...". Louis inclina sua cabeça para o lado da gaiola e espia o Robbie. Parecendo preocupado, ele diz: "Para ser sincero, este carinha não parece nada bem". Ele inclina a cabeça para o outro lado, pega a gaiola de Robbie e continua: "Deixe-me fazer alguns testes com ele. Sente-se e aguarde – não vou demorar". Imediatamente, ele sai com pressa da sala, me deixando sozinho.

Após uma espera que parece infinita, Louis volta à sala e me diz: "James, não creio que haja a necessidade de fazer exames no Robbie. Senti vários caroços em seu corpo, e agora ele está vomitando e tendo convulsões". Sem querer ouvir o que ele está me dizendo, pergunto: "Você quer dizer que ele está morrendo?". Balançando a cabeça, Louis responde com cordialidade: "É exatamente isso o que estou querendo dizer. Aposto que ele tem algum tipo de câncer. Não é a primeira vez que vejo isso". Olhando para o alto, em direção às luminárias, ele continua: "Acho que o mais humano que podemos fazer é sacrificá-lo". Balanço a cabeça, dando a meu irmão a permissão para deixar Robbie descansar.

Questões para discussão

1. Como você contaria para seus alunos que Robbie morreu?
2. Quais são os aspectos positivos e negativos de ter uma mascote da turma?
3. Quais são os aspectos positivos e negativos de comprar outra mascote após a morte de Robbie?
4. Qual é a política de sua escola e secretaria de educação em relação às mascotes de turma?
5. Quais são os aspectos positivos e negativos de contar a seus alunos que um animal "foi sacrificado" em vez de dizer que ele simplesmente morreu?

Conselhos de professores experientes sobre... Morte

- Na maioria das vezes uma criança fica muito chocada com uma morte. Os pais ou os familiares talvez não tenham conseguido dizer (ou desejado dizer) à criança que a pessoa estava tão doente que poderia morrer.
- Em um ambiente escolar, você tem de fazer certas concessões. Às vezes, é preciso deixar o programa escolar suspenso para que a criança consiga elaborar o luto por

Questões sociais desafiadoras na escola **173**

completo. Não acreditamos que as crianças consigam aprender coisa alguma enquanto estiverem sofrendo com a morte de uma pessoa amada e forem "forçadas" a executar certas tarefas escolares. Talvez elas não consigam se concentrar o suficiente para conseguir estudar. Deixe que elas façam aquelas coisas que adoram fazer na escola. Se elas adoram ler, escrever ou desenhar, permita que façam isso.

- Solicite a assistência do apoio psicológico à secretaria de educação. Porém, nem todas as escolas ou cidades contam com psicólogos à disposição *in loco*. Se não houver apoio psicológico disponível, avise aos pais que há psicólogos disponíveis e que cobram honorários muito variáveis.

- Preste atenção a mudanças de comportamento social, hábitos de alimentação, mudanças no sono, etc. Os alunos podem se tornar mal-humorados, ficar agressivos, chorar, ficar passivos, "sonhar acordados" e serem incapazes de se concentrar. Em muitos casos, as crianças se comportam de modo diferente daquele dos adultos.

- Se as crianças abordarem questões religiosas, sugerimos que você responda da melhor maneira que puder. Quando uma criança pergunta "se ele foi para o céu", muitos de nós respondemos: "Algumas pessoas acreditam que ele está no céu". Sugira então à criança que converse com seus pais sobre aonde vão as pessoas quando elas morrem.

- Comunique-se regularmente com os pais para saber como vão as coisas em casa.

- Se um professor falecer, esperamos que haja um sistema operante para que a escola seja prontamente notificada. Se sua escola não tiver uma central telefônica, talvez você possa sugerir que seja adquirida; ela pode divulgar informações rapidamente a outros professores.

- Se você é a pessoa responsável para notificar os alunos sobre a morte de um professor ou aluno, conte-lhes o que aconteceu. Explique a eles que acidentes e doenças terminais não acontecem o tempo todo. As crianças precisam saber se o colega estava doente ou se sua morte foi acidental. Já tivemos casos nos quais crianças morreram na própria escola e, quando não foi dito a seus colegas como a criança havia morrido, elas simplesmente inventaram histórias que contavam como achavam que aquilo havia ocorrido. Além disso, seja sincero ao contar aos alunos sobre a morte ou doença de uma mascote de turma.

- Permita que eles conversem sobre qualquer morte que já tenham vivenciado ou sobre como se sentem a respeito dessa morte recente. Você precisa deixar que eles externalizem seus sentimentos e temores. Talvez isso não seja nada fácil para você, mas é importante que as crianças tenham um ambiente seguro onde possam expressar seus sentimentos. Você tem de ser sensível e lhes contar se também já passou pela experiência de perder alguém ou algum animal. Depois de conversar com eles, talvez seja bom dar às crianças um tempo de folga. Elas podem querer ler, escrever, desenhar ou mesmo brincar. Algumas delas talvez queiram escrever ou desenhar sobre o que estão sentindo ou escrever cartas ou cartões ao falecido ou à sua família.

- Se sua escola lhe permite ter mascotes de classe, tenha o mesmo tipo de discussão sugerida. Não recomendamos que você faça uma cerimônia para a mascote da turma. Após uma semana ou duas, talvez vocês queiram comprar outra mascote. Deixe a turma decidir o tipo de mascote ou seu nome.

22

Uso da internet

INAPROPRIADO.COM

"Uau!", digo a Manuela, outra professora do 6º ano. "Fico feliz que esse passeio já esteja quase terminando." A equipe do 6º ano – quatro turmas no total – levou suas turmas ao museu, como complemento do programa de estudos sociais, que cobre a história dos Estados Unidos. O museu tem exposições maravilhosas sobre a história dos ameríndios, a Guerra Civil, o Movimento dos Direitos Civis, o Movimento pelo Voto das Mulheres e os Campos de Prisioneiros Japoneses da Segunda Guerra Mundial. Em minha opinião, foi uma ótima experiência para nosso alunos ver todas as fotografias e os artefatos e ouvir os professores vestidos com vestimentas usadas por aqueles que eles representavam contando histórias do passado. Mas, para falar a verdade, a viagem de ônibus está me deixando louca. Lá fora faz calor, e essas janelas não estão ventilando o suficiente para que o vento atenue a temperatura ou o odor corporal não muito bom de nossos alunos suados.

"Eu sei", diz Manuela, interrompendo meus pensamentos. "Embora tenha sido uma experiência ótima, sem dúvida foi longa demais para só um dia." Concordo com a cabeça. "Estava pensando a mesma coisa. Talvez pudéssemos fazer esse passeio ao longo de dois dias." Manuela olha para mim como se estivesse considerando minha sugestão. "Quer dizer", continuo, "acho que é demais fazer tanta coisa em apenas um dia". Manuela diz: "Deveríamos perguntar a Charles e Mônica. Eles têm feito isso há anos". Charles leciona para o 6º ano há 14 anos; Mônica, há 8. As turmas de Charles e Mônica estão no outro ônibus. Imagino que lá também esteja bem quente.

Manuela então se inclina para perto de mim e diz: "Sem falar que está quente demais e algumas dessas crianças estão fedendo. Será que elas tomaram um banho de colônia ou perfume?". Concordo com a cabeça. "Ou uma ducha de perfume? Ou será que elas mataram o banho e mergulharam em uma piscina de colônia?" Manuela e eu caímos na risada. "Mas pense bem", continua Manuela, "se estendermos esse passeio para dois dias, vão ser dois dias dentro de um ônibus!". "Puxa!", digo a Manuela, "Esqueça que fiz a sugestão". Olho para os rostos de todos nossos alunos, que parecem estar com tanto calor quanto nós. Nós duas nos inclinamos e ficamos imóveis, esperando pelo fim da viagem de meia hora até a escola.

Quando chegamos, já está tarde demais para fazer qualquer coisa significativa na aula. O motorista deve ter acelerado, pois nenhum de nós havia previsto que sobraria tempo em aula após o passeio. Pensei que teríamos de ajudar as crianças a pegar suas coisas, nos despediríamos e iríamos embora. Mas não demos sorte e não foi isso que aconteceu. Para o próximo passeio, planejarei uma atividade para o caso de isso acontecer de novo.

Uma vez acomodados em nossa sala de aula, tenho de pensar em uma atividade "educativa" que as crianças possam fazer no pouco mais de meia hora que resta até o fim da aula. Divido as crianças em grupos e lhes digo: "Vamos fazer uma pesquisa na internet sobre vários dos tópicos que aprendemos durante nosso passeio. Esse é apenas o início de um projeto maior". Para minha surpresa, os alunos estão ouvindo com atenção. "Então", digo, "vou precisar que um grupo pesquise várias pessoas-chave da história do Movimento dos Direitos Civis, da Trilha das Lágrimas, do Movimento pelo Voto das Mulheres e dos Campos de Prisioneiros Japoneses da Segunda Guerra Mundial". As mãos rapidamente começam a ser levantadas. Seleciono um grupo e lhes pergunto que assunto gostariam de pesquisar.

Para variar, um dos computadores da sala não está funcionando. Temos apenas quatro computadores. Acho melhor ficar feliz que três estejam ok. Em geral, já é muita sorte que dois deles estejam funcionando bem. Nesse momento, Juana me pergunta: "Sra. Smith, eu poderia usar o meu celular? Posso baixar as imagens dos *sites* e fazer tudo". Olho para ela e pergunto: "Você tem de pagar um valor extra para isso?". Juana dá uma risada. "Não. No começo sim, mas quando minha mãe recebeu a primeira conta do meu telefone – com todos os *downloads* e SMS que eu havia feito – ela contratou um plano ilimitado para mim." Pensando que isso não será um problema, concordo em deixar Juana e seu grupo se sentarem juntos e fazer sua pesquisa na internet sobre o Movimento pelo Voto das Mulheres.

Quando estou caminhando pela sala para monitorar meus alunos, observo que o grupo da Juana está sentado com as alunas muito perto umas das outras. No início não dou bola, pois estão olhando para uma tela do tamanho de uma pequena calculadora. Mas quando me viro para conferir o trabalho do grupo que está na frente, trabalhando sobre a Trilha das Lágrimas, ouço o grupo de Juana dando risadinhas e dizendo "shhh!". A fim de pegá-las desprevenidas, circulo pela sala e finjo que estou olhando para alguma coisa na parede dos fundos. Quando chego perto do grupo de Juana de novo, dou uma olhada e vejo que a tela de seu celular mostra fotos de Juana usando um biquíni. Também há fotos de várias de suas outras amigas usando biquínis. Nesse momento, Caitlin olha para cima e diz: "Ai, meu Deus! É a Sra. Smith". Olho para as meninas e de novo para o telefone. "O que vocês estão fazendo?" é tudo que consigo perguntar. Juana limpa a garganta e diz: "Eu estava olhando... hum... para a minha página do MySpace".

Questões para discussão

1. Como essa situação poderia ter sido evitada?
2. Quais são os tipos de programa de proteção disponíveis em sua sala de aula?
3. Que buscas de palavra ou palavras-chave podem passar pelo *software* de proteção? (Por exemplo, "mulherzinhas".)
4. O que você diria a sua turma inteira sobre a responsabilidade no uso da internet?
5. Qual é a política de sua escola a respeito do uso de celulares e da visita a páginas da internet?

É DINHEIRO FÁCIL

"Ok, pessoal", digo a meus alunos do 6º ano, "hoje vamos trabalhar com adjetivos". Continuo: "Quando estou lendo alguns de seus trabalhos, se eu fechar os olhos não consigo uma imagem rica do que vocês escrevem porque vocês não deram a seus leitores os descritores ou adjetivos necessários para que eles possam criar a imagem mental na qual vocês estão pensando". Volto-me para o quadro branco e escrevo a palavra "gato" ao lado de uma fotografia de um gato que eu havia recortado de um calendário velho. Viro para os alunos e pergunto: "Agora vejamos a imagem que está no quadro. Quais são algumas das palavras que posso usar para descrever esse gato para as pessoas que não estão olhando para a fotografia?".

Meus alunos me olham como se eu tivesse enlouquecido. Cornelius, um jovem agitado e extrovertido e de sorriso astuto, diz: "Uh... cinza!". Ele se vira para Marcellus, Keisha e Sarah e bate a palma de sua mão contra a de cada um deles. Sem me impressionar com o exibicionismo, escrevo "cinza" no quadro e pergunto a Cornelius, "Esse gato tem apenas pelo cinza?". Após examinar a imagem do gato, ele responde: "Não, Sr. Brown. Ele é cinza, mas tem patas brancas e pelagem branca também na ponta das orelhas". Sorrio e digo: "Exatamente". Então, peço a meus alunos: "Por favor, fechem os olhos e visualizem a imagem desse gato em suas mentes". Olho para a fotografia e digo em voz alta: "É um filhote de gato cinza, com um bigode que parece longo demais para seu rosto pequeno. Ele tem patas brancas, e as pontas de suas orelhas também são brancas. O gatinho tem um nariz pequeno e de formato triangular. Ele também tem uma pequena pinta vermelha na orelha esquerda e uma coleira rosa ao redor do pescoço. Podemos inclusive ver um pouco de sujeira em suas patas frontais".

Caminho pela sala de aula e peço a meus alunos que agora abram os olhos. "Veja a foto do gatinho no quadro. A imagem mental do gatinho é similar à imagem real?" Vejo que meus alunos concordam, balançando a cabeça. "Então", continuo, "vejam o que esse nível de descrição oferece aos seus leitores. Ele lhes permite ver as

Questões sociais desafiadoras na escola **177**

imagens dos objetos ou dos conceitos que vocês têm em suas mentes e sobre os quais estão escrevendo". Vou até minha mesa e pego um monte de folhas de calendário. Tenho 27 folhas com animais, criancinhas e monumentos nacionais. Espalho-as sobre minha mesa e então me volto aos alunos e digo: "Cada um de vocês vai selecionar uma folha de calendário. Depois vai pegar uma página de papel em branco e nos dar uma rica descrição do objeto que vê na fotografia. Depois disso, leremos nossas descrições em pequenos grupos, enquanto os outros membros do grupo ficam de olhos fechados. Eles então comentarão a qualidade de sua descrição quando abrirem os olhos". Algumas das crianças estão olhando fixamente para minha mesa, como se estivessem pensando qual folha de calendário gostariam de escolher. Antes de passar à próxima etapa do projeto, digo: "Vocês podem conversar com seus colegas ao lado durante a atividade". Apontando para a tabela de Nível de Voz na frente da sala de aula, digo: "Vocês podem conversar usando o nível dois". Começo então a chamar os alunos por fileira para que selecionem as imagens de calendário.

Enquanto meus alunos estão trabalhando, caminho pela sala e acompanho o progresso. Alguns alunos levantam as mãos, pedindo ajuda com o vocabulário. Dominique pergunta: "Sei o que é, mas como é que se chama aquela coisa feita de argila que tem um rosto e usam nos castelos? Eu me lembro de ver naquele filme, nas não consigo me lembrar como é que se diz". Tomo uma nota mental: "Preciso trabalhar mais com vocabulário". Estou vendo que eles podem descrever os objetos sobre os quais estão falando, mas não sabem o rótulo ou a palavra oficial que os denominam. Olho para baixo e digo: "Gárgula, Dominique". Antes que ela me peça para soletrar, digo: "Repita e procure no dicionário ou computador". Ela sorri e continua trabalhando.

Quando chego à fila de Cornelius fico um pouco para trás. Observo que ele está tentando sussurrar, mas, como está sentado na frente dos colegas com os quais está conversando, consigo ouvi-lo quando ele se vira. Ouço quando diz: "Cara, é fácil demais. Ganhei mais dinheiro do que consigo gastar. E eles só querem que eu tire minha camisa. Mais fácil, impossível". Então, continua: "Quando vocês todos forem lá em casa hoje à noite, tudo o que vocês têm de fazer é tirar a camisa. Já estou com a *webcam* preparada e tudo o mais". Vários dos meninos ao redor de Cornelius começam a dar risadinhas. "Pensem bem", diz Charlie, "vamos ter um feriadão de quatro dias. Vai ser só festa e festa!".

Questões para discussão

1. Qual é sua primeira reação a essa situação?
2. Que pessoas da escola precisam ser notificadas imediatamente sobre essa situação?
3. Imagine que você tem de ligar para os pais envolvidos nessa situação. O que você diria a eles em uma reunião em grupo convocada para explicar o que você ouviu?
4. Quais são os aspectos positivos e negativos das *webcams* de uso pessoal e nas salas de aula de crianças do ensino fundamental?
5. Como uma criança dessa idade criaria um *site* para receber pagamentos de desconhecidos como esses?

INDO ATRÁS DO AMOR

"Jamilah... Jamilah... Jamilah", digo à menina que está olhando fixamente para fora da janela, com a cabeça inclinada. Por fim, Maria toca o ombro dela e aponta para mim, dizendo: "A Sra. Whitfield quer falar com você". Os olhos de Jamilah ficam arregalados e ela me fita com olhar preocupado. Ela caminha até a frente da sala de aula, onde estou sentada. Estou corrigindo os ditados dos meus alunos, mas nunca deixo de prestar atenção às crianças. Nesse momento, noto que Jamilah está olhando para fora da mesma janela de novo.

Quando ela finalmente chega à mesa à qual estou sentada, pergunta: "Sim, Sra. Whitfield", em sua voz típica, quase murmurando. olho para ela e também sussurro: "Querida, você está bem?". Indico-lhe que se sente ao meu lado. Enquanto ela se acomoda, olho para os demais alunos, que deveriam estar terminando seus exercícios de matemática. "Meninos e meninas", anuncio, "vocês têm tempo mais do que suficiente para terminar seus exercícios de matemática. A maioria de vocês – senão todos – deve conseguir terminar antes do almoço. E aí vocês não terão de terminar em casa. Então, sugiro que vocês comecem a trabalhar". Olho de novo para Jamilah e rapidamente para a turma. "Ah, antes que eu me esqueça", digo, "vocês todos sabem que podem começar a ler quando terminarem ou pedir permissão para ajudar os colegas da turma que tiverem dúvidas". Passo os olhos pela sala, para ter certeza de que estão prestando atenção. "Agora que vocês todos sabem o que devem fazer, espero que se concentrem. Alguma dúvida?" As crianças balançam a cabeça. "Ok", anuncio, "podem voltar ao trabalho".

Viro-me para Jamilah. "Sim, querida", digo em voz baixa. "Desculpe-me por interromper." Aproximo-me dela, toco sua mão e me inclino antes de dizer: "Notei que você passou o dia inteiro um pouco distante". Jamilah abaixa a cabeça. Ela costuma fazer isso quando acha que um adulto está lhe passando um sermão ou lhe punindo de alguma maneira. Continuo: "Está tudo bem com você?". Jamilah não diz nada e sua expressão facial continua impassível. Então, digo: "Não estou chamando sua atenção, Jamilah. Só queria ter certeza de que você está bem. Mas não posso lhe ajudar se você não me disser o que está acontecendo". Jamilah agora está movendo os olhos para cima e para baixo. Sinto que ela está pensando se pode ou não confiar em mim. Ela aperta os lábios e solta um grande suspiro. Mas, mesmo assim, ela não diz nada ou olha para cima. Faço mais uma tentativa para que ela se abra comigo. "Jamilah, você ficaria mais à vontade conversando com outro professor ou com nossa diretora?". Então, ela ergue os olhos rapidamente e balança a cabeça vigorosamente para os lados. "Tudo bem, querida." Inclino-me para me aproximar dela e pergunto: "Você ficaria mais à vontade se nós saíssemos para conversar lá fora?". Jamilah concorda devagar, balançando a cabeça.

Levanto-me e conto até três. Esse é o sinal que uso na turma 31 para que parem o que estiverem fazendo, permaneçam em silêncio, olhem para mim e aguardem pelas instruções. "Meninos e meninas", digo, "vou para o corredor conversar com a Jamilah". Olho para o Quadro de Tarefas e vejo que Megan é a líder da turma esta semana. Olho para ela e lhe digo: "Megan, se alguma coisa acontecer, venha me avisar, tudo bem?". Megan concorda, balançando a cabeça. Olho mais uma vez para a turma e digo: "continuem trabalhando direitinho". Depois sinalizo para que Jamilah me acompanhe para fora da sala de aula.

Assim que saímos lhe pergunto: "Então, Jamilah, o que está acontecendo?". De cabeça baixa, ela diz: "Estou... ah... ah... com medo". Ela funga, cobre os olhos com as mãos e começa a chorar. Aproximo-me dela e a abraço. Então, seu choro fica mais forte. "Jamilah, querida, por que você está com medo?", pergunto. Quando ela finalmente se acalma, me diz: "Ouvi minha irmã falando ao telefone com uma de suas amigas". Interrompendo-a, pergunto: "Qual delas?". Jamilah diz: "Indira, a que está no 8º ano". Pergunto-lhe: "O que foi que ela disse ao telefone, Jamilah?". Então, ela responde: "Ela disse para a amiga dela que ia pegar um avião para encontrar o namorado dela na Alemanha. Aquele que ela conheceu na internet". Ela ergue os olhos e continua: "Ouvi ela dizer que ele comprou uma passagem para ela, enviou um passaporte falso e que quando eles se encontrarem ele vai encher ela de presentes e de carinho". Então, pergunto: "Jamilah, seus pais sabem disso?". Ela balança a cabeça e diz: "Quando ela me viu, me disse que se eles descobrissem nós duas seríamos castigadas. Então, por favor, Sra. Whitfield, não diga nada. Por favor, não diga nada para eles".

Questões para discussão

1. Como você explicaria a Jamilah que é obrigada por lei a denunciar quando qualquer criança está correndo perigo ou passando por uma necessidade?
2. Quais seriam suas próximas atitudes em relação a essa situação?
3. Você acha que a Sra. Whitfield conduziu bem a conversa com Jamilah?
4. Quais atividades/lições você poderia fazer para promover a segurança no uso da internet entre seus alunos?
5. A Sra. Whitfield usa muitas palavras afetuosas e toca em Jamilah. Essa conduta é apropriada em todos os grupos culturais? E entre pessoas de gêneros diferentes?

Conselhos de professores experientes sobre... Uso da internet

- Na maioria das escolas, o uso da internet é extremamente restrito. Certifique-se se isso é verdade no seu caso. Já tivemos colegas que pediram a seus alunos que lessem na internet o clássico de Louisa Mae Alcott, *Little Women* (*Mulherzinhas*), mas que foram surpreendidas com imagens e *sites* de pornografias. Então, para se proteger, certifique-se de que sua escola conta com ambientes de informática seguros para o uso dos alunos.
- Embora pareça ótimo que um aluno tenha acesso à internet em seu celular, você não tem como acionar mecanismos de controle parental ou mesmo monitorar com atenção os *sites* e *links* a que ele está acessando. Sugerimos que você lhe agradeça, mas recuse a oferta. E então pense em outra coisa para as crianças fazerem.

- Quanto ao fato de os alunos estarem trazendo celulares para a escola, isso está se tornando cada vez mais comum e é um problema para os professores do ensino fundamental. A maioria das escolas tem regras rígidas sobre quando as crianças podem usar seus celulares. Como alguns desses aparelhos têm acesso a internet que você não pode monitorar, é fundamental que você siga a política de uso de celular da escola.
- Todos nós temos alunos que têm páginas no MySpace ou Facebook. Sugerimos que você discuta com seus alunos sobre como usar esses serviços de modo responsável. A maioria dos alunos que tem página na internet nesses *sites* costuma ser ingênua demais e simplesmente considera que somente seus amigos têm como acessar suas páginas. Assim, eles postam seus pensamentos pessoais, números de telefone e endereços, fotos deles próprios em roupa de banho, na frente de suas casas, no quarto, na escola, etc. Mais uma vez, um pedófilo manipulador e ardiloso pode fingir ser uma criança pequena que simpatiza com aquele aluno a fim de estabelecer uma comunicação. Além disso, esse pedófilo obtém informações sobre a aparência da criança e talvez até mesmo de seus amigos e de onde eles moram e estudam. É evidente que isso pode levar a consequências trágicas.
- Assim como nos outros casos, você precisa notificar a direção da escola imediatamente. O tráfico de crianças para o sexo é um lamentável problema internacional que a cada dia se torna mais comum. Assim, embora talvez pareça que os meninos estejam apenas tirando suas camisas ou só se comunicando com um amigo, os pedófilos são manipuladores, astutos e extremamente perigosos. Essas situações podem rapidamente se tornar muito sérias, e o risco de rapto, prostituição, uso de drogas, estupro e morte é uma possibilidade real. Mais uma vez, notifique a direção da escola imediatamente.

23

Prisão

Possibilidades de carreira

* Médico	* Professor	* Eletricista
* Artista	* Advogado	* Diretor de escola
* Mecânico	* Cabeleireiro	* Secretária
* Farmacêutico	* Vendedor	* Veterinário
* Segurança	* Astronauta	* Jogador de basquete
* Cantor	* Modelo	* Dançarino
* Jogador de beisebol	* Ator	* Dono de loja
* Passeador de cães	* Jogador de futebol	* Militar
* Policial	* Guarda de prisão	* Escritor

O DIA DAS PROFISSÕES

Após estudar a lista que acabamos de fazer no quadro negro, me viro para olhar meus alunos do 5º ano. "Esta é uma boa lista para começar nossa discussão sobre as possíveis profissões para seus futuros. Vamos investigar qual tipo de formação vocês precisarão para seguir essas carreiras, assim como outras que descobriremos ao longo de nossa pesquisa. Algumas delas exigirão que vocês frequentem a faculdade, para obter um bacharelado ou mesmo um mestrado. Outras podem exigir que vocês continuem estudando e se tornem doutores." Olho de novo para a lista e aponto para várias das profissões listadas. "Em outras pode ser necessário que vocês façam um curso técnico ou treinamento; mas algumas delas não exigem qualquer escolaridade, como é o caso dos jogadores de basquete ou outros esportes da primeira divisão." Ouço alguns de meus alunos do fundo da sala vibrarem. Olho para lá e digo: "Bem, talvez vocês achem que ir para a escola é uma chatice...". Digo isso e observo que alguns deles concordam com a cabeça, "mas veremos que as vagas nessas carreiras são poucas, o que diminui a possibilidade de que um de nós consiga ou mesmo se qualifique para tentar uma dessas posições de prestígio".

Reggie ergue a mão e diz: "Eu sei que é verdade. Costumava dizer para minha vó que eu queria ser jogador de basquete profissional". Minha vó sempre ria e dizia: "Você é baixo demais para conseguir jogar na primeira liga". Reggie e alguns outros alunos riem. E Monique interfere: "Além disso, você não joga nada, Reg". Agora todos os meus aluno caem na gargalhada. Eu também mal consigo conter o riso. Reggie diz: "Isso é óbvio, Monique". Ele ergue os olhos e diz: "Eu realmente não sei jogar, Sra. Fields. Minha vó diz que é melhor para mim ficar com a bunda na escola o máximo que eu puder".

Ainda rindo, digo: "Viram, esse é um ótimo exemplo. Talvez a gente queira seguir uma dessas carreiras, mas não seja alto o suficiente ou bom o suficiente para isso. Quando eu era criança, queria ser médica. Então, fui estudar biologia e tivemos de dissecar uma rã. Quase vomitei. E fiquei pensando: 'Como é que vou para a faculdade de medicina, em que terei de dissecar um corpo humano, se eu nem consigo dissecar uma rã?'".

A maioria dos meus alunos diz: "Ugh!". Monique levanta a mão e, com o nariz franzido, pergunta: "Você tem que dissecar uma pessoa na faculdade de medicina?". Respondo: "Sem dúvida". Mais uma vez ouço os alunos dizerem em coro: "Eca!".

Entusiasmado com a discussão, mas dando-me conta de que a campainha vai tocar em cerca de 5 minutos, digo: "Vamos analisar cada uma dessas profissões e conversar sobre o treinamento específico que vocês precisariam para segui-las". Pego os folhetos que criei para os pais sobre o nosso Dia das Profissões e pergunto: "Vocês querem fazer alguma pergunta?". Várias crianças levantam a mão. Chamo Miriam, que baixa os olhos e lê uma lista que ela fez. "O que é uma residência, um doutorado e um curso técnico?" Vários dos alunos que também estavam com a mão erguida, abaixam-na. Olho para Miriam e para o relógio e digo: "Não se preocupe com isso nesse momento. Vamos discutir todos esses termos durante as próximas semanas". Miriam e algumas outras crianças concordam com a cabeça, e continuo. Enquanto distribuo os folhetos e as folhas de resposta, digo: "Por favor, digam a seus pais que precisamos que eles venham até nossa turma falar sobre suas profissões para que esse seja um ótimo Dia das Profissões". Então, a campainha toca, marcando o fim de mais um dia letivo.

No dia seguinte, Matthew chega cedo e larga sua mochila no chão. "Sra. Fields", começa Matthew, "meu pai me pediu para não me esquecer de lhe entregar isso. Ele disse que eu tinha que lhe trazer antes de ir para o pátio". Sorrio, pois tenho trabalhado para que Matthew seja mais responsável. "Obrigado, Matthew. Estou muito orgulhosa que você esteja se preocupando com as coisas." Matthew sorri e me passa uma folha de respostas bastante amassada. Então, com a mesma rapidez que entrou na sala de aula, ele vai ao pátio.

Olho para a folha de respostas e leio a nota escrita pelo pai de Matthew.

"Cara Sra. Fields. Eu gostaria de participar de seu Dia das Profissões. Tomei decisões ruins quanto ao meu futuro e minha carreira e vendia drogas. Na verdade, fui condenado por ter um laboratório de produção de metanfetamina. Isso me custou 10 anos na prisão. Enquanto estive preso, perdi o contato com meus filhos, vi muitos de meus amigos serem mortos ou esfaqueados lá dentro, e não havia programas na prisão para que eu me aperfeiçoasse. E tente conseguir um emprego quando sair se você tiver sido condenado por um crime e precisar estar em contato com seu oficial de liberdade condicional o tempo todo! A prisão não é um lugar nada bom, e acho que as crianças precisam saber disso. Não tenho orgulho algum disso tudo e estou dando duro para ter certeza de que meus filhos não sigam meu caminho. Gostaria muito de participar e dizer para suas crianças que vender drogas é uma escolha de profissão, mas que levará à morte ou prisão. Espero sua resposta ansiosamente. A Sra. pode falar comigo no número 555-1234. Atenciosamente, John Rogers."

Questões para discussão

1. Quais são os aspectos positivos e negativos de deixar o pai de Matthew participar do Dia das Profissão?
2. Qual é sua opinião sobre o Sr. Rogers dizer que vender drogas é uma profissão?
3. Como você responderia ao Sr. Rogers?
4. Se você decidisse recebê-lo no Dia das Profissões, como iria apresentar o Sr. Rogers e sua profissão?
5. Haveria repercussões na sua escola ou secretaria de educação se você permitisse que o Sr. Rogers viesse conversar com seus alunos? E, caso positivo, quais seriam essas consequências?

ERA ILEGAL, MAS ERA ERRADO?

Anna, uma professora do 4º ano, diz enquanto saímos do estacionamento no início da manhã: "Você viu o protesto no noticiário de ontem à noite?". Como nós duas gostamos de levantar cedo, em geral chegamos bem antes da maioria de nossos colegas. Isso é bom porque significa que podemos preparar nossas coisas antes da correria ensandecida que acontece no início do dia letivo. Temos acesso livre à fotocopiadora, aos cortadores de modelo, ao papel Kraft e à máquina de encadernação. Também tenho tempo para organizar meus pensamentos e me aprontar para receber meus alunos do 6º ano sem que os outros nos interrompam. Hoje, contudo, Anna tem outros planos para mim.

"Não", digo com sinceridade. "Ontem fui para a casa, fiz ginástica, tomei uma ducha, jantei, corrigi alguns trabalhos e então fui para a cama." Anna diz: "Cerca de 50 membros da minha igreja fizeram um protesto contra aquela clínica de abortos que tem na Third Avenue". Ela toma um golinho de seu café fervente e continua: "Eu adoraria que acabassem com aquela clínica de abortos. Eles dizem que estão fazendo um trabalho de paternidade responsável, controle de natalidade e esse tipo de coisa. Mas quem eles acham que estão enganando? Todos nós sabemos que esse tipo de clínica nada mais é do que um lugar onde jovens confusas vão para sugar os bebês de seus corpos".

Lembro-me de trancar a porta da frente que deixamos para trás, e continuamos até a sala de apoio. Quando viro e passo à sala dos professores, vejo Marvin, um de nossos zeladores, se curvando para pegar clipes do carpete. "Oi, Marvin", dizemos juntas. Marvin ergue os olhos e sorri. "Olá para vocês duas." Vendo o que ele está fazendo, digo: "Também odeio quando os clipes caem no carpete. Eles são tão difíceis de pegar". Marvin diz: "E tente pegá-los com mãos grandes como as minhas". Ele nos mostra suas mãos, e somos obrigadas a concordar. "Você precisa de ajuda?", pergunto a Marvin enquanto Anna coloca seu almoço em uma das geladeiras. "Nada disso, vocês duas tratem de se aprontar para receber suas crianças. Eu já terminei. Agora vou até a sala do Sr. Hollis trocar umas lâmpadas." Então, Marvin coloca a caixa cheia de clipes sobre a mesa do telefone e sai pela porta lateral.

Como se ele simplesmente houvesse criado uma pausa para o pensamento de Anna, ela continua sua discussão anterior. "Como eu dizia, estou muito orgulhosa da minha igreja. Eu não tive como participar porque poderia ser presa, e sendo professora você sabe como é. Mas mesmo assim estou orgulhosa deles." Como se estivesse esperando uma resposta minha, Anna me fita com atenção. Sem saber direito o que fazer, por fim digo: "Puxa, não consegui ver o noticiário. Eu estava tão cansada". Coloco meu almoço na mesma geladeira e tento mudar de assunto. "Então, vocês estão todos prontos para o passeio ao zoológico amanhã?" Anna concorda com a cabeça e diz: "Estou tão feliz que Blossom está na minha equipe. Ela é o tipo de pessoa tão organizada e alegre. Ela cuidou dos almoços, *kits* de primeiros socorros, ônibus, cópias das autorizações dos pais – de tudo! As únicas duas coisas que precisei fazer foi conseguir três pais voluntários e me certificar de que meus alunos devolvessem suas autorizações assinadas". Anna diz: "Você vai trabalhar aqui ou quer ir para sua sala de aula?". Sem ter certeza, disse: "Acho que vou trabalhar aqui. Tenho de tirar alguma cópias. E você?". Anna responde: "Vou ficar por aqui, mas vou trabalhar na mesa para poder terminar de corrigir os testes de matemática". Sorrio e digo: "Ok, Anna. Se você precisar de alguma coisa, estarei no centro de fotocópias".

Consegui preparar tudo e me aprontar para o início da aula. Imediatamente toca o primeiro sinal, dizendo a nossos alunos que parem de brincar, caminhem rápido, terminem seus cafés da manhã ou se dirijam até o banheiro antes de ir para a sala de aula. Quando Anna e eu caminhamos em direção a nossas salas, vejo que meus alunos estão em fila junto à porta. Também noto uma movimentação e me aproximo para ver o que está acontecendo, com Anna ao meu lado. Marisol se vira e diz: "Puxa, Sra. Rothchild, a Kimberly está chorando!". Passo para a frente da fila e vejo que Kimberly está aos prantos. "Kimberly", digo, "o que está

Questões sociais desafiadoras na escola **185**

acontecendo?" Kimberly continua chorando. Elaine, que é a melhor amiga de Kimberly, se mete e diz: "A mãe dela foi presa naquele protesto contra a clínica de abortos ontem à noite". E continua: "Ela disse que a mãe dela queria que a clínica fosse mantida e outras coisas". E então Kimberly passa a chorar ainda mais forte. Quando olho para Anna, observo que ela se arrepiou.

Questões para discussão

1. Como você lidaria imediatamente com essa situação?
2. Como você lidaria com a situação se seus alunos quisessem discutir em detalhes o protesto e a clínica?
3. Se Anna quiser continuar a discussão durante o almoço, como você lidaria com isso?
4. Como professor, sua licença profissional pode ser suspensa por má conduta? E você pode perdê-la se for condenado por um crime?
5. Quais funcionários ou agências da comunidade estão disponíveis para as crianças cujos pais já foram presos ou se encontram na cadeia?

NA CADEIA

"... e então o macaquinho e sua mãe, seus três irmãos e suas duas irmãs foram para casa e viveram felizes para sempre. Fim". Digo isso e fecho o livro. Os 10 meninos e as 9 meninas de minha turma da pré-escola começam a bater palmas. Eles têm feito isso desde o início do ano letivo. Ainda não tenho certeza se eles batem palmas porque gostam do modo como leio as histórias ou porque acham que está quase na hora do recreio. Olho para o relógio na parede e me dou conta de que ainda temos 8 minutos. Decido fazer algumas perguntas. "Vocês gostaram da história?" Embora a maioria das crianças diga que sim balançando a cabeça, Leah indica que não. "Leah, você poderia nos dizer porque não gostou da história?", pergunto, curiosa sobre que ela dirá. Leah diz: "Não gostei do livro por que o livro era feio". Eu penso: "Feio? Puxa vida. O que posso dizer para uma resposta assim?". Fico pensando e então me lembro: "Suportes temporários! Foi isso que me ensinaram, não é mesmo?". "Leah", digo enfim, "Como assim – feio?". Leah me olha e diz: "É feio porque é feio, Sr. Lange". Mais uma vez, fico desconcertado. "Ok", penso. "Isso não ajudou muito, e ainda restam 7 minutos". Então, tenho um daqueles momentos "iluminados" que todos os novos professores buscam. "Leah, o que era feio no livro?", pergunto.

Leah me lança aquele olhar, me dizendo que finalmente estamos falando a mesma língua. "Os desenhos 'era feio'. Eles não 'tinha' nenhuma cor!", ela diz. "Então", elaboro suas respostas para não a envergonhar, "você não gostou dos desenhos porque achou que eles eram feios e porque eles não tinham nenhuma cor?", pergunto. "Mais alguém não gostou dos desenhos?" Agora todas as mãos são erguidas. "Então", pergunto, "o que o ilustrador poderia ter feito para tornar as ilustrações ou desenhos mais interessantes para vocês?". Vários alunos erguem a mão. Passo os olhos pelo grupo no tapete e chamo Mimi, que diz: "Acho que ele poderia ter usado alguns gizes de cera ou alguma coisa assim". Concordo com a cabeça. "Alguém mais tem alguma sugestão?" Meus alunos parecem estar pensando muito como responder. Rodney levanta a mão e diz: "A Mimi respondeu o que eu ia dizer". Insistindo, digo: "E a pintura? Talvez o ilustrador poderia ter usado aquarela, como fizemos na sala de aula. Ou mesmo fotografias". Eu me viro e aponto para a estante de livros. Temos muitos livros em nosso Cantinho da leitura que têm fotografias. Neste momento, Rodney, que é um aluninho muito esperto, diz: "Mas Sr. Langue, o senhor sempre nos diz que somente os livros que não são de ficção têm fotografias!". Ele continua: "O senhor disse isso faz pouco tempo, naquela aula de ciências, quando leu aquele livro sobre cobras".

Aí está mais uma coisa que não me ensinaram no magistério. Ele tem toda a razão. Eu realmente disse isso hoje de manhã. "Sabe de uma coisa, Rodney? Você está certo," digo, concordando com a cabeça. "Eu realmente disse isso e acho que estava errado. Há livros de ficção ou narrativa que têm fotografias. Na verdade, aqui está um deles." Aproximo-me dos livros que estão perto de minha cadeira de balanço e retiro uma obra. Rodney agora parece estar realmente confuso. "Então, você mentiu para nós, Mr. Lange?" Respondo, surpreso: "Ah não, Rodney. Eu só me enganei". Rodney pensa sério e concorda com a cabeça. "Tá bom, Sr. Lange". Olho pelo tapete e peço desculpas aos alunos. Minha mãe, que também é professora, sempre me disse que quando eu me tornasse professor eu cometeria erros e que precisaria ser honesto com meus alunos, aceitar isso e então pedir desculpas. Também acho que assim eles estão aprendendo uma lição valiosa: não tenho todas as respostas.

Olho de novo para o relógio e vejo que ainda temos 3 minutos. Pensando rapidamente, digo: "Agora vejamos a família deles. A família deles parecia um pouquinho diferente que a família de alguns de nós, certo?". Todas as crianças estão olhando para a última página, prestando atenção. Então, Rodney levanta a mão e diz: "É mesmo. Onde está o papai deles?". Olho para o livro e replico: "Eles não falam no papai na história?". Passo os olhos pelo tapete mais uma vez e pergunto: "Onde vocês acham que o papai deles está?" Várias mãos se erguem. Rodney agora está balançando sua mão no ar, mas ele já respondeu várias perguntas. Decido pedir a Grace que responda. "Aposto que ele está no trabalho", ela diz. Concordo com a cabeça. "Talvez ele esteja no trabalho. Alguém mais tem outra ideia?" A mão de Luther está erguida, então o chamo. "Talvez ele esteja dormindo na cama dele." Mais uma vez, concordo com a cabeça. "Boa ideia." Passo os olhos pelo tapete e decido perguntar a Lillian. "Talvez ele esteja na cadeia." Ouço então um grande "ah" e a maioria das crianças cobre a boca com as mãos. Também fico surpreso e me esforço para disfarçar. Então, ouço Rodney dizer: "Ele não *tá* na cadeia não". Lillian discorda: "Como é que você sabe? Talvez ele esteja na cadeia que nem meu pai e minha tia". Ela me olha e diz: "Não é mesmo, Sr. Lange?".

Questões para discussão

1. Qual seria sua resposta para Lillian?
2. Você se preocuparia com Lillian? Explique sua reposta.
3. Quais são os benefícios de planejar as leituras em voz alta antes de começar a ler os livros para seus alunos?
4. Quais são os aspectos positivos e negativos de ler livros que possam abordar questões complicadas tanto direta como indiretamente?
5. Como você lidaria com uma criança que monopoliza a conversa da turma, como Rodney?

Conselhos de professores experientes sobre... Prisão

- Independentemente da raça, etnia ou classe social, qualquer pessoa pode ser presa e acusada de um crime. Há indivíduos que são presos por protestar em defesa de seus ideais, há os que são detidos ilegalmente, e alguns são muito ricos e, mesmo assim, cometem crimes. Então, incentivamos que você não aja com preconceito e tenha uma mente aberta ao opinar sobre casos de prisão.
- Você deve esclarecer para a criança que nem ela, nem o pai ou a mãe que está na prisão são pessoas más. Eles podem ter agido mal, mas isso não significa que necessariamente sejam pessoas más. Por favor, lembre-se de que a prisão dos pais não é culpa da criança.
- Talvez você queira descobrir se a criança tem permissão para visitar seus pais. Então, ela pode querer escrever cartas para eles ou enviar cartões ou presentes em datas festivas.
- Lembre-se de que a maioria das prisões fica muito longe de onde a criança está morando. Se a família viaja para visitar um ente querido na prisão, a criança pode estar muito cansada na segunda-feira. Também pode estar decepcionada, assustada, confusa, até mesmo brava. Já tivemos um caso em que a família foi visitar seu parente e se esqueceu de levar a certidão de nascimento do filho, que acabou não podendo visitar seu pai. Quando voltou para a escola, passou o dia inteiro incomodado.
- Provavelmente conversaríamos com a diretoria sobre o pai que quer falar da prisão com os alunos. Também sugeriríamos que esse pai viesse em um outro dia. Achamos que ele tem algo importante a dizer, mas talvez o Dia das Profissões não seja o mais adequado para isso.
- Se você estiver lendo um livro para seus alunos, mais uma vez: seja honesto. Não precisa iniciar uma discussão prolongada com eles sobre a situação. Se um aluno diz que os pais talvez estejam na prisão ou, quem sabe, no trabalho, aceite sua resposta e siga adiante.
- Inicie um acompanhamento psicológico. Incentive, também, que a família busque, se necessário, mais serviços de acompanhamento fora da escola.

24

Guerra/terrorismo

NÃO SOU TERRORISTA — SOU NORTE-AMERICANO

Abro o mapa dos Estados Unidos. "Agora", digo aos alunos do 5º ano, "vocês podem abrir na página 219 do livro de estudos sociais, onde há um mapa do país, para ajudar na identificação dos estados". Olho para trás e continuo, "Agora, vou contar para vocês um pouco da minha história e darei um tempo para que adivinhem de onde eu vim". Essa é a introdução para os nossos projetos de estudos sociais sobre os estados. Cada aluno deverá escrever um texto de três a quatro páginas sobre seu estado, reunir imagens que ilustrem fatos marcantes em um *painel dobrável* e fazer uma apresentação oral.

Olho para os meus alunos e digo: "Nasci em um estado com terra vermelha. Meus ancestrais eram um povo nativo dos Estados Unidos. Eles eram grandes guerreiros, líderes espirituais e caçadores". Olho em volta e vejo alguns cochichando sobre de qual estado pensam que vim. "Infelizmente, muitos dos meus ancestrais foram mortos por doenças e pela guerra." Arrumo minha postura e digo: "O estado onde nasci fica no Meio-Oeste. Ele é conhecido como o 'Sooner State' e tem uma forte tradição em futebol americano universitário". Sorrio ao ver que alguns estão apontando para Oklahoma em seus livros. E continuo, "Há muitas reservas de petróleo em meu estado". Pensando sobre outra pista que possa dar, digo: "Durante o verão, é bastante quente e úmido; durante o inverno, neva. Mas o que mais me lembro de quando ainda morava lá são as tempestades de gelo". Olho para a turma e, finalmente, digo: "Então, alguém sabe me dizer de onde eu vim?".

Muitos alunos levantam as mãos. Chamo Charlotte, que olha para o seu livro e, depois, para mim. "Achei que eu sabia a resposta até você dizer que neva lá. Acho que não neva nesse estado." Respondo, "Bem, vá em frente e nos diga sua resposta mesmo assim". Charlotte diz: "Oklahoma?". Seu palpite mais parece uma

Questões sociais desafiadoras na escola **189**

pergunta do que uma resposta. Olho para o resto da turma e digo: "Quantos de vocês acharam que eu estava falando de Oklahoma?". A maioria dos alunos levanta a mão. Olho para Charlotte e digo: "Você está certa. Eu nasci em Oklahoma. Na cidade de Okmulgee, Oklahoma, para ser mais exata".

Meus alunos começam a falar entre si sobre seus palpites. Então, Elijah levanta a mão e diz: "Eu não sabia que neva em Oklahoma, Sra. Elliott". Balanço a cabeça afirmativamente e digo: "Neva sim, sem dúvida!". Olho para a turma e digo: "Não tanto quanto aqui, mas neva mesmo". Niecy levanta a mão e deixo que fale. "Quase pensei que fosse o Novo México, por que quando a minha família e eu fomos até lá de carro nesse verão, nós vimos a terra vermelha nas laterais das montanhas." Balanço minha cabeça e digo: "Sei exatamente do que você está falando. Mas há partes de Oklahoma que têm essa terra vermelha que se parece muito com argila". Penso um segundo e continuo: "De fato, onde fui à faculdade em Oklahoma, a terra vermelha poderia manchar suas roupas se encostasse nela. Ela poderia mudar a cor das suas roupas, então você tinha de ser cuidadosa". Algumas das meninas balançam a cabeça e então Niecy diz: "Então, não estudaria lá". Várias meninas concordam com ela.

Olho para o relógio na parede e dou-me conta de que já está quase na hora do almoço. Anuncio: "Ótimo trabalho, pessoal. Vamos conversar mais um pouquinho sobre seus projetos dos estados depois do almoço". Olho ao redor e digo: "Agora, por favor, limpem suas áreas e se aprontem para o almoço". Assim, meus alunos empurram suas cadeiras para trás, guardam seus livros de estudos sociais nas carteiras escolares e começam a fazer as filas. Depois de levar meus alunos até a lancheria, dirijo-me até a sala dos professores. Sei que não estou a fim da refeição congelada que trouxe de casa, mas ainda faltam quatro dias para o pagamento, então não terei escolha. Depois de ir ao banheiro, conferir minha correspondência e *e-mails* e pegar meu almoço no micro-ondas, finalmente me acomodo para comer meu espaguete à marinara. Sheila, nossa secretária, vem até mim e diz: "Um de seus alunos está chateado lá na nossa sala. Não consigo acalmá-lo".

Imediatamente me levanto e encontro Abdul sentado na secretaria. Vejo que ele está chorando tanto que mal consegue respirar. Seus ombros estão subindo e descendo, e consigo ouvi-lo engolindo o ar. Sento-me a seu lado e pergunto: "Abdul, o que aconteceu?". Surpreso, ele ergue os olhos e me diz: "Mark, Joshua e Derek não param de implicar comigo". Ele respira fundo mais uma vez e continua: "Eles pegaram o meu almoço e jogaram no lixo". Olho para ele e pergunto: "Você contou para alguém?". Ele balança sua cabeça e diz: "Eles disseram que iriam me dar uma surra se eu fizesse isso". Surpresa com o que estou ouvindo, pergunto: "Há quanto tempo isso está acontecendo, Abdul?". Ele me olha e diz: "O ano inteiro". Ele então chora ainda mais compulsivamente e prossegue: "Disse para eles que eu nasci em Michigan, mas eles disseram que mesmo assim eu sou um terrorista. E eles disseram que vão bater em mim porque não querem saber da minha raça nos Estados Unidos". Abdul então me mostra marcas de arranhões recentes na parte superior de seu braço.

Questões para discussão

1. Qual seria sua primeira reação a essa situação?
2. O que você faria se um ou todos os pais de Mark, Joshua e Derek concordassem com o discurso e as atitudes de seus filhos?
3. Quais medidas você poderia colocar em prática em sua turma a fim de que seus alunos se sentissem confortáveis para conversar com você logo que fossem ameaçados ou se sofressem *bullying* constante dos colegas?
4. Que atividades/lições você pode fazer em sua aula para promover o entendimento e a aceitação das diferenças pessoais?
5. Há desdobramentos legais mais sérios para as ações de Mark, Joshua e Derek? Caso positivo, quais seriam?

ELA VAI MORRER?

"Então", continua Julian, "essa bola de futebol americano eu ganhei do meu pai. Visitei ele na semana passada e ele me deu essa bola". Julian olha para a bola, a gira para o lado e continua: "meu pai e eu passamos o fim de semana jogando bola, e ele me prometeu que, quando minha mãe me inscrever na escolinha de futebol, ele irá a todos os meus jogos". Julian olha para mim e diz: "Bem, ele me disse que vai tentar, porque com o trabalho dele, ele *tá* sempre viajando". Sorrio para Julian. "Seu pai jogava futebol americano quando era pequeno, Julian?", pergunto. Ele pensa durante um segundo e responde: "Sim, ele jogava". Ele abre um grande sorriso e diz: "E minha mãe também". A maioria de meus alunos fica muito surpresa. Confesso que também achei incrível. Mal contendo o riso, digo: "Sério?". Julian diz: "Sim, Sra. Rogers. Ela era a *quarterback*".

Depois de alguns segundos, Derek, um de meus alunos mais precoces do 2º ano, levanta a mão e lhe dou a palavra: "Sim, Derek". Derek olha para Julian e diz: "As meninas não sabem jogar futebol americano". Várias das alunas lhe lançam olhares fulminantes. Mas antes que eu possa dizer qualquer coisa, Diamond entra na conversa: "Hmmmm – com licença. Sei jogar futebol americano". Ela vira os olhos e diz: "E aposto que venceria você". Derek se vira para replicar, mas interrompo bem na hora. "Só um minuto, crianças", digo e lanço a Diamond e Derek "aquele olhar", avisando-lhes que estou falando sério. Olhando Derek, digo: "Bem, é verdade que não são muitas as meninas que jogam futebol. Então, olho para Diamond e continuo, "mas há meninas que jogam futebol americano e são muito boas". Balanço a cabeça e digo: "Mas hoje soubemos que há duas meninas que jogam ou jogavam – a Diamond e a mãe de Julian". Aponto para a parede atrás de minha mesa e lhes mostro uma foto de Diamond vestindo seu uniforme de futebol e digo: "Certo, Derek?". Derek me olha como se ainda não estivesse totalmente convencido, mas por fim diz: "Certo, Sra. Rogers". Vejo o relógio na parede e dou-me conta de que o horário que Julian tinha para "mostrar e contar uma história" ultrapassou os 3 minutos normais. Então, digo: "Vamos agradecer a Julian por nos mostrar sua bola de futebol americano". Assim meus alunos começam a bater palmas. Julian faz uma reverência e caminha até seu escaninho a fim de guardar

Questões sociais desafiadoras na escola **191**

sua bola de futebol americano. Pensando rapidamente, acrescento: "Julian, temos de nos lembrar que você só pode jogar bola durante o horário do almoço e o recreio, tudo bem?" Julian balança a cabeça e se une aos colegas que estão sentados no tapete.

Olho para o quadro e me dou conta de que nosso último apresentador do dia é Marsha. "Marsha", digo, "você pode vir e nos contar o que trouxe para mostrar hoje". Marsha vem até a frente do tapete e fica de pé, junto a mim. "Hoje", ela começa, "eu trouxe algumas fotos que minha mãe tirou no Iraque". Viro a cabeça quando ouço vários dos alunos dizerem: "Uau!". Marsha se atrapalha com as fotos e eu pergunto: "Você gostaria que eu segurasse cada uma das fotos enquanto você explica o que estamos vendo?". Marsha concorda com a cabeça. Eu pego as fotos de sua mãozinha e seguro a primeira delas. Ela olha a foto bem de perto e explica: "Esta é minha mãe na frente do tanque dela. Do lado dela tem vários dos caras da unidade dela". Quando passo para a próxima foto, ela olha com atenção e explica: "Esta é uma foto da minha mãe no refeitório. Minha mãe disse que a comida não é ruim. Mas ela sente muita falta dos Big Macs". Marsha olha para as últimas fotos e explica: "Aqui minha mãe está dirigindo o jipe". Ela disse que estava liderando um comboio e levando suprimentos da base dela para outra base. Eu me volto para os alunos e vejo vários rostos confusos. Então, pergunto: "Alguém sabe o que é um comboio?". Todos os meus alunos balançam a cabeça, indicando que não. E continuo: "Um comboio é quando um grupo de carros, caminhões e jipes vai de um lugar para outro. Isso permite que eles carreguem muitos suprimentos e protejam uns aos outros caso haja algum problema". Em seguida, pergunto: "Você terminou, Marsha?". Ela balança a cabeça, concordando, e passa a prestar atenção nos colegas.

Pergunto se alguém gostaria de fazer uma pergunta a Marsha. Inga levanta sua mão e diz: "Sua mãe tem uma arma?". Marsha olha para Inga e diz, sem mais explicações: "Sim". Derek levanta a mão e lhe passo a palavra. "Ela já matou alguém?" Com essa questão, Marsha olha para mim e balança os ombros. Então, diz: "Eu não sei". Derek levanta a mão no ar de novo – e confesso que estou preocupada com qual poderia ser sua próxima pergunta. Então, deixo Sarah perguntar. "Marsha", pergunta Sarah, "você não tem medo de que sua mãe leve um tiro e morra, como todas aquelas pessoas que aparecem no jornal?". E então Marsha olha para mim e seus olhos amendoados se enchem de lágrimas.

Questões para discussão

1. Que resposta você daria a Sarah?
2. Como você poderia consolar Marsha?
3. O que você diria ao pai de Marsha ou a seu tutor a respeito dessa discussão que aconteceu hoje?
4. Que atividades/lições você pode fazer com crianças pequenas que têm de lidar com o fato de seus pais ou outros familiares estarem servindo nas forças armadas fora do país?
5. Que atividades/lições você pode fazer a fim de que seus alunos possam ajudar os soldados que estão no exterior?

MINHA BARRIGA ESTÁ DOENDO

A manhã está começando e estou cuidando dos meus alunos do 5º ano, que estão fazendo seus cartões de Dia dos Pais. E achei que poderia lhes dar algum tempo hoje de manhã para que eles se divertissem com educação artística. Em geral, faço esse tipo de atividade de tarde, mas achei que hoje eu poderia misturar as coisas. E parece estar dando certo. A maioria de meus alunos parece estar se animando ao conversar com seus colegas e fazer algo de que gostam. O teste será quando tivermos de passar para a aula de inglês. Será que eles conseguirão usar toda essa energia de modo produtivo? Veremos.

Quando passo os olhos pela sala de aula, vejo que John parece apático e letárgico de novo. Ultimamente, John tem se queixado de dores de cabeça, dores de estômago e cansaço constante. Conversei com sua mãe sobre o problema, e ela me disse que notou que ele está tendo dificuldade para dormir à noite. "Já entrei no quarto dele por volta da meia-noite e vi que ele estava deitado, mas com a luz acessa, olhando para o teto. E quando lhe perguntei o que estava fazendo, ele me disse que estava rezando pelo mundo." Sua mãe continua: "Mas o problema é quando chega a hora de acordá-lo a fim de ir para a escola. É como se estivéssemos arrancando um dente dele. E agora ele fica reclamando o tempo todo que está indisposto". Ela prossegue: "Em várias ocasiões, acordamos e vimos que ele havia se deitado no chão, ao pé de nossa cama. Depois dessa conversa, não tive mais notícias da mãe de John e de seu problema com a insônia".

Olho para John mais uma vez e digo: "John, você pode vir até aqui?". John parece surpreso que eu o tenha chamado. Ele vem até minha mesa devagar e diz: "Sim, Sra. Dowling". Vejo que ele está cansado. Seus olhos estão vermelhos e inchados. Além disso, seu cabelo está todo desarrumado. Olho para ele de novo e digo: "Você está bem? Está se sentindo bem?". John olha para mim com atenção. E por fim diz: "Na verdade não estou me sentindo bem. Estou com dor de barriga". Examino a barriga dele e olho de novo para seu rosto. Chego mais perto e pergunto em voz baixa: "Você está com vontade de vomitar?". E tenho a impressão de que seus olhos se iluminam. Ele esfrega a barriga e diz: "Sim, estou. Posso ir até a enfermaria?". Olho para ele e lhe pergunto: "Mas e o seu cartão? Você não quer terminar de fazer o seu cartão de Dia dos Pais?". Enquanto ele continua passando a mão na barriga, ele olha para sua carteira com o pedaço de cartolina em branco e diz com uma voz mais fraca: "Talvez eu possa terminar quando me sentir melhor. Quem sabe depois do almoço".

Olho para John, refletindo qual seria a melhor maneira de lidar com essa situação. Várias vezes já o mandei para a enfermaria, mas no final ele acaba dormindo e roncando tão alto que incomoda os outros que estão na sala. Nossa enfermeira, a Sra. Holtorf, não vai gostar nem um pouco de que eu o envie para lá de novo. Ela sempre me diz: "Você simplesmente está deixando essas crianças mandarem em você. Esse menino não está doente. Ele está com sono. Você tem de falar com a mãe e o pai dele para que o façam se deitar mais cedo". Quando contatei seus pais, eles também não sabiam bem o que havia de errado com o menino nem o que fazer. Ainda assim, segundo a Sra. Holtorf, que é enfermeira de escola há quase 30 anos, "as crianças continuarão tentando matar aulas de uma maneira ou outra. Esse aí te pegou direitinho. É melhor você endurecer se quiser continuar lecionando". Pensando no que a Sra. Holtorf diria, digo a John: "Olha, a Sra. Holtorf provavelmente não vai deixar que você simplesmente durma na enfermaria. Se você está realmente doente, ela vai chamar sua mãe e ver se ela pode vir aqui e lhe levar para a casa". Olho para ele e prossigo: "Então, você está realmente indisposto que tenha de ir para casa?". Com essa pergunta, John olha para mim e finalmente diz: "Eu não sei".

Quando estou pronta para sugerir que ele saia, o alarme de incêndio dispara! Olho rapidamente para John, que está entrando em pânico e respirando com dificuldade. Nesse exato momento, ouço o sistema de alto-falantes anunciar: "Pedimos desculpas a todos. Isso foi um alarme falso. Por favor, retomem suas atividades letivas regulares". Ainda em pânico, John começa a ofegar e respirar com dificuldade. Chocada, eu digo: "John, o que está acontecendo?". Finalmente, com dificuldade de falar, ele diz: "Nós todos vamos morrer em breve quando a guerra nuclear acontecer. Eu vi no jornal da tevê que a Coreia do Norte derrubou um avião no ar, e o Irã está lançando bombas". Ele olha para o alto e ao redor da sala e, com seu rosto petrificado diz: "Nós todos vamos morrer, e nossa pele vai queimar e derreter". A seguir, ele continua ofegando e arfando, tentando respirar.

Questões para discussão

1. Que sinais e sintomas John exibe que indicam que ele talvez esteja deprimido ou ansioso em relação a algo?
2. Como você lidaria com os alunos que caem no sono durante a aula?
3. Que serviços estão disponíveis em sua escola para crianças como John, que talvez estejam sofrendo com o medo de morrer?
4. Com que recursos você conta para lidar com os alunos que tentam se livrar dos estudos fingindo que estão doentes?
5. Quais atividades/lições você pode fazer com seus alunos para promover a paz local, nacional e internacionalmente?

Conselhos de professores experientes sobre... Guerra/terrorismo

- As preocupações expressas nos relatos são reais. Honestamente, elas não são apenas preocupações das crianças como também da maioria dos adultos.
- Em algumas comunidades, particularmente aquelas que estão mais próximas de bases militares, muitas famílias têm ao menos um familiar que está servindo no exterior. Ter outros alunos que estão passando pela mesma situação, como a perda de uma pessoa amada ou a preocupação com sua segurança e bem-estar, pode ser conforto para alguns. Se possível, o orientador/psicólogo de sua escola pode fazer

sessões de terapia em grupo com essas crianças a fim de lhes oferecer uma válvula de escape e lhes ensinar estratégias de como lidar com sua ansiedade e tristeza.

- Se você tiver um grupo de crianças ou mesmo somente uma criança que tem um familiar servindo no exterior ou as crianças estiverem ansiosas em relação à guerra em geral, deverá deixar claro a todos os seus alunos que eles podem lhe procurar todas as vezes em que sentirem medo, ansiedade, tristeza ou confusão. Quando isso acontecer, ouça-lhes com atenção e lhes ofereça o apoio necessário.
- Algumas crianças podem estar especialmente ansiosas ou deprimidas e exigir mais atenção do que você pode dar. Certas crianças se tornam tão ansiosas que vomitam, se queixam sem parar de dores de estômago e deixam de dormir à noite. Isso costuma ser especialmente verdade se uma pessoa que ela ama ou uma pessoa que outro indivíduo próximo a ela ama é morta em serviço. Nesses casos, falar imediatamente com o orientador/psicólogo da escola ou os pais da criança é crucial para que ela obtenha o apoio do qual necessita.
- Se você tiver alunos cujos pais ou outros familiares que estão nas forças armadas estiverem prestando serviço no exterior, poderá perguntar ao tutor da criança se há serviços de apoio como terapia em grupo ou artística na base militar ou nas forças armadas.
- Você pode ajudar seus alunos a se tornarem proativos. Uma sugestão é pedir-lhes que escrevam cartões e cartas aos soldados, agradecendo-lhes por prestar esse serviço a seus países e mostrando-lhes que se importam com eles. Os alunos também podem coletar produtos e enviar aos soldados caixas com guloseimas nas festividades.
- Seus alunos podem escrever cartas aos deputados ou senadores, bem como ao presidente e ao vice-presidente do país a fim de expressar suas preocupações com a guerra. Quem sabe um de seus alunos dê uma sugestão que ainda não foi tentada, mas, quem sabe, talvez seja plausível. Você também poderia gravar um vídeo de sua turma lendo as cartas e enviando os vídeos.
- Os alunos mais velhos podem ter a capacidade de fazer uma análise mais profunda dos conflitos que estão acontecendo ao redor do mundo. Eles podem examinar as raízes dos problemas e as tentativas feitas para resolver o conflito e investigar as novas sugestões/soluções para ajudar-lhes a resolver as discórdias. Além disso, eles podem examinar a guerra de um ponto de vista econômico, histórico, social ou religioso.
- Mais uma vez, provocações ou *bullying* de qualquer espécie são inaceitáveis e deveriam ser tratados imediata e consistentemente. No caso apresentado, talvez você queira conversar melhor com seus alunos como é a religião islâmica e as culturas médio-orientais e persa, uma vez que essas são as que costumam ser representadas de modo mais negativo nos dias de hoje.

Epílogo

Lecionar é uma das profissões mais difíceis que podemos exercer. Temos de lidar com mudanças constantes nos currículos federal e estadual, pais difíceis, alunos problemáticos e até mesmo colegas difíceis. Muitos de nós desenvolvemos nosso trabalho sem receber a compensação financeira adequada que todos desejamos por tudo o que fazemos. Alguns de nós damos aulas particulares após o horário escolar, participamos das atividades extracurriculares dos nossos alunos, gastamos horas planejando aulas e trabalhos, corrigindo exercícios ou simplesmente pensando, quando estamos indo para a casa, descansando ou mesmo fazendo compras no mercado, como poderíamos ajudar melhor nossos alunos. Mas também sei que, embora lecionar seja difícil, é a profissão mais gratificante que podemos exercer.

Após meu primeiro ano como professora, escrevi este poema depois de um pai me perguntar por que seria difícil lecionar quando eu "apenas ficava brincando com crianças de 5 anos de idade o dia inteiro".

Ser uma professora...

Deram-me o título pomposo de ***Professora*** – OK
mas agora sei que é equivocado.
Porque meu papel era muito mais do que
aquele que apenas lhes ensinava a...
ler,
escrever,
colorir,
contar,
pensar de maneira crítica,
fazer amizades,
manter amizades,
ficar na fila,
pegar livros emprestados na biblioteca,

se revezar,
amarrar os cadarços,
andar de balanço sem precisar de um empurrão
e
dizer obrigado e de nada.
Pois veja bem, além das atividades de "Professor" que acabo de citar,
eu era...
psicóloga,
assistente social,
policial,
enfermeira,
advogada,
juíza,
política,
historiadora,
matemática,
cientista,
especialista em tecnologia,
bibliotecária,
fiscal de trânsito na faixa de segurança,
pintora,
escultora,
artesã,
dançarina,
música,
nutricionista,
zeladora,
mãe adotiva,
confiscadora de celulares,
consumidora consciente,
mediadora,
jogadora de *softball*, basquete, vôlei e cabo de guerra,
árbitra,
e até mesmo
organizadora,
consoladora,
empatizadora,
simpatizadora
e
cabeleireira no dia da foto.
Eu não queria ser uma professora medíocre,
Eu queria ser uma professora fantástica.
Então...
Precisei aprender a
ouvir com atenção...
Entender com profundidade e sinceridade e me importar
com meus alunos e suas famílias...
Pensar antes de agir...
Dar ótimos exemplos...
Ser um exemplo...
Ser criativa...
Ser motivadora...

Ser sábia...
Ser comprometida...
Ser determinada...
Estar disposta a me divertir e soltar o cabelo;
e, ao mesmo tempo,
Estar disposta a elogiar e disciplinar de modo consistente quando estiver trabalhando com meus alunos.
ENTÃO...
Lecionar é difícil?
SIM
Deixa que às vezes você vá para a casa atordoada?
SIM
Você conseguirá pagar o crédito educativo em cinco anos com o salário de uma professora iniciante?
NÃÃÃO!
Mas posso lhe garantir que ser professora e educar crianças é uma das profissões mais gratificantes que há por aí.
Então, embora a gratificação talvez não seja monetária,
Ela pode ser...
Um pequeno sorriso de um de seus alunos...
Um obrigado de um pai...
Uma nota melhor em um ditado...
Um aluno que teve um resultado muito melhor em um teste de leitura em voz alta...
O zelador da escola lhe cumprimentando por sua sala de aula ser tão asseada...
O cumprimento de um colega sobre como seus alunos ficam bem eretos e quietinhos na fila...
Um aluno que geralmente traz problemas se comportar durante um dia inteiro...
A maçãzinha que um aluno deixou na sua mesa após o almoço...
Seu diretor lhe dizendo que um dos pais disse coisas boas sobre você...
Um irmãozinho de um de seus alunos pedindo para estar na sua turma quando for mais velho...
e...
Aquelas ocasiões quando você consegue apenas ficar olhando para todos seus alunos
Totalmente imersos em
Um trabalho instigante
Trabalhando juntos
Dividindo seus materiais
Sorrindo
Rindo
E simplesmente adorando estar em sua turma.

Índice

Abuso
doméstico, 97-100
infantil. *Veja* Abuso infantil
sexual. *Veja* Abuso sexual
Abuso infantil, 84-90
conselhos, 89-90
denúncias, 89-90
relatos, 84-89
Abuso sexual, 91-96
conselhos, 96
denúncias, 96, 179-80
relatos, 91-96
tráfico de pessoas, 179-180
webcams, 175-177
Abusos contra o parceiro, 97-100
Adoção, 90, 153-154
pelos avós, 155-156
Adolescentes e criminalidade, 102-105, 121-128
Analfabetismo
conselhos, 61-62
de adultos, 55-62
funcional, 55-62
relatos, 55-61
Alcoolismo, 137-144
conselhos, 143-144
relatos, 137-143
Alfabetização, 52-62
Alunos de inglês como segunda língua, 40-46.
Veja também Multiculturalismo
conselhos, 46
relatos, 40-46
Ansiedade, em relação ao terrorismo, 192-193
Apoio ao aluno com problemas, programas intensivos e extensivos, 21-23
Aulas de história, multiculturalismo e, 24-31
Autismo, 18-19
Automutilação, 160-165
conselhos, 165
relatos, 160-165

Avaliação
da leitura, 52-62
psicológica, resistência dos pais, 16
Avós, 155-156

Bibliotecas, custo dos livros, 113-114, 119-120
Bulimia, 160-161, 165
Bullying, 77-83
conselhos, 77-83
identidade de gênero, 68
identidade sexual, 75
relatos, 77-83

Castigos físicos, aplicados pelos pais, 85. *Veja também* Abuso infantil
Celulares, 174-180
Ciências, custo de projetos, 116-119, 120
Comentários depreciativos, 52, 36. *Veja também Bullying*
Compartilhamento de automóveis, motoristas alcoolizados, 139-140, 144
Confidencialidade, 128. *Veja também* Denúncias
Cortes, 161-162, 165
Crianças com necessidades especiais, 15-23
conselhos, 22-23
relatos, 15-22
Crime. *Veja também* Violência
desobediência civil, 183-185
juvenil, 102-105, 121-128
tráfico humano, 179-180

Dança, curso extracurricular, 36-38
Delinquência, 102-105, 121-128
Denúncias
de abuso físico, 89-90
de abuso sexual, 96, 179-180
de colegas/professores alcoolizados, 144
de uso de drogas, 136
de violência no bairro, 105

Índice 199

Desenvolvimento sexual, 35, 129-130
Desobediência civil, 183-185
Deveres de casa, 58-61
  projetos de feira de ciências, 116-119, 120
Dia das Profissões, ex-presidiários, 181-183
Diagnóstico de avaliação psicológica, resistência
  dos pais, 16
Diários
  abuso infantil, 85-88
  divórcio, 152
  gangues, 127
  identidade de gênero, 68
  identidade sexual, 75
Disciplina parental, 85. *Veja também* Abuso infantil
Discriminação, 32-39
  conselhos, 38-39
  pobreza, 116-117
  relatos, 32-38
  religiosa, 110-111, 188-189
Disparidades socioeconômicas, 36-38, 113-120, 149-151. *Veja também* Pobreza
Diversidade. *Veja* Multiculturalismo
Divórcio, 145-152
  conselhos, 151
  relatos, 145-151
Drogas. *Veja* Alcoolismo; Uso de drogas

Encarceramento. *Veja* Prisão
Educação física, 34-35
  escolha de times, 77-80
  obesidade, 77-79
Espancamento dos filhos, 85

Família. *Veja* Pais/família
Férias
  multiculturalismo, 24-31
  religião, 26-28, 31

Gangues, 102-105, 121-128
  conselhos, 121-127
  relatos, 121-127
Gays e lésbicas, 70-75
  estrutura familiar, 70-71, 156-159
Grupos de discussão sobre um aluno, 16, 22
Guerras e terrorismo, 110-111, 188-194

Hiperatividade, 32-34, 39
Homossexualidade, 70-75
  estrutura familiar, 70-71, 156-159

Identidade de gênero, 63-68
  conselhos, 68
Implicâncias. *Veja Bullying*
Implicâncias entre crianças, 83. *Veja também Bullying*

Irmãos
  abusivos, 87
  novo bebê, 147-149

Jejuns, 107-108, 112

Leitura em casa, 58-61
Lésbicas, 70-75
  estrutura familiar, 156-159
Linguagem oral, nível de leitura, 57-59, 61-62
Livros, custo, 113-114, 118-120

Mascotes de turma, morte, 170-173
Medicamentos, 129-130
Medo do terrorismo, 192-193
Militares servindo no exterior, 190-194
Modos de falar, mudanças, 54
Morte, 166-173
  conselhos, 172-173
  de alunos, 167-170, 172-173
  de mascotes, 170-171
  de professores, 166-167, 172-173
  relatos, 166-172
Motoristas alcoolizados, 139-140, 144
Muçulmanos, discriminação, 188-189
Multiculturalismo, 24-31
  conselhos, 30-31
  estudantes de inglês como segunda língua, 40-46, 48-54
  férias, 24-31
  uso de língua não culta, 48-54
  religião, 106-112, 188-189
  relatos, 24-30

Nível de leitura, habilidades orais, 57-59, 61-62

Obesidade, 35
  bullying, 77-80
Orações na escola, 106-107
Orientação sexual, 70-75
  conselhos, 75
  relatos, 70-75

Pais/família
  crenças religiosas, 107-111
  diagnóstico de avaliação psicológica, 16
  disciplina, 85. *Veja também* Abuso infantil
  divórcio, 145-151
  estrutura familiar, 153-159
  homossexual, 70-71, 156-159
  inglês como segunda língua, 46
  militares servindo no exterior, 190-194
  novo bebê, 147-149
  preocupação com o currículo, 112

prisão, 181-187
uso abusivo de álcool, 137-144
uso de drogas, 130-136
violência, 84-90, 97-100
Pedófilos, 175-180
Pobreza, 37-38, 113-120
conselhos, 119-120
divórcio, 149-151
relatos, 113-119
sem-teto, 114
Política, envolvimento de professores, 183-185
Pornografia
infantil, 175-177
na internet, 179, 180-183
Prêmios, entrega, 39
Prisão, 181-187
conselhos, 186-187
de professores, 183-185
relatos, 181-186
Privacidade, 128. *Veja também* Denúncias
Problemas econômicos. *Veja* Pobreza
Problemas de leitura, 52-62
Professores
envolvimento político, 183-185
uso do álcool, 141-144
morte, 166-167, 172-173
prisão, 183-185
Programas de apoio
intensivos e extensivos, 21-23
para crianças com necessidades especiais, 23
Projetos para fazer em casa, custos, 116-119, 120

Racismo, 25, 31
Redes sociais, *sites*, 174-180
estudos sociais, multiculturalismo, 24-31
Religião, 106-112
como ensinar, 111-112
conselhos, 112
currículo, 112
discriminação, 110-111, 188-189
férias, 31
jejuns, 107-108, 112
relatos, 106-112
Resposta física total, 47
Reuniões, 37-38
com ex-presidiários, 181-183
entrega de prêmios, 39

Saúde, 35

Segurança
ferimentos infligidos a si mesmo, 160-165
motoristas alcoolizados, 139-140, 144
violência. *Veja* Violência
Segurar a respiração, 163-165
Sem-teto, 114-117
Sensibilidade cultural, 24-30. *Veja também* Multiculturalismo
Ser uma professora... (poema), 195-197
Sexualidade, 35
desenvolvimento sexual, 35, 129-130
identidade de gênero, 63-68
orientação sexual, 70-75
Suicídio
identidade de gênero, 68
identidade sexual, 75
parental, 93-94

Terrorismo, 110-111, 188-194
Tradutores, 40-41, 45-46
Tráfico
de crianças, 179, 180
humano, 179, 180
Transgêneros, 63-68
Transtorno de déficit de atenção e hiperatividade (TDAH), 32-34, 39
Transtornos alimentares, 160-161, 164-165

Uso da internet, 174-180
conselhos, 179-180
relatos, 174-179
Uso da língua não culta, 48-54
conselhos, 48-53
relatos, 48-53
Uso da tecnologia, 174-180
Uso de drogas, 129-136
conselhos, 136
relatos, 129-134

Vestimenta, gangues, 121-122, 127
Violência, 97-105
conselhos, 105
de um parceiro íntimo, 97-100
doméstica, 84-90, 97-100
gangues, 102-105, 121-128
no bairro, 100-105
relatos, 97-105

Webcams, 175-177